仏教由来の
日常語事典

大正大学綜合佛教研究所 編
現代日本語における仏教語源研究会

丸善出版

巻 頭 言

　挨拶，諦める，我慢，工夫，自然，出世，退屈，旦那，提唱，平等，迷惑，利益，……，「え，これも〈仏教語〉なの？」

　今から2500年前，お釈迦さまは，生きとし生けるすべてのものが幸せになる道を探し求められました．35歳のお釈迦さまは，さとり（悟り・覚り）を開いて仏（仏陀）となり，その道を体得されたのです．80歳で亡くなられるまでの45年間，お釈迦さまは誰もが幸せになる道を人々に説き続けられました．そんなお釈迦さまの教えは，〈仏教〉と呼ばれます．

　仏教は，東北アジアや東南アジアを中心に世界中に広まり，世界三大宗教の一つに数えられています．日本には，6世紀中頃，インド・中国・朝鮮半島を経て伝えられました．

　仏教はとても柔軟な教えなので，各地で守り伝えられてきた宗教と争うことなく，それらと融合しながら広まり，人々の生活に根付いていきました．仏教が，〈平和の宗教〉と呼ばれる由縁です．そして，人々の生活に浸透した仏教は，その柔軟さから，日常に用いられる言葉としても用いられるようになり，知らぬ間に多くの〈仏教語〉を輩出していくことになるのです．

　本事典は，そんな多くの〈仏教語〉から，特に235語を取り上げて，「意味」「語源」「用例」の3つの小見出しを用いて構成しています．そして，誰もが仏教的な意味を理解できるよう，専門的知識を踏まえながら，平易な表現と分かりやすい解説を心掛けています．また，読みやすさに配慮して1用語を1頁に配当しています（大きな項目は除きます）．

　読者の皆様には，気になる〈仏教語〉から順に読み進めていただければ幸いです．どうぞ自由自在（実はこれも〈仏教語〉！）にお楽しみ下さい．広大にして深淵な仏教の世界に知らぬ間に導かれることでしょう．

本事典刊行にあたり，その趣旨にご賛同いただいた多くの先生方にご執筆をいただきました．また，本事典編纂にあたり，大正大学の横山裕明先生，丸善出版株式会社の大江明氏，齊藤悠人氏には，ひとかたならぬご尽力をいただきました．ここに本事典に関わっていただいたすべての方々に深甚の謝意を申し述べさせていただきます．ありがとうございました．

合掌

令和 6（2024）年 12 月 8 日　釈尊成道の日に
大正大学綜合佛教研究所所長　林田康順

■編集委員一覧

（代表／代表補佐以下五十音順）

種村　隆元　代表

横山　裕明　代表補佐

石川　琢道

榎本　淳一

木内　堯大

寺田　喜朗

野口　圭也

渡辺　麻里子

＊上記委員の肩書きは執筆者一覧にて掲載

■執筆者一覧

本事典の執筆者はすべて，大正大学綜合佛教研究所（以下，「綜仏」と略）の所長はじめ，運営委員・講師・研究員・研究生他の在籍者，ならびに大正大学に所属する研究者・教員・大学院卒業者のいずれかである．したがって以下の執筆者一覧では，出版時点で他の大学または機関に所属する者を除いて，肩書から「大正大学」を省いている

安孫子稔章	大学院博士課程修了	倉 西 憲 一	仏教学部専任講師
阿 部 真 也	綜仏研究員	倉 松 崇 忠	綜仏研究員
阿 部 貴 子	仏教学部教授	郡 嶋 昭 示	非常勤講師
新 井 弘 賢	綜仏講師	小 坂 有 弘	綜仏客員研究員
伊久間洋光	非常勤講師	児 玉 瑛 子	大学院博士課程在籍
石 井 正 稔	綜仏研究員	小 林 惇 道	非常勤講師
石 川 琢 道	仏教学部教授	駒 井 信 勝	非常勤講師
石 田 一 裕	非常勤講師	小 宮 俊 海	非常勤講師
磯 親 徳	綜仏研究生	坂巻理恵子	非常勤講師
岩 谷 泰 之	非常勤講師	佐々木大樹	仏教学部准教授
榎 本 淳 一	特遇教授	里 見 奎 周	綜仏研究員
大 嶋 孝 道	綜仏研究員	塩 入 法 道	名誉教授
大 塚 惠 俊	非常勤講師	嶋 田 毅 寛	綜仏研究員
大 場 あ や	非常勤講師	舍奈田智宏	非常勤講師
大 橋 雄 人	非常勤講師	杉 山 裕 俊	非常勤講師
大八木隆祥	綜仏研究員	鈴 木 治 子	非常勤講師
小 崎 良 行	綜仏研究員	鈴 木 雄 太	非常勤講師
粕 谷 隆 宣	仏教学部准教授	曽 根 宣 雄	仏教学部教授
川 嶋 孝 幸	学修支援センター コアチューター	高 田 彩	非常勤講師
		高田三枝子	文学部准教授
神 達 知 純	学長／仏教学部教授	髙 橋 秀 慧	非常勤講師
木 内 堯 大	仏教学部准教授	髙 橋 秀 裕	名誉教授／前学長
木 村 美 保	綜仏研究員	田 中 栄 実	大学院博士課程在籍
草木美智子	城西大学准教授	田 中 皓 大	長野原町教育委員会
工 藤 量 導	仏教学部専任講師	田 中 純 也	綜仏研究員

田 中 仁	文学部准教授	安 井 光 洋	非常勤講師
種 村 隆 元	仏教学部教授／前綜仏所長	安 原 眞 琴	国際基督教大学客員教授
寺 田 喜 朗	文学部教授	栁 澤 正 志	非常勤講師
長 尾 光 恵	綜仏研究員	山 口 史 恭	非常勤講師
長 尾 隆 寛	非常勤講師	山 本 匠 一 郎	非常勤講師
中 川 祐 治	文学部教授	由 井 恭 子	上智大学特任助教
長 澤 昌 幸	仏教学部准教授	横 山 裕 明	非常勤講師
中 村 夏 葉	仏教学部専任講師	吉 澤 秀 知	非常勤講師
西 野 翠	綜仏研究員	吉 水 岳 彦	非常勤講師
野 口 圭 也	名誉教授	米 川 佳 伸	綜仏研究員
野 々 部 利 生	非常勤講師	米 澤 嘉 康	仏教学部教授
林 田 康 順	綜仏所長／仏教学部教授	和 田 典 善	非常勤講師
春 本 龍 彬	非常勤講師	渡 辺 麻 里 子	文学部教授

（五十音順，2024 年 12 月現在）

房 貞 蘭	綜仏研究員
平 林 二 郎	綜仏研究員
平 間 尚 子	華頂短期大学専任講師
藤 田 祐 俊	非常勤講師
古 田 正 幸	文学部教授
別 所 弘 淳	非常勤講師
堀 田 和 敬	大学院博士課程在籍
堀 内 規 之	仏教学部教授
前 田 真 悠 里	大学院博士課程満期退学
松 本 恒 爾	綜仏研究員
松 本 知 己	非常勤講師
松 本 亮 太	大学院博士課程満期退学
三 浦 周	非常勤講師
元 山 憲 寿	大学院修士課程修了
森 覚	非常勤講師

目　次

はしがき ……………………………………………………………… xii

第Ⅰ部　仏典の成立・展開・翻訳

1．はじめに ……………………………………………………… 3
2．仏典の成立と展開 …………………………………………… 3
3．作成されたテキストはどのように保持されてきたのか
　　——サンスクリット語仏教写本 ………………………… 12
4．仏典の漢訳 …………………………………………………… 16
5．おわりに ……………………………………………………… 24

第Ⅱ部　日常の仏教語

●あ行

愛　あい ………………… 31

愛嬌　あいきょう／あいぎょう
　　 ……………………………… 32

挨拶　あいさつ ………………… 33

愛想　あいそう／あいそ ……… 34

阿吽　あうん …………………… 35

諦め　あきらめ ………………… 36

阿僧祇　あそうぎ ……………… 37

悪口（不悪口）　あっく（ふあっ
　　く）／わるくち …………… 38

アバター　あばた ……………… 39

阿鼻叫喚　あびきょうかん …… 40

阿弥陀籤　あみだくじ ………… 41

有り難う（有り難い）　ありがと
　　う（ありがたい）…………… 42

行脚　あんぎゃ ………………… 43

安心　あんしん／あんじん …… 44

安楽　あんらく ………………… 45

威儀　いぎ ……………………… 46

意地　いじ ……………………… 47

意識　いしき …………………… 48

以心伝心　いしんでんしん …… 49

韋駄天　いだてん ……………… 50

一大事　いちだいじ …………… 51

目次　vii

一味　いちみ …………… 52
一蓮托生　いちれんたくしょう
　　……………………… 53
いろは歌　いろはうた ……… 54
因果　いんが ………………… 55
隠元　いんげん ……………… 56
引導　いんどう ……………… 57
因縁　いんねん ……………… 58
有情・非情　うじょう・ひじょ
　う ………………………… 60
有相無相（有象無象）　うそうむ

　そう（うぞうむぞう）……… 61
有頂天　うちょうてん ……… 62
会釈　えしゃく ……………… 63
縁起　えんぎ ………………… 64
閻魔（焔摩／夜摩）　えんま／や
　ま ………………………… 66
往生　おうじょう …………… 67
大袈裟　おおげさ …………… 68
おしゃかになる ……………… 69
鬼　おに ……………………… 70
お盆　おぼん ………………… 72

●か行

我　が ………………………… 74
開眼　かいげん／かいがん … 75
懐石　かいせき ……………… 76
開発　かいほつ／かいはつ … 77
餓鬼　がき …………………… 78
覚悟　かくご ………………… 79
学生　がくせい／がくしょう
　　……………………………… 80
過去・現在・未来　かこ・げん
　ざい・みらい …………… 81
呵責　かしゃく ……………… 82
果報　かほう ………………… 83
我慢　がまん ………………… 84
伽藍堂　がらんどう ………… 85
願　がん ……………………… 86
歓喜　かんぎ／かんき ……… 87
観察　かんさつ／かんざつ … 88
堪忍　かんにん ……………… 89

観念　かんねん ……………… 90
勘弁　かんべん ……………… 91
義　ぎ ………………………… 92
祇園　ぎおん ………………… 93
機嫌　きげん ………………… 94
行　ぎょう …………………… 95
行儀　ぎょうぎ ……………… 96
教授　きょうじゅ …………… 97
共生　きょうせい／ともいき … 98
◆コラム：日本語になった梵語
　①―飲食物編― …………… 99
空　くう ……………………… 100
愚痴　ぐち …………………… 102
工夫　くふう ………………… 103
供養　くよう ………………… 104
結界　けっかい ……………… 105
結集　けつじゅう／けっしゅう
　　……………………………… 106

viii

外道　げどう ………………… 107	虚仮　こけ …………………… 118
玄関　げんかん ……………… 108	後生　ごしょう ……………… 119
慳貪　けんどん ……………… 109	乞食　こつじき／こじき …… 120
劫　こう／ごう ……………… 110	娯楽　ごらく ………………… 121
講義　こうぎ ………………… 111	権化／権現　ごんげ／ごんげん
高座　こうざ ………………… 112	………………… 122
講師　こうし／こうじ ……… 113	金剛　こんごう ……………… 123
香水　こうずい／こうすい …… 114	言語道断　ごんごどうだん … 124
光明　こうみょう …………… 115	根性　こんじょう …………… 125
極楽　ごくらく ……………… 116	金輪際　こんりんざい ……… 126

●さ行

三昧　さんまい／ざんまい … 127	衆生　しゅじょう …………… 147
三密　さんみつ ……………… 128	出世　しゅっせ ……………… 148
色　しき／いろ ……………… 129	寿命　じゅみょう …………… 149
四苦八苦　しくはっく ……… 130	修羅　しゅら ………………… 150
自業自得　じごうじとく …… 132	荘厳　しょうごん／そうごん
◆コラム：日本語になった梵語	………………… 151
②—雑貨編— ………… 133	精進　しょうじん …………… 152
地獄　じごく ………………… 134	冗談　じょうだん …………… 153
自在　じざい ………………… 136	正念場　しょうねんば ……… 154
実際　じっさい ……………… 137	◆コラム：魔王・悪魔・聖人・
四天王　してんのう ………… 138	懺悔・礼拝 …………… 155
自然　じねん／しぜん ……… 140	成仏　じょうぶつ …………… 156
捨　しゃ ……………………… 141	上品・下品　じょうぼん・げぼ
娑婆　しゃば ………………… 142	ん／じょうひん・げひん
差別　しゃべつ／さべつ …… 143	………………… 158
邪魔　じゃま ………………… 144	浄瑠璃　じょうるり ………… 159
舎利　しゃり ………………… 145	所詮　しょせん ……………… 160
自由（自由自在）　じゆう（じゆ	◆コラム：アニメキャラクター
うじざい） ………………… 146	—不動明王編— …………… 161

目次　ix

自力・他力　じりき・たりき
　…………………………… 162
真言　しんごん ………………… 164
◆コラム：数の単位 ………… 165
真実　しんじつ ………………… 166
神通・神通力　じんずう・じん
　ずうりき／じんつう・じんつ
　うりき ………………………… 168
睡眠　すいめん／すいみん …… 170
頭陀袋　ずだぶくろ …………… 171
世界・世間　せかい・せけん
　…………………………… 172

説教／説経　せっきょう ……… 174
殺生　せっしょう ……………… 175
絶対　ぜったい ………………… 176
刹那　せつな …………………… 177
ゼロ（零）　ぜろ ……………… 178
禅　ぜん ………………………… 179
善哉　ぜんざい ………………… 180
僧　そう ………………………… 181
卒塔婆（塔婆／塔）　そとば・そ
　とうば／とうば／とう …… 182

●た行

退屈　たいくつ ………………… 183
大衆　だいしゅ／たいしゅう
　…………………………… 184
大丈夫　だいじょうぶ ………… 185
題目　だいもく ………………… 186
沢庵　たくあん ………………… 187
ダルマ　だるま ………………… 188
啖呵（弾呵・弾訶）　たんか（だ
　んか）………………………… 189
旦那　だんな …………………… 190
断末魔　だんまつま …………… 191
智恵／智慧　ちえ ……………… 192
畜生　ちくしょう ……………… 193

中道　ちゅうどう ……………… 194
頂戴　ちょうだい ……………… 195
長老　ちょうろう ……………… 196
提唱　ていしょう ……………… 197
寺　てら ………………………… 198
道場　どうじょう ……………… 199
道楽　どうらく ………………… 200
兎角　とかく …………………… 201
どっこいしょ（ろっこんしょう
　じょう？）………………… 202
貪欲　とんよく／どんよく
　…………………………… 203

●な行

内証・内所・内緒　ないしょ／
　ないしょう ………………… 204
奈落　ならく ………………… 205

人間　にんげん／じんかん … 206
涅槃　ねはん ………………… 207
念仏　ねんぶつ ……………… 208

●は行

馬鹿　ばか …………………… 210
般若　はんにゃ ……………… 211
悲願　ひがん ………………… 212
◆コラム：乳製品 …………… 213
彼岸・此岸　ひがん・しがん
　……………………………… 214
微妙　びみょう／みみょう … 216
比喩　ひゆ …………………… 217
平等　びょうどう …………… 218
不覚　ふかく ………………… 219
無事　ぶじ …………………… 220
◆コラム：日本語になった梵語
　③─仏事編─ ……………… 221

不思議　ふしぎ ……………… 222
普請　ふしん ………………… 224
不退転　ふたいてん ………… 225
分別　ふんべつ／ぶんべつ … 226
法　ほう ……………………… 227
方便　ほうべん ……………… 228
菩薩・羅漢・如来　ぼさつ・ら
　かん・にょらい …………… 230
菩提　ぼだい ………………… 231
仏　ほとけ …………………… 232
法螺　ほら …………………… 234
本懐　ほんかい／ほんがい … 235
煩悩　ぼんのう ……………… 236

●ま行

魔　ま ………………………… 237
まじ卍　まじまんじ ………… 238
曼荼羅　まんだら …………… 239
微塵　みじん ………………… 240
未曾有　みぞう ……………… 241
無為　むい …………………… 242
無学　むがく ………………… 243

無性　むしょう ……………… 244
無尽蔵　むじんぞう ………… 245
夢想　むそう ………………… 246
迷惑　めいわく ……………… 247
面目　めんもく／めんぼく … 248
文字（不立文字）　もんじ／もじ
　（ふりゅうもんじ）………… 249

目　次　xi

問答　もんどう ‥‥‥‥‥‥‥‥ 250

●や行

唯我独尊　ゆいがどくそん ‥‥ 251
融通　ゆうずう ‥‥‥‥‥‥‥ 252
遊戯　ゆげ／ゆうぎ ‥‥‥‥‥ 253

ヨガ　瑜伽（ゆが） ‥‥‥‥‥ 254
よき ‥‥‥‥‥‥‥‥‥‥‥‥‥ 256

●ら行

律儀　りつぎ／りちぎ ‥‥‥‥ 257
利益　りやく／りえき ‥‥‥‥ 258
流通　りゅうつう／るづう ‥‥ 259
流転　るてん ‥‥‥‥‥‥‥‥ 260

蓮華　れんげ ‥‥‥‥‥‥‥‥ 261
呂律　ろれつ／りょりつ ‥‥‥ 262
◆コラム：日本語になった梵語
　④―番外編― ‥‥‥‥‥‥‥ 263

ファーザーリーディング（文献ガイド） ‥‥‥‥‥‥‥‥‥‥‥‥‥‥ 264
索　引 ‥‥‥‥‥‥‥‥‥‥‥‥‥‥‥‥‥‥‥‥‥‥‥‥‥‥‥‥‥‥ 268

はしがき

　日本語の語彙には多くの仏教語が取り入れられているが，中にはその意味が本来の仏教語としての意味から大きく変化している語もあれば（例：縁起），仏教文献に存在するが仏教起源とは言いがたい語もある（例：愛想）．また単語ばかりではなく，成語となっている場合もある（例：おしゃかになる）．この事典は，日常的に用いられていることばの中から仏教を起源とすることばを取り上げ，その意味・語源・用例を示すものである．

　仏教語は元来，インドのサンスクリット語や中国の漢語に基づいているため，どうしても説明が難解となりがちであるが，本事典では，現在における用例も多数取り上げ，できるだけ平易に説明することを意図している．サンスクリット語やパーリ語の原語はカタカナで記してローマ字表記を付しているが，ローマ字表記を省いている場合もある．仏教語は本来，旧漢字であるが，引用箇所も含めてすべて新字に統一した．

　本書はことばの成り立ちから実際の用例までを解説する「読む事典」として編纂されている．読みやすさを考慮して，1項目を1ページ，多くても見開き2ページで解説しているため，説明がやや不足している場合もある．より深い理解を求める読者のために，「ファーザーリーディング（文献ガイド）」の欄を設け，さらに詳しく学べるように便宜を図っている．また本事典の中に関連する他の項目がある場合は，各項目の末尾に記した．

　仏教語の原典である仏教文献は，広範かつ膨大な地理的・時間的展開を有している．原典たる仏典そのものが多岐多様な存在であるため，読者に仏教語の歴史を辿っていただけるよう，ことばの解説に先立ち，第Ⅰ部として「仏典の成立・展開・翻訳」を収めている．

　第Ⅱ部「日常の仏教語」において，各項目は五十音順に列挙しているが，同じ漢字であっても仏教語と日常語で読み方が異なるケースがある（例：差別 しゃべつ／さべつ）．その場合は双方の読み方を見出しに挙げている．索引はどちらの読みでも引くことができるようにしているので，探すことばが見つからない場合は索引を参照していただきたい．

　本事典は，大正大学綜合佛教研究所の研究会「現代日本語における仏教語源研究会」の共同研究として編纂執筆された．各項目の執筆者名は，担当した項目の末尾に記している．　　　　　　　（編集委員　野口圭也）

第Ⅰ部
仏典の成立・展開・翻訳

【執筆：種村隆元】

1. はじめに

　本書では現代日本語に定着した仏教由来の言葉についてさまざまな先生に解説して頂いています．本書で項目として取り上げる言葉は，主として仏典を通して日本に伝わってきています．ここでは本書のイントロダクションとして，仏典がどのように成立してきたのか，そしてそれがどのように保存され，どのように伝わってきたのかについて簡単に述べてみたいと思います．仏典の伝える「テキスト」について興味のある方は，本書の各項目に目を通す前に，ぜひこのイントロダクションを読んでみてください．

2. 仏典の成立と展開

2.1. 仏典とは

　ところで，仏典とはどのようなものを指すのでしょうか？　また仏典とお経は何が異なるのでしょうか？

　一般に仏典は以下の3種類のカテゴリーに分類されます．最初は仏陀の言葉，すなわち教えを記録したとされている経（これがいわゆる「お経」です），次に出家者の守るべき戒や教団運営に関する規則を定めた律，そして教説の解説等の論の三つです．この三つのことを三蔵と言います．玄奘三蔵で有名な三蔵法師というのは，あらゆる種類の仏典に通じている人に対する尊称です．インドにおける仏典の成立と展開は，とりもなおさずこの「経・律・論」の成立と展開になります．

2.2. インドにおける仏典の時代区分

　それでは最初に，インドにおいて仏典がどのような段階を踏んで成立したのか見ていくことにしましょう．インドにおける経・律そして論の成立

4   2. 仏典の成立と展開

から見た時代区分は以下のようになります.

(1) 初期仏教時代（紀元前 5–3 世紀）—原初的な経と律が成立します.

(2) 部派仏教時代（紀元前 3–1 世紀）—主に戒律の解釈を巡って出家者の教団は諸部派に分裂し，各部派それぞれにおいて経と律を整備します．それまでは，口承されていた経と律が文字により書写されてくるとともに，部派の存立にも関わる「法（仏の教え，あるいは真理）についての研究」としての論が形成され始め，経・律・論の「三蔵」の概念が成立します.

(3) 初期大乗仏教時代（紀元前 1–紀元後 2 世紀）—この時代に，新しいタイプの仏教，いわゆる大乗仏教が興隆してきます．この新興の仏教は，おそらくは既存の部派内から起こってきたもので，仏塔信仰と深い関わりがあったと推測されています.

(4) 中期大乗仏教時代（2–4 世紀）—大乗仏教徒の間に，自らの仏教を「大乗」（「おおきな乗り物」，あるいは「すぐれた方法」の意味）とする共通の意識が定着し，多くの大乗経典が成立し，かつ増広されます．一部には，ナーガールジュナ（龍樹，150–250 年頃）の『中論』といった論書が著作されます．既存部派の方は，論の精密化を図ります.

(5) 大乗仏教発展時代（4–8 世紀）—多くの経が引き続き作成されます．中には，構成上は経であっても論的な性格をもつ経典（例，『解深密経』）も作成されます．ヴァスヴァンドゥ（世親，400–480 年）を始めとする多数の論師が僧院を舞台として活躍し，中観派，瑜伽行派という学派が形成され発展します.

(6) 後期大乗仏教時代（密教興隆の時代）（8–13 世紀）—前時代に発展を遂げた大乗仏教においては，論の著作が続けられ，各学派間の統合・序列化が行われます．密教経典自身は，この前時代から作成されていますが，7 世紀に入ると，組織的に体系立った本格的な密教経典（『大日経』『金剛頂経』）が製作されるようになります．そしてこの時代，インドから仏教が滅びる直前まで多数の密教経典が継続して製作されました.

　以上が，インドにおける経典を中心とした仏典の成立史の大まかな概観です．それでは以下に上記の時代区分に従って，仏典の成立過程を見ていくことにしましょう.

2.3. 初期仏教の経典の成立と発展

2.3.1. 初期仏教における経典の編纂

仏教の歴史は歴史的人物としての仏ゴータマ（釈尊）が，出家し数年の修行の後，現在のブッダガヤーにおいて覚りをひらき（成道），それを最初の5人の弟子にその内容を説法したこと（初転法輪）に始まります．彼は覚ったことにより仏陀（サンスクリット語のブッダ〔覚った人〕の音写）と呼ばれ，また彼の出自が釈迦族であることから釈尊などと尊称されます．後に仏陀の概念は拡大されて使用されることになり，単に歴史的人物としての仏ゴータマを示すにとどまらなくなるので，ここではそれと区別するためにこの章では以下釈尊という名称を用いることにします．釈尊の教化活動は彼の死（入滅）まで45年ないし50年に及びました．

伝承によるならば，釈尊が入滅したとき，弟子の一人であるマハーカーシュヤパ（大迦葉）は，このまま放置すれば釈尊の教えは速やかに滅してしまうと思い，教法を集め，まとめることを考えました．マハーカーシュヤパは集まってきた弟子たちにこれを提案して，賛成を得て，ラージャグリハ（王舎城）に500人の弟子が集まり，釈尊が生前に説いた教法ならびに律を集成したと言います．これが種々の文献が伝えるところの「第一結集」です．言葉を変えれば「第1回経典編集会議」と言うこともできるでしょう．

伝承によると，教法に関しては，釈尊の生前に常に傍らで仕えていたアーナンダ（阿難）が，その記憶するところに基づいて誦し，それを他の比丘たちが承認する形を取ったと言います．また，律に関しては，戒律をよく理解していたウパーリが誦出したとされています．いずれにせよ，このような形をとって教団に承認された教法は「スートラ（経）」という，記憶に便利な短文の形，あるいは詩句としてまとめられて伝承されたと考えられています．

このように，釈尊の死後程なくして，今日の経蔵・律蔵の原型となるものができあがったと考えられています．そして，それらのあるものには説明文が伴い，またあるものには因縁譚（由来）が伴い，やがて長文のスートラもつくれるようになってきました．さらに教団が主に戒律に関する解

6   2. 仏典の成立と展開

釈の違いにより（そして，地域差—この地域差は戒律の違いを引き起こす
一つの要因になります—により），さまざまな部派に分かれるにつれて，
教説・律ともに今日みられる形に整備されてきたのです．

2.3.2. 最初期の経典の言語

　それでは経典編纂に使用された言語はいったいどのようなものだったの
でしょうか．インドでは現在でも多種多様な言語が使用されていますが，
それはインド・アーリア系の諸言語とドラヴィダ系の言語に大別すること
ができます．一般に釈尊が説法に使っていた言葉は，前者のインド・アー
リア系に属するマガダ語（古代マガダ語）であると考えられています．こ
の言語は釈尊が活躍した時代にガンジス川中流域において使用されていた
言語で，この地方が「マガダ」と称されるようになったことからマガダ語
と呼ばれるようになりました．スリランカなどに伝えられている南方系の
仏教では，自らの保持する経典の言語である「パーリ語」を「根本語」あ
るいは「マガダ語」と呼んでいます．パーリ語がどこを故郷とするかにつ
いては，学者たちによってさまざまな仮説が提出されましたが，結論とし
てはむしろインド西北部の方言に近く，東方方言とは多くの点で異なって
いることが明らかにされました．

　釈尊の活躍していた時代，ヴェーダをはじめとする正統派のバラモン教
の諸聖典の言語は，サンスクリット語の元となったヴェーダ語と呼ばれる
もので，一般にバラモンをはじめとする知識層において使用されていた言
語です．これに対して，釈尊が使用していたと考えられているマガダ語は
一般の大衆の使用していた，いわゆる俗語です．これに関して，釈尊が広
く衆生の救済のために，広く一般に使用されていた言語を使用し，またそ
のような言語を使用することを厳命したのだ，という伝承があります．

2.3.3. パーリ三蔵

　このようにガンジス川中流域で使用されていた言語によりまとめられた
釈尊の教法は，やがてインド各地に伝播していくうちにそれぞれの地方の
言語に置き換えられ，伝えられたと考えられています．それらのうち，ス
リランカやミャンマー・タイなどの東南アジアに伝えられたものを南伝と
言い，南伝の仏典はパーリ語で著されています．これに対して，北方イン

ド，中央アジアを通じて中国に伝えられたものを北伝と言います．

　インド語で書かれた経典の中で，最も多く残っているのがパーリ語経典です．インドの仏教には18，あるいは20といった部派が存在したとされ，あるいは，後に興隆してくる大乗仏教にもさまざまな学派がありましたが，これらの部派や大乗の中で，各自の奉じていた経典を完全な形で伝えているのは，上座部と呼ばれる南伝仏教だけです．パーリ語経典は，以下に示す五つの部分（ニカーヤ）からなります．ニカーヤとは「分類的集成」を意味します．

(1) ディーガニカーヤ（長部）：比較的長い経の集成．
(2) マッジマニカーヤ（中部）：中くらいの長さの経の集成．
(3) サンユッタニカーヤ（相応部）：比較的短い経を内容に応じて分類集成したもの．
(4) アングッタラニカーヤ（増支部）：比較的短い経を，その主題が含む数に応じて分類集成したもの．
(5) クッダカニカーヤ（小部）：上記の四つに含まれなかった比較的小さな経典の集成．

　文献が伝えるところによると，この南方仏教は，アショーカ王の時代に，王の長男で，出家したマヒンダが，アショーカ王のインド内外9か所への伝道師派遣の一環として，弟子たちを連れてスリランカに布教したことにはじまるとされています．現在私たちが手にするパーリ語の経蔵と律蔵を見てみると，その言語的特徴は西インドのそれと類似していることは先に述べたとおりですが，これはマヒンダによるスリランカ布教の伝承と関わりがある事実かもしれません．というのも，マヒンダはアショーカ王が王位に就く以前，西インドのウッジェーニーに総督として赴任しているときに，その地の豪族の娘との間にもうけた息子であるからです．

2.3.4. 北伝のアーガマ

　次に，北方インドから中央アジアや中国に伝わった北伝のアーガマ（阿含経典）について述べます．阿含という言葉は，サンスクリット語のアーガマ（伝承）の音写語で，教説を伝承する経典，あるいは伝承された教説

8　2. 仏典の成立と展開

そのものを指します. アーガマには以下の五つがあります.

(1)『長阿含』（ディールガーガマ）＝パーリ経典の長部に対応するもの.
(2)『中阿含』（マドゥヤマーガマ）＝パーリ経典の中部に対応するもの.
(3)『雑阿含』（サンユクターガマ）＝パーリ経典の相応部に対応するもの
(4)『増一阿含』（エーコーッタリカーガマ）＝パーリ経典の増支部に対応するもの.
(5)『小阿含』，あるいは『雑蔵』＝パーリ経典の小部に対応するもの. ただし，これを阿含には数えず，経律論の三蔵に含めない場合もあります.

　さて，これらのアーガマの成立年代に関しては，断片的な証拠しか存在せず，『増一阿含』『中阿含』『長阿含』『雑阿含』が4世紀末から5世紀前半にかけて相次いで漢訳されていることで，その時期までにこれらの四つのアーガマが名実ともに存在していたことが確認できるだけで，それ以前の状況は，アショーカ王の碑文，南方上座部の注釈文献中の記述，中インドのバールフトやサーンチーの仏塔に刻まれた奉納文の記述，南インドのナーガールジュナコンダやアマラーヴァティーの仏塔に刻まれた奉納文などから，いくつかのアーガマについての存在が推測されるのみです.

2.3.5. パーリ・ニカーヤと漢訳阿含

　パーリ・ニカーヤと漢訳阿含に関して，古くはパーリ・ニカーヤの方が，漢訳に比して古い成立との見方がありました. それでは，実際はどうなのでしょうか？　同じ初期経典において，漢訳阿含とパーリ・ニカーヤの同じ文を比較した場合に，漢訳の方が明らかにパーリより古い形を伝えていることが多いと言います. また，パーリ・ニカーヤも漢訳も現在私たちが目にする形での文字化が完了したのは5世紀のことです.

　それでは，パーリ・ニカーヤと漢訳の阿含を比較し，そこに共通する要素を古い層と認め，そこからニカーヤないしアーガマの原型を探り出し，それ以外の要素を後世の付加とすることはできるでしょうか？　万が一，釈尊の死後に行われた第一結集により定められた唯一絶対の経・律が存在し，そこから現行のパーリ・ニカーヤと漢訳阿含が分かれたのであれば，

もしかしたらそれも不可能ではないかもしれません．しかし，現存する資料にはむしろそのような唯一・絶対の原型は存在せず，経・律の成り立ちが，私たちが想像するより複雑であった可能性が高いと考えられます．したがってそのような単純な方法で，初期仏教経典の最古層を探し出すことは現実的ではありません．

今ここで言えることは，釈尊の死後，経としてまとめられた教説は，仏教がインド各地に伝播していく過程で，その土地の言葉に移し換えられていったこと，そして，やがて教団がさまざまな事情で多くの部派に分裂していく過程で，部派間の教理解釈の相違などさまざまな要因が重なって，まとめ上げられた教説が，ある場合には説明が付加されて増広され，ある場合には，順序を組み替えるなどが行われて現在に伝わる経典の原型ができあがったということです．そして，これらの形成過程をたどるために，経典自身の言語的特徴による新古層の判別，あるいは他の文献資料による傍証，あるいは文献資料以外の考古学的資料による傍証，さまざまな手段を用いた努力がなされているのです．

2.4. 大乗経典の成立と部派による論の発展

2.4.1. 大乗経典と経典の書写

紀元前 1 世紀から紀元後 2 世紀にかけて，大乗仏教というそれまでの初期仏教にはみられなかったタイプの新しい仏教が興ってきます．大乗仏教の特徴として，在家仏教や仏塔信仰と深い関わりがあることが知られています．「仏典」というテーマに関係したところでは，この時期に成立した，いわゆる初期大乗仏教経典にみられる特徴として，「書写の功徳」を繰り返し説く点が挙げられます．

この特徴が一番顕著にみられるのが，大乗仏教経典でも最初期に成立したと考えられている「般若経」の『八千頌般若経』です．『八千頌般若経』には「般若経」を書写し，写本の形にして安置することが，仏陀の遺骨を塔に安置して供養することよりも功徳が大きいことを説いています．

経典の書写に関する記述は仏塔信仰と結びつきが深いと考えられる『法華経』においてもみられます．『法華経』中に説かれる「書写の功徳」が，経典にもとからあった教説なのか，経典の発展の段階で付加されたものか

10   2. 仏典の成立と展開

どうかに関しては，議論の余地がありますが，少なくともここに挙げた初期の大乗経典を奉ずる教団あるいは集団が，ある段階で自らの奉ずる経典の宣揚，護持，伝承のために書写というものを有効な手段と考えた（事実そうだったのでしょう）ということだけは推測できます．そして，もう一つ指摘しておかなければならないのは，口承により伝えられてきた伝統的なアーガマやニカーヤが文字化されてきたのも，大乗経典の成立期と重なるということです．したがって，大乗経典の成立と文字化に関しては，広い文脈から考えられなければならないことだけは確かでしょう．

2.4.2. 諸部派による論の形成

先ほど提示した経・律・論（主に経と論）の成立に関する時代区分に戻ると，この時期に既存部派は僧院に定着するとともに，経・律・論の三蔵を整備していったと考えられます．経・律に関しては，釈尊の死後比較的早い段階で原初的なものができあがりましたが，それが整備されるにつれ，それに関する解説・議論が行われるようになってきました．

経に説かれる内容は記憶に便利なように項目ごとの整理がなされ，「要綱」というものが形成されました．この要綱が後の論の形成の下地になっていったと考えられます．教えの内容を系統立てて整備していくために，弟子たちの間で「法（＝仏陀の教説）についての議論」が行われてきました．これが後にアビダルマという形で整備され，論蔵が形成されることになります．

2.5. 大乗の論書と中期の大乗経典

2.5.1. ナーガールジュナと『中論』

先に説明した初期大乗仏教の時代は，ナーガールジュナ（龍樹）の出現をもって終わり，以降は中期の大乗仏教と言われる時代へと入ります．ナーガールジュナは，大乗仏教初めての論師として『中論』をはじめとした多数の論書を著作し，大乗仏教の教説，とりわけ「空」の思想を宣揚しました．このナーガールジュナの登場で大乗仏教は経典による思想の展開から論書による思想の展開へと主軸を移したと言っても過言ではありません．『中論』への注釈の伝統から，中観派という学派が生まれてきます．

2.5.2. 中期の大乗経典—論的な経典

　ナーガールジュナの出現により大乗仏教は経から論へと主軸を移行しましたが，その後も大乗仏教の経典は製作され続けます．この時期に成立した経典には，如来蔵思想を説く経典として『如来蔵経』『勝鬘経』（大乗の『涅槃経』もこの系統に入ります），唯識系の経典として『解深密経』『大乗阿毘達磨経』が挙げられます．また，如来蔵思想と唯識思想の統合を意図した『楞伽経』も挙げられます．この時代の経典の特徴は，経自体が経としての形式的側面を残しながらも，その内容としては論に近いということが言えます．

2.5.3. 瑜伽行派の論書

　中観派と並ぶ大乗仏教の二大学派の一つが瑜伽行派と呼ばれるものです．この瑜伽行派の開祖とされる人物がマイトレーヤ（弥勒）で，伝説的要素を多分にもち合わせ，古くから実在を疑問視する声があります．そしてアサンガ（無着）があとをつぎ，その弟のヴァスバンドゥ（世親）により学説が大成されました．この派も『瑜伽師地論』『摂大乗論』『唯識三十論』など主に論書の著作活動を通じてその学説を成熟させていきました．

2.6. 密教経典の成立

　ナーガールジュナ以後の大乗仏教の展開が論中心となったこと，それ以降成立した大乗経典が論的な性格を帯びていることを見てきましたが，すべての仏教の思想活動が論中心に移行したわけではありません．ここで私たちは，大乗仏教以後に現れた新しい仏教運動である密教とその経典の成立について見てみる必要があります．

　密教経典とは，真言・印・マンダラなど使用する秘儀的な儀礼を説く経典類で，その儀礼的な性格で他の経典と区別されます．密教は，体系化されるにつれて，自らが大乗のうちでも特に優れたものであると主張するようになり，自らを「金剛乗（ヴァジラヤーナ）」等と称するようになりました．

　密教経典は一般的に初期・中期・後期の三期に分けられます．中期を代

表する経典が，7世紀に入って成立した『大日経』『金剛頂経』で，本格的な密教経典の始まりとされます．その理由は，密教的儀礼と伝統的な大乗仏教の教理を結びつけることにより，覚りを得るための手段を明確に打ち出した点にあります．この二つの経典は，空海により始められた真言宗における主要経典で，以後の日本仏教に与えた影響には大きいものがあります．

　尚，『大日経』『金剛頂経』より以前に成立した密教経典を初期，後に成立した密教経典を後期に分類します．後期密教経典の説く実践には，ヒンドゥー教の影響を大きく受けたものが多く含まれます．後期密教経典は一部漢訳されているものの，その教義・実践は中国に根付くことはなかったようで，その事情は日本でも同様です．

3. 作成されたテキストはどのように保持されてきたのか ——サンスクリット語仏教写本

　前のセクションにおいて，仏典がどのように成立し発展してきたのかを簡単に概観してきました．宗教活動というものは文字に表されたものがすべてではありませんが，紀元前5世紀から紀元後13世紀にわたる長い間，経・律・論のバランスは変わりながらも，常に活発な著作活動が行われていたことが分かると思います．一般にインドで仏教が滅んだとされる13世紀初頭以降も，インド亜大陸に仏教徒が存続していたことが資料から知られていますが，少なくともそこには新しい「経典」を生み出すだけの力はすでに存在しなくなってしまったようです．

　それでは先に見てきたような成立・発展を見た仏典の原典はどのように保存され，私たちが手にするに至ったのでしょうか？　パーリ語を除く，サンスクリット語などのインド語の仏典は写本の形でネパールやチベットに保存されており，私たちが現在手にすることのできるインド語の仏典もそれらの写本をもとにした出版本です．ここでは，話を主にサンスクリット語を中心としたインド語の文献に限り，写本とその周辺について見ていきたいと思います．

3.1. 仏典のサンスクリット語写本の発見

　現存する仏典のサンスクリット語写本の多くは，ネパールのカトマンドゥ盆地において保存されてきたものです．カトマンドゥ盆地では，一般にインドにおいて仏教が滅んだとされる13世紀の初頭以降も，現代に至るまで仏教の伝統が保持されており，インドにおける仏教滅亡後も前世紀に至るまで仏典が書写され続けてきています．また，カトマンドゥ盆地の比較的乾燥した気候も古い時代の写本が良好な状態で保存されるのに適したものでした．

　カトマンドゥ盆地に保存されていたサンスクリット語仏教写本の存在を最初にヨーロッパに知らせたのはイギリスの外交官ホジソンです．ホジソンは，弱冠二十歳を過ぎたばかりでカトマンドゥに赴任すると，その地の文物に興味を示し，1824年からはサンスクリット語仏典の蒐集にも力を入れました．1826年に彼が見出した，仏典のサンスクリット語写本の例を雑誌に紹介したことから，それらの存在がヨーロッパの学者に知られるようになりました．そして，1827年から20年あまりの間に，数多くの写本類をカルカッタ・ロンドン・パリのアジア協会や，オックスフォード大学に寄贈し，あるいはフランス人東洋言語学者のヴュルヌフに送り研究を依頼しました．

　ホジソンに続き，ネパールからサンスクリット語写本を集めたのは，公使館の医師であったダニエル・ライトです．彼の探し出し，蒐集したサンスクリット語写本は，ホジソンのそれより量・質ともに勝っていました．それらはケンブリッジ大学で整理され，同大学の教授であったセシル・ベンドールにより目録が出版されました．

　現在，ネパール系のサンスクリット語仏教写本はヨーロッパ，日本，インド，ネパールの大学・研究所等に保存されています．ヨーロッパや日本に保存されている写本に関しては，カタログも整備されており，研究者が利用することが比較的容易です．これに対して，ネパールの国公立の図書館あるいは寺院，個人所蔵の写本に関しては，カタログも未整備でマイクロフィルム化もされていませんでした．そこで欧米や日本の研究機関により，それらの写本の保存のプロジェクトが立ち上げられることになりました．その中でカトマンドゥ盆地に現存する写本の保存プロジェクトとして

特筆すべきはネパール・ドイツ写本保存計画（Nepal-German Manuscript Preservation Project：略称 NGMPP）です.

NGMPP は 1970 年にネパール政府とドイツ東方学会の合意の下，ネパールに現存する古写本，木版刷り，歴史文書などをマイクロフィルムに保存するために立ち上げられました．NGMPP がマイクロフィルム化した写本は仏典に限らず，ヒンドゥー教諸派の典籍，あるいはサンスクリット語文学作品に至るまで多岐にわたっています.

3.2. 中央アジアで発見された写本

次に中央アジアで発見されたサンスクリット語の仏教写本について見てみることにしましょう．中央アジアにおける写本の発見は，19 世紀の後半に始まります．最初の発見は 1891 年に英国人のバウアーがクチャにおいて，さらにフランス生まれのドゥトロイユ・ドゥ・ランが 1892 年にコータンにおいて入手した，樺皮の写本で 2 世紀にさかのぼるものでした.

この後，ロシアのペトロフスキーによる中央アジアとチベットの調査，ドイツのグリュウンヴェーデル，ルコックによる 4 回にわたる探検（1902–14）が行われました．イギリスのスタインは 1899 年から 1929 年の間に，4 回にわたり中央アジアからアフガニスタンに及ぶ広大な地域を探検しました．また，フランスのペリオは敦煌より多くの古文書を得ています．日本からは，大谷光瑞が 3 回にわたる探検を行わせています（1902–14 年）.

これらのうち，サンスクリット語の仏教写本に限れば，その分量はネパールのそれに及ばず，断片のものが多いのですが，すでに失われていると考えられていた原典が手に入るという点で重要で，書写年代の古い写本が残っていることも貴重な点です.

3.3. ギルギット出土の写本

インド北西部のカシミール地方のギルギット近郊で，1931 年にスタインにより古写本が発見されたのを始めとして，多くの大乗経典や部派の律蔵の文献の写本が発見されました．それらは，ナリナクシャ・ダットによ

り Gilgit Manuscripts として出版されています.

3.4. チベットに保存されているサンスクリット語仏教写本

3.4.1. ラーフラ・サーンクリートヤーヤナ

　1930 年代にインド人のラーフラ・サーンクリートヤーヤナがチベット
の仏教僧院の調査を行い，そこで 300 部以上のサンスクリット語仏典の
写本を発見しました．この中にはヴァスバンドゥ著作の『倶舎論』及びそ
の自注を始めとした貴重なものが多数含まれています．サーンクリート
ヤーヤナが写真撮影ならびに書写することのできた写本のネガフィルム並
びに書写ノートは，パトナのビハール・オリッサ研究協会に保存されてい
ます．

3.4.2. 大正大学による写本の調査

　大正大学が 1990 年にスタートさせた中国民族図書館との事業交流によ
り，いくつかのチベットに保存されてきた写本の影印版が出版されていま
す．このうちの『瑜伽師地論声聞地』は，サーンクリートヤーヤナがチベッ
トのシャル寺で撮影した写本と同一のものです．また同大学の調査チーム
がチベットのポタラ宮で，『維摩経』のサンスクリット語原典の写本を発
見しています．

3.5. スコイエン・コレクション

　1990 年代の半ばにアフガニスタン・バーミヤン渓谷北部の洞窟の中で，
アフガン難民によって大量の仏教写本が発見され，それらはヨーロッパの
マーケットを経由して，ノルウェーの写本蒐集家マーティン・スコイエン
氏に引き取られました（「スコイエン・コレクション」）．当コレクション
に関する国際的な共同研究が行われ，その成果が出版されています.

　スコイエン・コレクションは，貝葉，樺皮，動物の皮の写本に使われて
いる文字から判断するに，その古さは紀元 2 世紀から 8 世紀にさかのぼ
り，サンスクリット語あるいはガンダーラ語の仏典が書写されています．
大部分は断片ですが，ごく小さな断片まで含めると総数は 1 万点以上に上

16   4. 仏典の漢訳

るといいます.

　スコイエン・コレクションの内容には以下の貴重な文献が含まれています. まず, 2 世紀に書写されたガンダーラ語の『大般涅槃経』があります. これは釈尊が亡くなる前の最後の旅を描いた経典で, いずれの漢訳にも一致しないこれまでに知られていなかったヴァージョンであることが分かっています.

　次に, 2-3 世紀に書写された『八千頌般若経』の断片が発見されています. 写本の書写年代が初期大乗経典の製作されていた時代と重なることから, 『般若経』の成立史のみならず, 大乗経典の発展の歴史に関する重要な資料と言えます.

　この他にも, 如来蔵・仏性思想を説く『勝鬘経』, さらに『阿闍世王経』といった, 他文献における引用を除いて原典の知られていなかった大乗経典類の断片が発見されています.

3.6. 日本に保存されている写本

　シルクロードなどを経て東アジアにもたらされたサンスクリット語の仏教写本は, わずかな数ですが日本にももたらされており, 法隆寺, 京都の百万遍知恩寺, 高野山などに, ネパール系写本よりも古い時代の写本が残されています.

　それらを除けば, 現在日本の研究機関に保管されているサンスクリット語の仏教写本は, 19 世紀末からの西洋でのサンスクリット写本に基づく文献研究に呼応するように, 同時期に日本にもたらされたものです.

4. 仏典の漢訳

　インドにおいて成立した仏典は, さまざまな言語に置き換えられて周辺地域へと伝播していきました. その中でも, 仏典の中国への伝播と中国語訳（漢訳）された仏典が私たち日本人の文化に多大なる影響を与えてきたのは, 間違いありません. ここでは, インドで成立した仏典が中国にもたらされ, 漢訳されていった過程と漢訳仏典の特色の一端を見ていきます.

4.1. 仏教の中国伝来

　紀元前 2 世紀頃，中国の前漢の時代に，中国から西域・インド最北部を通りローマへと至る通商路，いわゆるシルクロードが開かれると，このシルクロードを経由して，仏教が中国へ伝わってくることになります．

　仏教の中国伝来に関する現存する最初の史実的な記事は，『三国志』魏志巻 30 裴松之の注に引用される魏の魚豢が撰述した『魏略』西戎伝のものです．その記事によれば，「漢の哀帝の元寿元年（紀元前 2 年）に大月氏の使者である伊存という人物が，中国の博士弟子である景盧に仏教の経典を口授した」とあります．ただし，このときに口頭で授けた経典のタイトル・内容，ならびに言語等に関してすべてが不明です．前漢時代には，仏教は西域からの移住者やその後裔が信奉していたほかは，中国社会にはさほど浸透していなかったと考えられます．

　後漢時代になると，明帝の異母弟である楚王・英（?–71 年）や桓帝（132–167 年）など，皇帝をはじめとする社会の上層階層の中にも，徐々に仏教を信奉する人物が現れるようになります．

　桓帝以後になり多数の仏教経典が翻訳されるようになりました．歴史的にみて，確実に翻訳が始まったのは，桓帝の時代に安息国から安世高が，月氏国より支婁迦讖（ローカクシェーマ）が洛陽に来てからのことです．

　安世高は，安息国の太子として生まれましたが，王位を叔父に譲って出家し，おそらくは中国における仏教の状況を伝え聞き，伝道のため中国に来たと言われています．その後は 20 年あまりにわたり，30 部強の経典を翻訳しました．彼がもたらした経典は，禅定（瞑想実践）を説く経典，アーガマ，アビダルマ論書といったものでした．翻訳としては，専門的な教理概念の翻訳語も試行錯誤的なもので，当時の中国人にどれだけ理解されていたかは疑問があると言います．

　支婁迦讖は，アフガニスタン北部からガンダーラ方面を支配していた大月氏国の出身で，『般若道行品経（道行般若経）』『首楞厳経』『般舟三昧経』を始めとした初期の大乗経典を翻訳したと言われています．

4.2. 格義仏教

この時代の仏典の翻訳において，専門用語の試行錯誤的な翻訳は，格義仏教とよばれるものを生み出す背景となりました．「格義」とは，仏教の教理を中国古来の思想，あるいは中国古典との比較で解釈しようとするものです．これは，例えば，仏教の「空」の思想を老荘思想における「無」によって解釈を試みるものです．この背景には，鳩摩羅什以前の漢訳仏教経典において，仏教の教理用語が，中国思想・古典，特に道教思想の用語に置き換えられて翻訳されていることによります．

4.3. 鳩摩羅什

このような仏典の漢訳の状況は四大翻訳家の一人に数えられる鳩摩羅什の登場により，新たな段階に入ることになります．鳩摩羅什が中国に至って初めて，中国語として無理なく，かつ原文の意味を体現するといった翻訳が実現することになりました．

鳩摩羅什とはクマーラジーヴァというインド語名の音写語で，略して羅什と呼ばれることもあります．彼は，344年クチャ（亀茲国）の名家に生まれました．『高僧伝』によると，祖父は大臣として名が聞こえた人物で，この祖父に代わって大臣の位に就かされそうになったときに，出家したと言います．出家した後はカシミール（罽賓）に遊学して，始めはアーガマなどを学び，カシュガル（沙勒国）に至り，『ヴェーダ』（バラモン教の聖典）などを学習したといいます．そして，須利耶蘇摩（スールヤソーマ）から大乗仏教を学んだ後は大乗に専念するようになり，般若経典や龍樹の諸論書に通暁するようになり，その名声を広めました．

その頃，前秦の王である苻堅は鳩摩羅什を招聘したいと考えるようになり，呂光を西域に使わしました．苻堅の命令を受けた呂光はクチャの王室を滅ぼし，鳩摩羅什を捕えましたが，苻堅が殺され，前秦が滅んだことを知ると，自ら涼州を平定して，後涼を建国しました．そのため，鳩摩羅什は16–17年の間，涼州に留まることとなります．401年に後秦の姚興が後涼を滅ぼすと，彼は鳩摩羅什を長安に迎え入れ，国師として待遇して，翻訳活動をさせることとなりました．

第Ⅰ部　仏典の成立・展開・翻訳　19

　また鳩摩羅什は教育者としても優れた人物であったようで，彼は翻訳場に参加した多くの出家者・在家者に彼が翻訳する経典の講義を行いました．彼の門下から僧肇，道生などの優れた人物を輩出しています．

　鳩摩羅什の翻訳した経典類は，『出三蔵記集』によると315部294巻にのぼると言います．その中には『大品般若経』『妙法蓮華経』『阿弥陀経』『維摩経』といった大乗経典類，また『十誦律』などの律蔵文献，そして『中論』『十二門論』『大智度論』といった論書類が含まれています．

　鳩摩羅什から30-40年後の5世紀中葉までには，初期仏教の文献，大乗仏教の主要経典の漢訳がそろうことになります．初期仏教のアーガマに関しては，鳩摩羅什以前に翻訳されていた『中阿含』『増一阿含』に加えて，彼以後に，『長阿含』『雑阿含』が翻訳され，四阿含がそろうこととなります．律蔵に関しては，『十誦律』が鳩摩羅什によって翻訳され，また『四分律』『五分律』『摩訶僧祇律』が翻訳されました．尚，『五分律』『摩訶僧祇律』の原本は法顕によりインドよりもたらされたものです．

4.4. 鳩摩羅什以降の翻訳

　五胡十六国の時代を経て，南北朝時代になると，北方においては，6世紀前半に，インドや中央アジアから多くの僧侶が中国にやってくることになります．

　その代表的な人物は，菩提流支（ボーディルチ）です．菩提流支は北インドの出身で，『金剛経』『入楞伽経』『不増不減経』などの大乗経典，『十地経論』『法華経論』『無量寿経論』などの大乗仏教の論書の翻訳を行いました．

　南朝における代表的翻訳者は，四大翻訳家の一人に数えられる真諦（パラマールタ）です．真諦は西インドの出身で，南朝の梁の武帝が仏教の宣揚に努め，適切な人物と経典を求めていると聞き及び，548年に建康（現在の南京）に到着し，武帝に迎え入れられます．しかし，反乱のために梁が滅んだことから彼の流浪の生活が始まりました．その学徳を慕い，あつまる弟子も多く，権力者の庇護を受けることもありましたが，相次ぐ内乱により，翻訳業に専念できませんでした．このような不幸に加え，その学問の系統も栄えなかったため，その著作も失われ，その翻訳も満足に保存

されなかったという事実があります．そのような中でも，『金光明経』『仁王般若経』などの大乗経典や『中辺分別論』『唯識論』『三無性論』『倶舎論』などの，それまでに中国に知られていなかった論書を翻訳しました．特に唯識関係の論書と『倶舎論』は後世に大きな影響を与えました．後に，インドに唯識関係の論書をもとめて，西域の大旅行を行った玄奘も，真諦の翻訳で唯識・倶舎を学んでいます．これらの論書は，玄奘が新しく翻訳したのちは，省みられることが少なくなりましたが，玄奘訳に比べて真諦訳の方がインドの原典に忠実な場合が多いのは現代の研究者も認めるところです．

4.5. 西域・インドへの旅行者

　以上見てきましたように，インドの言語で著された仏典を中国語に翻訳した人物の大半は，中国にやってきた西域人やインド人でした．しかしながら，仏典の原典を求めてインドや西域に旅立った中国人僧も存在しました．ここでは，そのような人物に焦点を当ててみましょう．

4.5.1. 法顕以前
　まず西域に仏典を求めて旅立った人物たちの先駆者として挙げられるのは，朱士行です．彼は，中国人で出家した人間の中で初期の一人です．彼は『般若経』の講義をしていましたが，意味が通じないところが多かったために，自らインド語の原典を求めることを決意して，260 年に西域に向けて旅立ちました．その後彼がコータンで手に入れた『般若経』の原典の写本は洛陽に送られて翻訳されることになります．『放光般若経』がそれに当たります．朱士行自身はそのままコータンにとどまり，そこで 81 歳で没しています．

4.5.2. 法顕
　法顕は，中国における経と律，特に律の文献が不備であるため，それらの写本を求める目的で，インドへ旅立ちました．法顕が 399 年に長安を出発した時に，彼の年齢はすでに 60 歳を過ぎていたと考えられます．
　401 年に西北インドに到達し，そこからガンジス川沿いにある釈尊ゆか

第 I 部　仏典の成立・展開・翻訳　　21

りの地に到達しました．406 年から 3 年間パータリプトラ（現在のパトナ）
においてサンスクリット語を学び，経典の書写を行いました．その後，現
在のカルカッタ付近から船に乗ってスリランカに渡り，410–411 年の間そ
の地に滞在して，経と律を入手しました．その後，ジャワあるいはスマト
ラに渡り，そこから海路で中国に向かい 413 年に帰還しました．

　先に言及しましたように『五分律』『摩訶僧祇律』の原本は法顕がもた
らしたもので，『摩訶僧祇律』に関しては，仏陀跋陀羅（ブッダバドラ）
と共同で翻訳を行いました．また法顕の旅の記録である『高僧法顕伝』（あ
るいは『仏国記』とも呼ばれます）は，当時のインドの様子を知る上で貴
重な資料です．

4.5.3. 玄奘

　仏典を求めてインドに旅行した中国人僧のうち，一番有名な人物が，
「三蔵法師」として有名な玄奘であることに疑いはないでしょう．玄奘は
幼くして出家し，長じて真諦の翻訳で『倶舎論』や唯識思想を学びました．
そして『倶舎論』や唯識思想の背景となる仏典を直接インドで勉強したい
と考えるようになり，インドに旅行することを決意しました．

　当時，唐は国民が西域に旅行することを禁じていましたが，玄奘はその
国禁を破る形で 629 年に長安を出発しました．そして，新疆，アフガニ
スタンのバーミヤン，ガンダーラを経由し，4 年をかけて釈尊の故地に到
着しました．そして，インドではナーランダー寺院においてシーラバドラ
（戒賢）の下 4 年間唯識と倶舎論を学びました．その後インドの各地を旅
行し，643 年に帰国の途につき，645 年に長安に到着しています．帰国後
は唐の皇帝の庇護の下，仏典の翻訳を行いました．

　玄奘の翻訳した仏典の数は多数に上りますが，最初に挙げられるのは
『大般若経』600 巻でしょうか．これは大正新脩大蔵経のうち，実に 3 巻
分を占めています．その他，部派仏教系の論書では，ヴァスヴァンドゥ作
の『倶舎論』，説一切有部の論書である『大毘婆沙論』，また唯識系の論書
では『瑜伽師地論』『成唯識論』があります．これらは現在でも仏教研究
における貴重な資料です．以上をはじめとして多量の経・論を翻訳したの
ですが，それでもインドから招来した写本の大半は翻訳できたわけではあ
りませんでした．玄奘がインドから招来したサンスクリット語の写本は，

その大半が手付かずのまま失われてしまいました.

玄奘は，上記の仏典の翻訳のほかにも『大唐西域記』を著しました.これは玄奘の西域からインドに渡る旅行の記録で，当時の西域・インドを知るうえで欠かすことのできない一級の資料です.

玄奘の翻訳事業により中国仏教は大いに飛躍し，明らかに新たな段階に入ったと言ってよいでしょう.玄奘の翻訳は一時代を画するもので，以後の漢訳は「新訳」と呼ばれるようになります.

4.5.4. 義浄

義浄は，法顕や玄奘が陸路インドに向かったのに対して，海路でインドに旅しています.671年に広東を出発し，673年に現在のカルカッタ付近に到着しました.インドでは主としてナーランダーにとどまり，10年間仏教を勉強しました.その後は685年にスマトラ島に渡り，数年滞在しています.中国に帰国したのは695年です.

義浄の最大の関心事は，法顕と同じく律文献の蒐集でした.そして根本説一切有部の律文献の全訳を試みますが，残念ながらそれがかなうことはありませんでした.義浄は律等の仏典の翻訳のほかに，『南海寄帰内法伝』という旅行記を著しています.これは，インドや南海方面の仏教僧団の生活の克明な記録で，当時のインドの僧団内の生活を知るための重要な資料です.

4.6. 玄奘以降の翻訳事業

玄奘以降の翻訳事業としては，まず実叉難陀（シクシャーナンダ）による『華厳経』の新訳80巻があります.また，玄奘のインド滞在時期にインド仏教の表舞台に登場しつつあった本格的な密教経典も翻訳されるようになりました.そのうち，『大日経』『金剛頂経』に関しては先に述べたとおりです.密教経典の翻訳を行った人物としては，善無畏（シュバカラシンハ），金剛智（ヴァジラボーディ），不空（アモーガヴァジラ）がいます.中でも不空は四大翻訳家の一人に数えられています.

唐の時代が終わり宋の時代に入ると，982年皇帝により開封の太平興国寺に訳経院がつくられ，経典の翻訳事業が行われました.そこで翻訳され

第Ⅰ部　仏典の成立・展開・翻訳　23

たものは，主として密教経典ですが，やがてその事業も衰退してしまい，1119年に太平興国寺自体も廃止されてしまいました．これをもって中国における仏典の漢訳の事業は実質的に終わりを告げました．

4.7. 漢訳仏典の翻訳上の問題

　ここまで，中国における仏典の翻訳の流れをインドから仏典の原典をもたらし，漢訳を行ってきた代表的な人物の時代に沿う形で進めてきました．次に漢訳仏典の翻訳上の問題をいくつか見ていこうと思います．

4.7.1. 翻訳の現場

　まず実際の翻訳の現場はどうなっていたのでしょうか？　中国において仏典が漢訳される場合，それが個人によってなされるのは極めてまれで，複数の人が役割を分担して翻訳しました．サンスクリット語あるいは西域の言語の原文を唱える者，それを口頭で中国語に翻訳する者，それを筆記する者，文飾を施す者などが翻訳の現場にいました．翻訳は集団でなされ，語学的に優れた人，文章表現力のある人，教理・思想理解に秀でた人などの協力により遂行されたのです．

4.7.2. 原文の意味を伝える難しさ

　このように複数のスペシャリストが翻訳に臨んだとはいえ，元は異なる文化の下に，異なる体系の言語の下に著作されたものを原文の意図を漏らさず翻訳することがいかに困難であるかは，想像にかたくありません．中国においては，仏典の翻訳に関して文＝直訳を含めた文雅な文体・文章表現を重んじる文体と質＝意訳を含めた質実な文体・内容伝達を重んじた文体に関する論争があったと言います．このような論争も鳩摩羅什の登場とその文と質のバランスの取れた翻訳をもって一応の解決をみたことになります．そのように翻訳としては質の高い鳩摩羅什の訳をもってしても，ある場合においては原文の意味と離れてしまっていると言います．また玄奘以降の翻訳も，基本的には原文に忠実であるが，漢文の約束・習慣を尊重しており，読みやすくするために原文を編集した形跡もみられると言います．漢訳仏典が私たちの文化に大きな影響を与えてきたこと，そして仏教

24 5. おわりに

研究にとって重要な資料である間違いはありませんが，それを通してインドの原典の意味を理解し，インドの仏教を知ることには非常な困難を伴うことで，常に「中国」というフィルターがかかっていることは紛れもない事実です．これは中国仏教・漢訳仏典が劣っているということではなく，「翻訳」という作業に常につきまとうことなのです．

4.8. 大蔵経の刊行

　漢訳された経典類はやがて集められ種々の目録類が整備されるようになりました．このような経典類の集成は大蔵経あるいは一切経などと呼ばれています．一切経がまとめられるようになったのは南北朝時代からで，唐代以降はその多くが国家の定める欽定になっていきました．

　大蔵経は主に筆写されてきましたが，宋の時代に始めて印刷による大蔵経が刊行されることになります．最初に刊行された大蔵経は「北宋官版」あるいは「蜀版」と呼ばれるもので，北宋の太祖の勅命により 972–983 年の 11 年をかけて製作された版木に基づいたものです．この北宋官版の系統に属するものに，高麗で開版された「高麗大蔵経」があります．

　12 世紀に中国南部で，北宋官版とは内容・形式の異なった「福州東禅寺版」と呼ばれる大蔵経が開版されました．福州東禅寺版は，その後の「宋版」「元版」「明版」の元となったものです．

　日本においても江戸時代に入ってから，大蔵経が刊行されるようになりました．その中でも「天海版」「鉄眼版」が有名です．そして明治に入ってからいくつかの大蔵経が計画・出版されましたが，最も新しく，かつ最も完備しているのが高楠順次郎・渡辺海旭監修による「大正新脩大蔵経」です．この日本が誇るべき出版事業は，現在日本のみならず，海外の研究者にも多大な利益を与えています．

5. おわりに

　以上概観してきましたように，当初は口承により伝えられていた仏典が文字化され，写本の形で保存されるようになり，そしてそれがさまざまな

言語に置き換えられていったことが分かったかと思います．文字化は一種のメディア革命で，伝えられるテキストの量が多くなり，伝えられる地域が圧倒的に広がることになります．このことが仏典に対するさまざまな解釈の違いを引き起こす一因になったであろうことは想像にかたくありません．また，中国語という異なる言語に置き換えられたことは，インドとは異なる東アジアの文化圏において仏典が新たに解釈されたことを意味します．私たちの使用する現代日本語における仏教語由来の言葉は，漢訳仏典由来のものが多くを占めますが，日本独自の文化の中で新たな意味をもつようになります．私たちの使う「仏教由来の言葉」はこのような過程を経ているのです．

＊本稿は，種村隆元（編著）下野玲子・馬場紀寿（著）『仏教文化入門』（東京・武蔵野大学，2005 年）の「テキストの成立・伝承・伝播」（種村担当）に基づき，やさしく書き直したものです．

第Ⅰ部の参考文献

第Ⅰ部全体

ドゥ・ヨング，J. W. 著，平川彰訳（1975）『仏教研究の歴史』．春秋社．

平川彰（1974）『インド仏教史　上巻』．春秋社．

平川彰（1977）『インド・中国・日本　仏教通史』．春秋社．

平川彰（1979）『インド仏教史　下巻』．春秋社．

水野弘元（1990）『経典：その成立と展開』．佼成出版社．

水野弘元（2004）『経典はいかに伝わったか：成立と流伝の歴史』．佼成出版社．※水野（1990）の改訂版．

ルヌー，L.・フィリオザ，J. 著，山本智教訳（1981）『インド学大事典第 3 巻　仏教・ジャイナ教編』．金花舎．

渡辺照宏（1967）『お経の話』．岩波新書．

2. 仏典の成立と展開

江島惠教（1988）「経と論（1）」．長尾雅人・井筒俊彦・福永光司・上山春平・服部正明・梶山雄一・高崎直道編．『岩波講座・東洋思想第 9 巻　インド仏教 2』．岩波書店，pp.153-170.

江島惠教（1989a）「経と論（2）」．長尾雅人・井筒俊彦・福永光司・上山春平・服部正明・梶山雄一・高崎直道編．『岩波講座・東洋思想第 10 巻　インド仏教 3』．岩波書店，pp.341-360.

26   第Ⅰ部の参考文献

※江島 (1988) (1989a) は江島惠教 (2003)『空と中観』春秋社, pp.145-178 に再録されている.

榎本文雄(1988)「初期仏教思想の生成」. 長尾雅人・井筒俊彦・福永光司・上山春平・服部正明・梶山雄一・高崎直道編.『岩波講座・東洋思想第 8 巻　インド仏教 1』. 岩波書店, pp.99-116.

松長有慶 (1980)『密教経典成立史論』. 法藏館. ※本書は法藏館『松長有慶著作集 第 1 巻』として 1998 年に再版されている.

湯山明 (1976)「仏典の編纂に用いられた言語の特質」. 奥田慈應先生喜寿記念論集刊行会編. 奥田慈應先生喜寿記念　仏教思想論集. 平楽寺書店, pp.873-887.

3. 作成されたテキストはどのように保持されてきたのか

田中公明・吉崎一美 (1998)『ネパール仏教』. 春秋社.

松田和信 (1997)「アフガニスタンからノルウェーへ―本当はなかったこと―になるかもしれない話」.『佛教大学総合研究所報』13, 24-28.

松田和信(1998a)「ノルウェーに現れたアフガニスタン出土仏教写本」.『しにか』1998 年 7 月号（通巻 100 号）, 大修館書店, 83-88.

松田和信 (1998b)「シアトル, そして再びオスロとロンドンへ」.『佛教大学総合研究所報』15, 14-16.

松田和信 (1999)「ノルウェーのスコイエン・コレクションと梵文法華経断簡の発見」.『東洋学術研究』38-1, 4-19.

湯山明 (1985)「西洋人の大乗仏教研究史」. 平川彰・梶山雄一・高崎直道編.『講座・大乗仏教 10　大乗仏教とその周辺』. 春秋社.

4. 仏典の漢訳

慧皎著, 吉川忠夫・船山徹訳 (2009)『高僧伝（一）』. 岩波文庫.

丘山新(1988)「漢訳仏典論」. 長尾雅人・井筒俊彦・福永光司・上山春平・服部正明・梶山雄一・高崎直道編.『岩波講座・東洋思想第 11 巻　チベット仏教』. 岩波書店, pp.223-239.

丘山新 (1996)「序章・漢訳仏典と漢字文化圏」. 高崎直道・木村清孝編. シリーズ・東アジア仏教第 5 巻　東アジア社会と仏教文化. 春秋社, pp.3-35.

鎌田茂雄 (2001)『新中国仏教史』. 大東出版社.

木村清孝 (1979) 中国仏教思想史. 世界聖典刊行協会.

船山徹 (2013)『仏典はどう漢訳されたのか―スートラが経典になるとき』. 岩波書店.

宮崎展昌 (2019)『大蔵経の歴史―成り立ちと伝承』. 方丈堂出版.

その他

梶山雄一訳 (1974)『大乗仏典 2　八千頌般若経Ⅰ』. 中央公論社. ※ 1980 年に

新訂版が，また 2003 年に文庫版として中央公論新社より再版されている．
梶山雄一・丹治昭義訳（1975）『大乗仏典 3　八千頌般若経 II』．中央公論社．
※ 1980 年に新訂版が，また 2001 年に文庫版として中央公論新社より再版され
ている．
松濤誠廉・長尾雅人・丹治昭義訳（1975）『大乗仏典 4　法華経 I』．中央公論社．
※ 1981 年に新訂版が，また 2001 年に文庫版として中央公論新社より再版され
ている．
松濤誠廉・丹治昭義・桂紹隆訳（1976）『大乗仏典 5　法華経 II』．中央公論社．
※ 1981 年に新訂版が，また 2002 年に文庫版として中央公論新社より再版され
ている．
坂本幸男・岩本裕訳（1962）『法華経　上』．岩波文庫．（1976 年改版）
坂本幸男・岩本裕訳（1964）『法華経　中』．岩波文庫．（1976 年改版）
坂本幸男・岩本裕訳（1967）『法華経　下』．岩波文庫．（1976 年改版）

第Ⅱ部
日常の仏教語

愛　あい

●意味

男女間の相手を慕う情，恋，性愛．親兄弟姉妹間のいつくしみ合う心．人間や生物への思いやり．かわいがること，大切にすること，好むこと．愛でること．

●語源

仏典上での「愛」にも多種あり，それに対応したサンスクリット語もいくつかあるが，仏教での「愛」は否定的に捉えられることが多い．否定的に考えられている「愛」として，「喉の渇き」を意味するサンスクリット語トリシュナー tṛṣṇā を訳した「渇愛」がまず挙げられる．「渇愛」とは，喉が渇いたときに水を欲しいと思う本能的な欲望，利己的で衝動的などうしようもない強い欲望，人間の最も根源的な欲望のこと．広くは煩悩として，狭くは貪欲と同じ意味をもち，悟りへの障がい物とされる．ちなみに貪欲を意味するラーガ rāga という語にも「愛」の意味がある．さらに，男女間の愛欲を意味するカーマ kāma，恋愛や欲楽を意味するラティ rati，愛着を意味するスネーハ sneha，愛するものを意味するプリヤ priya も苦の原因として説かれる場合は否定されるべきものとされる．

一方で，愛情や親愛を意味するプレーマン preman，喜びや楽しみを意味する場合のラティ rati，愛語（仏道に導くための親しみを感じさせるような言葉をかけること）と訳されるプリヤヴァーダ priyavāda は肯定的に捉えられる．なお，あらゆる生きとし生けるものに対する無差別で無条件の愛情は，「慈悲」という言葉で表されることが多い．

●用例

愛と憎しみは紙一重，というように愛が強すぎる想いとなると精神を病んでしまう状態，いわゆるヤンデレ（「病む」＋「デレデレ」の合成語）に陥ることがある．つまり，愛は憎しみなどの負の感情，苦しみの原因をいだく可能性をもっている．『無量寿経』にある「和顔愛語」とは，おだやかな笑顔と思いやりのある話し方で人に接することを意味する．これは布施行の一つでもあるため，思いやりをもって人に接することで仏道修行を行うこととなり，仏の境地に近づくことができるのである．　　［前田真悠里］

☞「愛嬌」p.32，「愛想」p.34，「貪欲」p.203

愛嬌　あいきょう／あいぎょう

●意味

にこやかで，かわいらしいこと．ひょうきんで，憎めない表情・仕草．他者を喜ばせる振舞いなど，人間の魅力的な態度や表情，性格，振舞いを指す言語．

愛嬌はコミュニケーションを活性化させ，良好な人間関係を築く要素として認識されている．さらに，「愛嬌のある」という表現は，人物そのものを評価する場合に用いられることもある．

●語源

愛敬（あいぎょう）が転訛した語．『観音経（かんのんぎょう）』では「あいきょう」と読まれ，中世以降はその読み方が広がり，「愛嬌」の字を当てたという．愛し敬うことや尊敬などの敬愛を意味する．密教では，人々の調和と懇親を祈り，互いに愛敬の心を起こさせる「愛敬法（敬愛法）」がある．また，仏・菩薩の優しく温和な相貌を「愛敬の相」と言い，顔が可愛らしく魅力的な人を指す際に用いられ，現代の解釈にも由来していると言える．中国思想においては，主人や父母など目上の人に対してもつ心情を愛敬と表現し，関連する書物にも記されているという．

●用例

『観音経』中には「宿殖徳本衆人愛敬」（徳本を植えて宿し，衆人に愛敬せらる）と，敬愛を意味する内容で説かれていることや，いくつかの漢訳密教儀軌中でも「若行者欲得喝囉闍愛敬者」（若し行者，喝囉闍［王 rāja］からの敬愛を欲するならば）などという形式で，愛敬（敬愛）に関わる成就法が説かれている．

その他，一般的に「愛嬌のある子供」や「愛嬌たっぷりの笑顔」と表現する．ちょっとした不手際やミスに対して，やんわりと許しを乞う「ご愛嬌（愛敬），ということで」などがある．現代では，メールの顔文字や絵文字，SNS 上のコミュニケーション（LINE のスタンプなど）でも愛嬌の表現が可能となった．　　　　　　　　　　　　　　　　　　［石井正稔］

☞「愛」p.30，「愛想」p.34

あいさつ　33

挨拶　あいさつ

●意味

　現代では，日常の人間関係を円滑に進めるにあたり相互に交わす，言語・動作・儀礼・応答・応対・応接・返礼の類を言う．これらには，身体的動作ならびに言語活動が伴い，同時に書状・手紙といった通信手段や献上品・贈り物といった物品・金品等も含めた総称として用いられる．これらは，日本のみならず世界中の民族において，人間社会を形成するうえで欠かすことのできない基本的行為として認識される．仏教では，特に禅宗において，師家（師僧）と雲水（修行者）や雲水同士の間で，覚りの深さや内実，仏典の内容理解，修行の段階といった問題について推論や問答を繰り返し，努力し切磋琢磨することにより，その機根（能力）や力量を試すことを「一挨一拶」という．それらが転じ，一般に人々が交わす儀礼や応答などの行為全体を指す言葉となった．

●語源

　漢字の「挨」は「後ろから撃つ」「押す」，または「寄り添う」「軽く触れる」の意味があるとされる．「拶」の旁には「象の残骨」の意味があり，手偏が付くと「拾い集める」という意味がある．これが転じて「迫る」，または「手で押す」を表す字となり，ここから「強く当たる」の意味となった．そして「挨拶」は，「前にあるものを押し除けて，進み出る」という意味である．これらが禅宗の僧侶間における問答の様子を指すようになった．

●用例

　禅宗の問答の内容を記録した語録である『碧巌録』に「若恁麼会得．方見百丈南泉相見処．此両句頌百丈挨拶処」（もし，このように理解するならば，まさに百丈と南泉という2人の禅僧が出会った場面が想起される．この問題の二つの言葉に対し，百丈は問答の場で詩文を詠んだ）と，「挨拶」の語が登場し，頻繁に禅僧同士の教義問答が繰り広げられていた．これらが転じ，人間関係におけるコミュニケーションの基本としての言葉となった経緯が読み取れる．　　　　　　　　　　　　　　　　　　　　　　　　　　　[小宮俊海]

☞「会釈」p.63,「勘弁」p.91,「禅」p.179,「問答」p.250

愛想　あいそう／あいそ

●意味

現代日本語では，「愛想がいい」「愛想を尽かす」など，人と接するときの好意的な態度や，人に対する好意・善意に基づく行為を言う．「愛想笑い」のように，ネガティブな意味で使われる場合もある．

●語源

現代語の意味とはまったく異なり，仏典で用いられる「愛」は，欲望や愛欲，あるいは執着を意味する．「想」はサンスクリット語サンジュニャーsaṃjñā の訳語で，感覚器官が対象に接したときに，それを原因として心に浮かぶ思いそのものであり，現代では表象や識別，あるいは観念や概念と訳される．つまり仏教の立場からは，「愛想」は「愛欲の想い」という否定さるべき煩悩（ぼんのう）の一つとなる．

一方，肯定的な「愛」としては，菩薩が人を導く方法である四摂法（ししょうぼう）の中の「愛語」がある．この「愛」は「楽しませる」「喜ばせる」を意味するサンスクリット語プリヤ priya の訳語であり，現代的な「愛する」「愛らしい」という意味ではない．「愛語」とは衆生にとって喜ばしい言葉をもって教えを説き，導くという意味となる．

●用例

仏典にみられる「愛想」の語は，実叉難陀訳『華厳経（けごんぎょう）』の場合，「所得愛想」つまり「愛する者を得ようという想い」という意味の文であり，現代語の「愛想」の語源ではない．

初期経典の一つである『雑阿含経（ぞうあごんきょう）』巻三八には「衆生，愛想に従えば，愛想をもって住す．」という文がある．この「愛想」は煩悩としての愛の想いであり，これもまた「愛想」の語源とは認められない．なお，この部分に対応するパーリ語では，「愛想」ではなく「名称」となっており，原語は異なっている．

『日本国語大辞典』にも，本来は「あいそ」という和語であり，その長呼「あいそう」に漢字が当てられるようになったのではないか，と説明されている．結局，「愛想」は仏典にみられる語ではあるが，現代用いられている「愛想」は，仏教本来の用語の意味とはかけ離れている．　　　［大八木隆祥］

☞「愛」p.31，「愛嬌」p.32

阿吽　あうん

●意味

　阿吽のみで使用されることは少なく，「阿吽の呼吸」という成句で使用されることが多い．これは2人や複数人で何かを行う際に，タイミングや行動や息が合っていることを意味する言葉である．

　また，伽藍や仏法などの守護を目的として寺院の山門などに安置されることが多い金剛力士像（仁王像）は，口を開けた阿形（呼気の形）と，口を閉じた吽形（吸気の形）の対で祀られる．金剛力士像が力を合わせ，伽藍の守護をしている様子より，息が合っていることを意味する「阿吽の呼吸」という言葉が成立したと考えられる．

●語源

　インド古来の言語であるサンスクリット語の字母において，ア（阿）は口を開いて発音する最初の音であり，フーン（吽，日本密教ではウンと発音）は口を閉じて発音する最後の音とされる．これが転じて万物の始まりと終わりや物事の最初と最終を表す．

　梵字悉曇（サンスクリット語）を重んじる密教では，阿は万物発生の始原・吽は万物帰着の終着点と解釈するほか，阿を菩提心（覚りを得ようとする心）・吽を涅槃（覚りを得た人の境地）などとも解釈する．

　すなわちサンスクリット語の字母をモチーフとし，物事の始〜終，起点〜終点など，対の関係を表す思想に用いられた．

●用例

　『仏説一切如来金剛三業最上秘密大教王経』には，「阿吽の字は即ち諸仏の大智心なり．又復，吽字は亦即ち無上菩提なり．」と言い，阿吽の2文字はすべての仏の智慧をもつ心を表し，吽はこれより上がない素晴らしい覚りの心を表すと説く．

　しかし仏典においては，息が合っていることを表す「阿吽の呼吸」のような用例は存在しない．「阿吽の呼吸」は，あくまでも金剛力士像から着想を得たものと考えられよう．　　　　　　　　　　　　　　　　［野々部利生］

諦め　あきらめ

●意味
　望みや願いを捨てること，望ましくない状況を仕方ないとして受け入れること．

●語源
　「あきらめる」という語は，古語「あきらむ」に由来し，語源的には「あきらかにすること」「はっきりさせること」を意味する．仏教語としての「諦め」はこの意味に対応しており，仏典において「諦（たい）」という漢語は，真理や真実を意味するサンスクリット語サティヤ satya の訳語として用いられている．

　日常生活における「諦め」は，自分の願望を放棄せざるを得ないという受け身のあり方であって，そこには，思いどおりにいかないことへの悔しさ，悲しさ，虚しさといった感情が伴うのに対して，仏教における「諦め」とは，真理・真実を追求する能動的なあり方であり，眼前の事態がどのような原因・理由から起こったのかを，その根本から理解して受け止めようとする積極的な態度を要するものである．

●用例
　仏教における諦（真理・真実）として，最も基礎的なものが，苦（く）・集（じゅう）・滅（めつ）・道（どう）の四諦（したい）である．仏はさとりを得た後に初めて行った説法（初転法輪（しょてんぼうりん））において，我々の生存状態は苦しみであるという真実（苦諦（くたい）），それらの苦しみが起こる原因は欲望（渇愛（かつあい））であるという真実（集諦（じったい）），苦しみの原因である欲望を滅した境地，すなわち涅槃（ねはん）・解脱（げだつ）は存在するという真実（滅諦（めったい）），その涅槃に至るための原因・手段である修行方法があるという真実（道諦（どうたい））を示したとされている．四諦を通じて人は，苦しみという生存の現状を理解し，その原因が欲望にあることを理解し，その欲望を滅した境地，苦しみからの解脱があると理解し，その解脱に至るための方法，修行があると理解する．四諦は仏の説く真実であり，教えの綱要であり，解脱への過程を示す修行の指針である．　　　　　　　　　　　　　　　　　　　［小坂有弘］

☞「因果」p.55，「縁起」p.64，「義」p.92，「四苦八苦」p.130，「真実」p.160，「ダルマ」p.198，「法」p.227

あそうぎ　37

阿僧祇　あそうぎ

●意味

　大きな数の単位．一般に 10 の 56 乗を指す（『新編塵劫記』など）．日本で単位としての阿僧祇に影響を与えたのは江戸時代の算術書『塵劫記』である．阿僧祇の単位は『塵劫記』の版によって異なり，10 の 31 乗や，10 の 64 乗を指すものもある．

●語源

　阿僧祇はサンスクリット語アサンキヤ asaṃkhya，もしくはアサンキェーヤ asaṃkhyeya の音写語．ア a は否定の接頭辞であり，サンキヤ saṃkhya は「数える」．アサンキヤは「数えることができない，数えきれない」という意味である．無数・無央数とも漢訳される．仏教の場合，大きな数の単位ではあるが一定していない．『倶舎論』によれば阿僧祇は第 52 番目の単位であり，1 から数えて 10 の 51 乗となる．『倶舎論』には八つの単位が忘れられたとも書かれており，こちらの説を取れば 10 の 59 乗となる．

●用例

　仏教では菩薩が仏となるためにかかる長い時間を三阿僧祇劫であるとする．劫（カルパ kalpa）は古代インドでの最長の時間の単位．『大智度論』によれば釈迦牟尼の三阿僧祇劫は以下の三つに分けられる．第一阿僧祇劫では，仏になるために男性として生まれるようになるが，心の中で自分が仏となるべきか，仏とならないかを知らない．第二阿僧祇劫では，燃灯仏から授記（仏になれるという予言）を得て，心の中で自分が必ず仏となることを知るが，それを口には出さない．第三阿僧祇劫では，三十二相（仏・転輪聖王にそなわる優れた身体的特徴）の業因の種をうえ，自分が仏となることを知り，畏れはばかるところなく来世で仏になるという．『摂大乗論』では菩薩の修行階位である十地の初地に入る前の信解行地までを第一阿僧祇劫，初地から第七地を第二阿僧祇劫，第八地から第十地までを第三阿僧祇劫とする．現代の使用例としては，ゆずの『イロトリドリ』の歌詞の中で阿僧祇が数の単位として挙げられている．このほかにアニメなどでは阿僧祇と名づけられているキャラクターもみられる．　　　　［平林二郎］

☞「劫」p.110，「実際」p.137，「数の単位」p.165

悪口（不悪口）　あっく（ふあっく）／わるくち

●意味

　一般的には「あっこう（わるくち）」と読まれる．人や物に対し，悪意を込めて心ない言葉を投げかけたり，けなしたりすること．またはそのような言葉それ自体を言う．インド仏教では，人によるあらゆる行い（業）を身体的行為（身業）・言語表現（口業）・心意作用（意業）の三種に分けて説明する（三業）．この三業のうち，行為者に好ましい結果（楽果）をもたらす行いとして十善（特に望ましい十種の行い．十善業道とも言う）が説かれ，また反対に好ましくない結果（苦果）をもたらす行いとして十悪（特に望ましくない十種の行い．十不善業道とも言う）が説かれる．悪口は，この十悪のうちの一つとして知られる．また，この悪口をなさないことを不悪口と言い，これは十善の一つに数えられる．

●語源

　小乗・大乗仏教のさまざまな経典・論書には，しばしば上述の十悪について言及がみられる．これらの説明によれば，悪口とは，特に聞く者を傷つけたり嫌悪の感情を抱かせるような，口汚い誹謗中傷の行為を指すようである．また，この悪口をはじめとする十悪に該当する行為を働くことは，例えば『中阿含経』の十悪の項目に「不善，与苦果，受於苦報」と繰り返し説かれるように，行為者に対し望ましくない結末をもたらすとされる．それは，三悪趣（生きものたちが輪廻転生をする世界の中でも特に苦しみの多い，地獄・餓鬼・畜生の三種の世界）への転生である．

●用例

　十悪をなさない，という十善業道の実践は，はじめ声聞乗の比丘（出家修行者）たちによって行われた．その後，『華厳経』や『大智度論』など，大乗仏教の経典・論書にも説かれるようになったこともあり，十善戒という名とともに，大乗仏教の菩薩が守るべき戒律として定着するに至った．現在日本では，とりわけ真言宗において十善戒の実践が重んじられており，悪口（不悪口）の語は，僧侶・一般信徒を問わず馴染み深いものとなっている．

　　　　　　　　　　　　　　　　　　　　　　　　　　　　　［磯　親徳］

☞「意地」p.47，「自業自得」p.132，「冗談」p.153

アバター

●意味

アバター（アヴァター avatar）はゲームやインターネットなどの仮想世界でユーザーの分身として表示・操作するキャラクターのこと．姿や性格などをカスタマイズして，別の世界を体験する．ビデオゲームでは『ウルティマⅣ』(1985年)が徳を積み聖者アバタール avatar を目指す内容となっていた．これは開発者がヒンドゥー教から影響を受けたことによる．インターネットでは『ルーカスフィルムズ・ハビタット』(1986年)で他者とコミュニケーションするアバターが使用された．近年ではコミュニケーションツールとしてアバターでの仮想オフィス出社を採用している企業もある．

●語源

アバターはサンスクリット語アヴァターラ avatāra が語源．ava は「下に」，tāra は「横断する，渡る」（動詞トリー tr̥ から派生）．アヴァターラは「降下」を意味し，「化身」や「権化」などとも訳される．インド神話の中では，諸神（主にヴィシュヌ神）が魚や亀や人などの姿をとって特別な目的を行うために地上へ降下する．

●用例

ヒンドゥー教の聖典の一つである『バガヴァッド・ギーター』では，ヴィシュヌ神のアヴァターラであるクリシュナが「実に，徳（ダルマ）が衰え，不徳（アダルマ）が栄えるときに，私は自分を生出する」(4.7) と語っている．またヒンドゥー教ではブッダもヴィシュヌ神のアヴァターラであるとみなされている（『バーガヴァタ・プラーナ』1.3 など）．インド仏教文献の『マハーヴァストゥ』では，釈迦牟尼が兜率天からマーヤーの母胎に降下する（入る）際にアヴァターラの動詞形が使われている．日本仏教にみられるアヴァターラとしては，神仏習合思想である本地垂迹説がある．日本の神々の本体を本地仏といい，大日如来は天照大御神，薬師如来は素戔嗚尊，観音菩薩は秋葉権現などに姿を変え，人々を厄災などから救済してきたとされる．

[平林二郎]

☞「権化／権現」p.122,「地獄」p.134,「奈落」p.205

阿鼻叫喚　あびきょうかん

●意味

阿鼻地獄や叫喚地獄のように，筆舌に尽くしがたい苦痛や惨事に見舞われて泣き叫ぶような状況を形容する言葉．また，大勢の者が救いを求めてわめきちらしていたり，混乱のうちに怒号が飛び交っていたりするような状況に対しても用いられることがある．基本的には，大勢の人が傷つき，いのちを落とす災害や大事故の現場，または，互いにいのちを奪い合う戦争や殺戮の場など，まるで生きたまま地獄に放り込まれたかと思うほどの凄惨な様子を伝える表現である．

●語源

「阿鼻」とは，サンスクリット語アヴィーチ avīci の音写語で「無間」と訳される．その名のとおり，絶え間なく苦を受ける場所で，仏教に説かれる八大地獄の中で最も苦しい最悪の地獄である．この阿鼻地獄に堕ちる者は，①父を殺す，②母を殺す，③阿羅漢（供養に値する聖なる仏道修行者）を殺す，④仏の身体に傷をつける，⑤僧侶の和合を破る（教団を分裂させる）という「五逆罪」を犯した者や，仏法を謗るという重罪を犯した者である．次に「叫喚」とは，サンスクリット語ラウラヴァ raurava の訳語で，啼哭，号叫などとも訳される．こちらも八大地獄の一つであり，殺生や盗みなどの罪に加え，飲酒による過ちを犯した者が堕ちる場所である．この地獄に堕ちると，煮えたぎった大釜の中に放り込まれ，あるいは，密室の中で猛火に焼かれ，その激しい苦痛に堪えられず泣き叫ぶことになる．

●用例

戦争や大災害，テロ事件などによって変わり果てた街や惨憺たる光景を目にしたとき，「まるで地獄絵図のようだ」という言葉のほかに，「阿鼻叫喚の巷と化した」という言い回しが用いられる．二つの地獄の名称を重ねた「阿鼻叫喚」という語には，まさに両地獄の言葉にならぬほどの苦痛や悲惨さが表現されているのである．　　　　　　　　　　　　［吉水岳彦］

☞「地獄」p.134

あみだくじ　41

阿弥陀籤　あみだくじ

●意味

籤の一種．単に「あみだ」とも言う．現在ではチーム分け，役割分担など
を公平に決めるためのツールであるが，かつては出資比率によって差をつけ
ず利益を還元する仕組みであった．1905 年に刊行された新渡戸稲造，高楠
順次郎編『新式日英辞典』（三省堂）には，Subscribing various sums by lot
for a common object. とある．仲間内で行う遊興といった性格が強い．

●語源

現在の阿弥陀籤は梯子状であるが，1956 年の毎日新聞社調査部編『ポス
ト』第 3 集（修道社）に「紙こよりを参加人員だけつくり，根本の方をた
ばねて末を広げ順次に引抜くもの」とあるように，元来は放射状であった．
これを阿弥陀如来の後光に見立て阿弥陀籤としたとする説がある一方，利
益が参加者に等分される，各々の出資に多寡があるという点から阿弥陀籤
になったとする説もある．ただし，この放射状の籤は近松門左衛門『長町
女腹切』（1712 年頃）において「阿弥陀の光」とされる．これはすでに近
衛政家『後法興院記』（1486 年）に見え，ここには「公私男女有各出事
阿弥陀光」とある．各出（かくしゅつ，かくすい）とは飲食を伴うイベン
ト，その費用の頭割り，つまり現代の「わりかん」（割前勘定）である．
ここでの出資に籤によるゲーム性をもたせたのが「阿弥陀の光」，これが
後に「阿弥陀籤」となった．

●用例

英語ではゴーストレッグ ghost leg．これは中国語の鬼脚図の翻訳であ
ろう．韓国語ではサダリタギ 사다리타기（梯子の意味）．ここから分かる
とおり，これらは梯子状に由来する名称である．ほかに蘭の葉の形（左右
交互）による撒蘭（中国元代の戯曲『百花亭』），虎の部位による拔虎鬚（国
立台湾大学図書館蔵「伊能嘉矩手稿」）がある．いずれも無作為な決定と
いう機能は同様である．放射状＝阿弥陀に由来する言葉としては，都市の
碁盤割（京都，ニューヨークなど）に対する阿弥陀割（パリ，田園調布な
ど）がある．　　　　　　　　　　　　　　　　　　　　　　[三浦 周]

☞「安楽」p.45,「差別」p.143,「平等」p.218

有り難う（有り難い）　ありがとう（ありがたい）

●意味

「有り難う」は，感謝の気持ちを伝えるお礼の言葉で，形容詞の「有り難い」の連用形の「有り難く」のウ音便である．「有り難い」は，本来，有ることが難しい，めったにない，希有という意味であるが，（めったにないほど）優れている，尊いという意味を生み，さらに転じて珍しいことに出会った際や，めったにないことをして貰った際に，感謝・感激の念を示す言葉として使われるようになった．

●語源

語源については，いくつか説があり，いずれも漢訳仏典に求められている．まず，『法華経』安楽行品に「是諸菩薩甚為難有」（これらの諸菩薩は極めて存在しがたいものである）にある「難有」（有り難し）を語源とする説がある．また，『法句経』述仏品の「得生人道難　生寿亦難得　世間有仏難　仏法難得聞」（人間に転生することは得がたいことであり，生まれて命あることもまた得がたいことであり，この世に仏が存在されることもありがたいことであり，仏法を聞くことができることも得がたいことである）という法句中の「有仏難」（仏有ること難し）を語源とする説もある．なお，『雑阿含経』などに見える「盲亀浮木」の喩え（海中から百年に一度しか海面に頭を出さない盲目の亀が，浮き木の一つしかない穴に首が丁度入るという，極めてありがたいケースを基に，仏また仏の教えに出会う難しさを説いた寓話）に語源を求める説もあるが，経文中には「難有」や「有難」など「有り難い」に相当する表現は見えず，疑わしい．

●用例

仏典では，語源の例以外でも，『仏説尼拘陀梵志経』上に「希有難有」（希有，有り難し）と見えるなど，珍しい，存在しがたいという意味で用いられている．古くは仏典同様な用例が多く，『枕草子』の「ありがたきもの」もめったにないものという意味である．感謝の気持ちを示す「有り難う」の用例は，浮世草子や滑稽本など江戸時代の文学作品には多く確認されるようになる．

［榎本淳一］

☞「仏」p.232

行脚　あんぎゃ

●意味

　僧侶は本来無一物となって，定住せず諸国を回り，煩悩を払い修行するものである．その修行のため，一定の寺院に留まることなく，新たな師や善友を求め，もしくは仏教布教のために諸国を巡り歩くことを意味する．「行」「脚」は唐音（江戸時代，禅僧，貿易商人，長崎通事などによって伝えられた明から清初にかけての中国の南方系の字音）であり，主に禅宗で使われていた．行脚する僧侶を「雲水」（行雲流水のように，行方を定めず心に任せて名僧知識を求めて訪ね歩く）という．また，一般には諸国を徒歩で旅して回ることを言い，中世以降の西行・松尾芭蕉などの旅はその代表例である．近年では徒歩以外でも目的をもって，諸国を旅することやその人のことを指し，禅宗では「死」を指していうこともある．

●語源

　『景徳伝灯録』第九の黄檗希運の伝記に初めて見え，『釈氏要覧』巻下入衆に「遊行人間，今称行脚，未見其典」とある．また『祖庭事苑』第八巻語縁「行脚」の項に「行脚者，謂遠離郷曲，脚行天下，脱情捐累，尋訪師友，求法証悟也，所以学無常師．遍歴為尚」と説明がある．中国宋代の禅の法典『碧巌録』にもみられ，宋代には，善友名師を求めて修行の旅をつづける意味で用いられている．日本では松尾芭蕉の『野ざらし紀行』『奥の細道』などに用例がみられ，江戸時代には俳人たちの間でも，諸国遍歴の旅のことを行脚と言った．

●用例

　道元の『正法眼蔵』に「ハシメテ発心求道ヲココロサス．瓶錫ヲタツサヘテ行脚資シ」とあり，諸国を回る修行の旅として用いられている．また『奥の細道』草加に「奥羽長途の行脚ただかりそめに思ひたちて」とあり，ここでは徒歩での旅として用いられている．現代では「四国お遍路の行脚に行く」と修行の旅の意味としても使われ，「選挙での全国行脚」や「ロケ地を行脚する」など単に各地を回るという意味でも使われる．　　　　［藤田祐俊］

安心　あんしん／あんじん

●意味

仏教では「あんじん」と読むことが多い．基本的には教えや修行や信仰によって得られる心の安らかな境地や，何事にも動じない心を指し，恐怖や不安から解放され，心安んじて生きていける境地を言う．また浄土系各派では，基本的に阿弥陀如来の救いを信じる心，往生を願う心などを意味している．ほかにも各宗派における教義の根本的な内容や，それを理解し得られる境地を意味することもある．

●語源

仏教で最も早く「安心」の語を用いたとされるのは禅宗で，道宣の『続高僧伝』巻一六の菩提達磨の伝に「安心謂壁観也」とあり，壁に向かって坐禅瞑想することを意味している．

ただし，中国の古典である『管子』などには安心という言葉がすでに用いられている．さらに儒教には「安身立命（天命を知り，自分自身を天命に任せて常に落ち着いていることなどを意味する）」という言葉があり，禅宗で身を心に置き換えてこれを用いたという説もある．

●用例

天台大師智顗の『摩訶止観』巻五上では，「善巧安心者．善以止観安於法性也．」の記述がみられ，止観行を修して得られる境地に至ることを指している．

浄土教では，善導の『往生礼讃』では安心についての問答の答えとして，『観無量寿経』に説かれる至誠心，深心，回向発願心の三心を具せば必ず往生することができると述べている．また『無量寿経』の至心，信楽，欲生の三心や，『阿弥陀経』に説く一心も安心と捉えられる．ただしどのように安心を解釈するかは，宗派や僧侶によって見解が異なっている．また浄土真宗では宗祖である親鸞の教えと異なった説を唱えることを「異安心」と呼ぶ．

日本仏教では，浄土宗や浄土真宗などで重視されてきた傾向にあるが，浄土系各宗派以外でも，特に明治期以降各宗派においてそれぞれ安心の定義が検討された．　　　　　　　　　　　　　　　　　　　　　　　［舍奈田智宏］

☞「娯楽」p.121

安楽　あんらく

●意味

　この上なく心地良い，快いものや状態のこと．身体的に苦痛がなく，精神的にも穏やかな状態．「苦痛」や「苦しみ」の対語．「世の安楽を願う」「身心の安楽を得る」「安楽な生活」などとして使用されている．仏教では仏菩薩によってもたらされるものの場合が多く，苦しみから抜け出して安楽を得たいと仏菩薩に願うことで得られることがほとんどである．また，仏の世界を指す名称として用いられることも多く，阿弥陀仏の西方極楽浄土が「安楽国」「安楽浄土」「安楽世界」などと翻訳されるなど，身心に苦痛がなく，この上なく心地良い世界である「浄土」という空間の名称としても用いられている．この用例は阿弥陀仏に関する文献で多出する．その際はけがれ多く厭うべき世界としての現世「娑婆世界」の対語として用いられる．

●語源

　サンスクリット語スキン sukhin，サウクヤ saukhya，スカ sukha の訳語.「安楽のある」「極楽浄土の安楽」という意味で用いられる．「極楽の荘厳」という意味のスカーヴァティーヴューハ sukhāvatīvyūha は経典名としては『阿弥陀（無量寿）経』と翻訳されているなど，「極楽」という浄土の意味としての用例が多い．チベット語でも「極楽」を意味するものとして用いられている．

●用例

　『無量寿経』に「その仏の世界を名づけて安楽という」と説かれるように，極楽浄土を表す名称として用いられ，心身ともに心地良い世界の意味で多用されている．また『大宝積経』無量寿如来会では「仏の威光を蒙りて照触する所の者，心身安楽なること人天に超過せん」と漢訳されるように，心身ともに心地良い状態を指す場合もあり，ここでは仏によって与えられるものとして説かれている．現代においてはこちらの方が一般的に用いられている．『安楽集』といった文献名としても用いられ，「極楽浄土に関するもの」という意味として用いられる例もある．　　　　　　　［郡嶋昭示］

☞「阿弥陀籤」p.41，「極楽」p.116，「娯楽」p.121，「娑婆」p.142，「道楽」p.200

威儀　いぎ

●意味

　動作・姿勢・容姿あるいは儀式が正しい作法，礼式にかなっていること，また作法にかなっているために，重々しく威厳のある立ち振舞いを言う．仏教語としては，一挙手一投足，すべて他人に畏敬の念を起こさせるような仏弟子の行動を言う．禅宗では「いいぎ」とよむ．仏教では行（歩くこと）・住（とどまること）・坐（すわること）・臥（よこたわること）を四威儀といい，また戒律上の細かな規律をさし，小乗には三千の威儀，大乗には八万の威儀があると言われている．奈良時代より，法会や授戒に際し，僧侶たちを指南する役として威儀師が置かれた．また，五条袈裟・絡子に附してある，平紐（芯を入れず，平たく仕上げたもの）の紐をさす．この威儀には，大小の２種があり，大威儀は五条袈裟の肩に掛ける帯紐で，小威儀は両端を結ぶ紐である．

●語源

　サンスクリット語のイールヤーパタ īryāpatha の訳語．本来は戒律の事を威儀と称していた．古代中国では礼儀の細やかな規則，容姿行動が厳かで礼儀にかなっている事を指し，『礼記』『儀礼』などの礼の書物にみられ，広く用いられた．威ある儀容の意味．

●用例

　『続日本紀』和銅２（709）年十月二六日条に「徴諸国騎兵五百人，以備威儀也」とあり，礼式にかない威厳のある姿として用いられる．『選択本願念仏集』には「不犯威儀者此亦有二一者大乗．謂有八万．二者小乗．謂有三千」と戒律上の細かい作法．規律の意味として用いられている．『法体装束抄』では「まづ横皮の小緒を左のいきのまへの帯にむすびつけて．袖のしたよりうしろへとりて．右のかたより前へうちかくる．」とあり，袈裟の紐の表現で使用されている．現代は「威儀を繕う」「威儀を正しくす」は一般的な立ち振舞いや姿，という意味で使われ，「威儀にかなう」は作法正しく，礼式にかなっている意味で使われる．　　　　　　　［藤田祐俊］

☞「挨拶」p.33，「会釈」p.63，「行」p.95，「行儀」p.96

いじ　47

意地　いじ

●意味

　一般的に「意識」や「意志」等にみられるように，「意」の字は主観，自我といった，個々人の内面的なものに当てられることが多く，「意」字自体も「こころ」と読むことができる．そのことからも見て取れるように意地とは「意」の「地」，つまりその人間の内面において「その人間たらしめている地盤」といった意味であることが分かる．「意地でも」や「食い意地」といった用例は，おそらく「その人間の心の奥底から」や，「その人間の食の本能的欲求」といった，「意」および「地」字のもつ内面性や本質といった意味から転じたものとみられる．

●語源

　『般若心経』にみられる「六識」で，それぞれ眼識（色，視覚），耳識（聴覚），鼻識（嗅覚），舌識（味覚），身識（触覚），意識であるが，「意識」だけがいわゆる「五感」に相当するものを持たない．哲学・心理学的にそれは，常に何ものかの客観（対象）に向けられている主観（自我）の働き（指向性）であるのに対して，仏教的には「前五識」で捉えられた五感を人間の内面において対象へと構成するという，現代で使われる「意識」に収まらない範囲を持つ．「意地」はそのような意識の働く心的な境地であり，瑜伽行派の中心典籍である『瑜伽師地論』には 17 の仏教教義の地（段階）が示され，その 2 番目の位置付けに「意地」は見出される．

●用例

　『一遍語録』に「三毒は三業の中には意地具足の煩悩なり」との一文がある．三毒とは衆生の善心を損なう貪（むさぼり），瞋（怒り），痴（無知）の三つを指す．そして三業とは身（身体），口（発言），意（心的作用）という三つの業（行為）である．よって上記の文は「三毒とは三業の内の意（意地）が具えている煩悩である」と現代的に解釈でき，「意地でも」や「食い意地」等は，それぞれ「怒り」や「むさぼり」に類する煩悩である．

［嶋田毅寛］

☞「悪口（不悪口）」p.38，「意識」p.48，「我」p.78，「貪欲」p.203

意識 いしき

●意味

日常語では意識という熟語で用いられるが，仏教語としては意と識と意識はそれぞれ別々の用語である．有名な経典である『般若心経』を例に挙げてみよう．「無受想行識」の「識」は，五蘊という人間を構成する五つの要素の一つである識蘊のことで，識別・認識・記憶作用である．「無眼耳鼻舌身意」の「意」は，目や耳などの感覚器官の一つであり，ものを思う器官としての心に相当する．「無眼界乃至無意識界」の「意識」は，目や耳などの感覚器官に基づく認識作用とならんで，心という感覚器官に基づく認識作用のことである．一方，識蘊を「また心・意と名づく」とする定義もあるので，仏教における伝統的な考えでは，心と識と意の間に大きな意味の違いはないとも言われる．

●語源

意の原語は，サンスクリット語の「思う・考える」という意味の動詞語根マン man に基づくマナス manas であり，心・知性・感覚を意味する．識の原語はヴィジュニャーナ vijñāna である．これは「知る」を意味する動詞語根ジュニャー jñā に，「分離」を意味する接頭辞ヴィ vi- が付加されてつくられた名詞で，「識別・了別」を意味する．両者が合成された語である意識はマノーヴィジュニャーナ manovijñāna である．

●用例

意識という語は日常的には「危機意識」「防災意識」「○○君を意識する」「意識高い系」のように，単なる認識作用ではなく，ある特定の対象に心を向けることを意味して用いられている．これはむしろ，「ある方向に心を向けること」を意味する「作意 マナスカーラ manaskāra」に近い．作意は五蘊の中では形成作用を意味する行蘊に含まれている．

凡夫の意と意識は煩悩の根源とされる．東アジア仏教で重視された論書『大乗起信論』では，凡夫は対象への執着を深め，我と我がものがあると誤って考え，様々に妄執して現象へのとらわれを起こし，感覚器官の対象に誤った判断をする．これを名付けて意識という，としている． ［野口圭也］

☞「意地」p.47，「有相無相」p.61，「色」p.129，「寿命」p.149

以心伝心　いしんでんしん

●意味

　言葉で言ったり態度に表したりしていないのに，相手に考えや気持ちが伝わること．ただし，敵対する相手の気持ちが分かるというような場合には当てはまらず，通じ合うことが望ましいと双方が願っている場合の通じ合いについて言われる．具体的には，恋人や親友あるいは夫婦や師弟など，お互いの理解が深まった間柄で，言葉や文字あるいは態度といった通常の伝達手段を介さずに，想いや考えが通じ合うことを意味する．

●語源

　元来は禅宗において，言葉では説明できない深遠・微妙な悟りの内容を，文字や経論によらず，無言のうちに，師と弟子が相対して心から心に伝えることを言ったもので，「真理は言辞によらず，心によって伝わる」ということを意味する．「以心伝心」は「不立文字」「教外別伝」と並んで，「只管打坐」に徹する禅の宗旨を表す重要な言葉である．

●用例

　『六祖壇経』において，五祖弘忍が慧能に六祖としての伝法衣を授けたときの一節，すなわち「汝を第六代の祖とする．自分の心を護念して，広く迷える人々を救いなさい．袈裟はそのために受けるのであり，達磨大師以来代々相承してきたものである．法は心から心に伝えるもので，誰もが自ら悟り，自ら納得してきたものである（法即以心伝心，皆令自悟自解）」に見いだされる．

　これは，達磨の『血脈論』の「三界の興起，同じく一心に帰す．前仏，後仏．心を以って心に伝う．不立文字」に由来する．さらにその背景には，釈尊が霊鷲山において，八万の大衆に向かって華を拈じたところ，ただ迦葉尊者だけがその意味を悟って微笑したという「拈華微笑」の故事がある．

　神会の『壇語』には，「六代の祖師，心を以て心を伝え，文字を離る」とあり，黄檗希運の『伝心法要』には，「心から心への直の伝えかた，これこそが正見」とある．また，『仏祖統紀』には「仏祖の道は心から心に伝えるもの（仏祖之道以心伝心）」とあって，文字によらず，経巻によらず，ただ師弟が相照らして，法を伝える嗣法のあり方が純正の見地とされた．　　　　　　　［西野　翠］

☞「言語道断」p.124，「法」p.227，「文字（不立文字）」p.249

韋駄天　いだてん

●意味

仏教における天部の神．南方の増長天に仕える八大将軍の首領にして，四天王の三十二将軍の長．僧侶や寺院伽藍の守護神ともされる．足の速いことや人の喩えとしても用いられる．

●語源

塞建陀，私建陀，違駄天，韋将軍とも表記され，バラモン教の軍神スカンダ Skanda を起源とする．スカンダは，アレクサンドロス大王の東方における呼び名イスカンダル Iskandar に由来するという説がある．火の神アグニの息子，あるいはシヴァ神と妃パールヴァティーの子とされ，軍神クマーラ（仏教では鳩摩羅天）と同一視される．ヒンドゥー教では，小児の病魔鬼として不老の生命を持つとされたが，仏教に取り入れられ，仏教の守護神と位置づけられた．『大慈恩寺三蔵法師伝』巻十には，韋駄天は鬼神の首領であり，釈尊が涅槃を迎えた際には，鬼神らに命令をして，釈尊の遺法を守護させたとある．『道宣律師感通録』には，四天王に仕える三十二神の中でも最も守護力が強く，魔鬼が現れ力の弱い比丘の心を乱した際には，非常な速さで走り赴き，魔鬼を排除したとされる．その形像は甲冑を身に着け，合掌をして腕に宝剣を抱く姿で示される．中国の禅寺では四天王，布袋尊とともに山門や本堂前に祀られることが多い．日本の禅宗では厨房や僧坊を守る護法神として祀られる．密教の曼荼羅では護世二十天の一尊として西方に配される．

●用例

『太平記』巻八には，釈尊入滅の際に捷疾鬼が仏舎利から歯を奪って逃げ去り，韋駄天が速やかに追って取り戻したとある．このような俗信から，日本では韋駄天は盗難除けや，寺院伽藍を守護する力を発揮するとされ，速く走ることを韋駄天走りと呼ぶようになった．現代でも，「自らどこへ行くとも知らずに，韋駄天のように駆けたのである．」（三島由紀夫『金閣寺』）のように用いられる．なお，韋駄天が釈尊のために方々を駆け巡って食料を集めたという伝承から，「ご馳走」という言葉は韋駄天に由来するという説もある．　　　　　［木内堯大］

☞「四天王」p.138

一大事　いちだいじ

●意味
　一つの大切な事柄．また，大変な出来事，大事件をいう．

●語源
　『法華経』方便品に，「諸仏世尊唯以一大事因縁故，出現於世．舎利弗．云何名諸仏世尊唯以一大事因縁故出現於世．諸仏世尊，欲令衆生開仏知見，使得清浄故，出現於世．欲示衆生仏之知見故，出現於世．欲令衆生悟仏知見故，出現於世．欲令衆生入仏知見道故，出現於世．舎利弗．是為諸仏以一大事因縁故出現於世」とある．釈迦をはじめとする諸仏がこの世に出現するのは，「一大事因縁」の故である．その内容は，すべての生き物に仏知見（仏の智恵）を開き，示し，悟らせ，入らせる（開・示・悟・入）ことである．すなわち，仏がさまざまな配慮を捨てて，正直に，すべての生き物が，仏と同じ悟りの境地に至ることができるという，たった一つの教え（一乗）を説くというのが，一大事の内容である．

●用例
　中国三論宗の吉蔵は『法華玄論』において，『法華経』の教説を根本法輪に位置づける理由を「根本法輪者，謂三世諸仏出世，為一大事因縁即説一乗之道．但根縁未堪故，於一説三．即以一乗為本，三乗教為末．但大縁既熟堪受一乗」とする．仏が世に出現するのは，一乗を説く一大事因縁のためである．ただし，教えを受ける側にそれを理解する準備ができていなかったため，前段階の手段として三乗（声聞乗・縁覚乗・菩薩乗．さまざまな教説のこと）を説いた．一乗が根本，三乗が枝末であり，一乗を説くための機が熟したことから，『法華経』を説いたと述べ，経意を明らかにしている．『法華経』以外の用例としては，例えば，浄土真宗の蓮如が，『領解文』において，「阿弥陀如来われらが今度の一大事の後生たすけ候え」とし，極楽浄土への往生を，一大事の後生と呼んでいる．なお，正岡子規には「蓮の実の飛（ぶ）や出離の一大事」という俳句がある．仲秋に蓮の実がポンと飛び出すのを見たことがきっかけで，ふと悟りを開くことになったという意味である．　　　　　　　　　　　　　　　　　[松本知己]

☞「因縁」p.58，「方便」p.228

一味　いちみ

●意味

一つの味，ある1種類の食べ物や薬品，また同じ目的や志をもった者の集まり．その仲間に加わることを「一味する」ともいう．「味」という字は，甘い・辛い・苦い・酸っぱい・しおからい（鹹）といった味覚を表すだけでなく，おいしい味わい・うまみ，おもむき（趣味），ものごとに含まれる内容（意味）といった意味も含んでいる．したがって，「一味」の語義にもこうした「味」の多義性が反映されている．

●語源

仏教では如来の説かれた教えを味に譬える．いかなる教え（経典）も本質，道理には差異がなく，その目指すところは唯一無二なれば，これを一味という．一方で，教えはさまざまであり，その違いを五味（乳味・酪味・生酥味・熟酥味・醍醐味）と言い表すこともある．元来，悟りとは言葉では説明できない境地であるが，その境地を他者に伝えるには言葉（方便）によらざるを得ない．釈尊が初めて説法をするにあたっても，悟りの境地は誰にも分かるものではないから自分だけに留めておこうかという葛藤があったとされるが，その葛藤を乗り越える教えが方便（言葉）を用いて説かれたことで仏教は始まったのである．このように如来の教えには，差異がなく平等である（一味）という面と，方便によって切り取られている（五味）という二つの側面があり，このことによって教えの真意が絶えず問われ続けることとなった．それが仏教の歴史でもある．

●用例

『法華経』薬草喩品に「一地の所生，一雨の所潤と雖も，しかも諸もろの草木には各差別有り」，「如来の説法は，一相一味なり」（同じ地面に生え，同じ雨に潤されながらも，諸々の草木には違いがある．我々衆生も各々に違いがあるが，我々に向けられる如来の説法は一相一味である）と説かれ，ここでの一相・一味は前の一地・一雨にそれぞれ対応する．すなわち一相とは，衆生はみな如来の教えを受け取る地平に立っていること，一味とはその教えが雨の如く均質，平等に与えられることを示している．　［大嶋孝道］

☞「乳製品」p.213，「方便」p.228

一蓮托生　いちれんたくしょう

●意味

「一蓮托生」の「一蓮」とは同一の蓮台，「托生」とは他に自分の命を任せるという意味である．現代では，この熟語は善悪を問わず「最後まで行動や運命をともにする」という複数の人たちの強い意志を表している．本来は，生前に功徳を積んだ者たちが，自分たちの願いによって，死後は阿弥陀仏の極楽浄土の同じ蓮の花の上に身を託して共に往生する，という意味である．

●語源

「一蓮托生」という熟語は日本で成立した語であり，漢訳経典のどこにも見いだせない．しかしその意味は，鳩摩羅什訳『阿弥陀経』の「[阿弥陀仏の御名を]聞いて，彼の国（阿弥陀仏の極楽浄土）に生まれたいと願う者は，同様に願う者とともに同じ所で会うことができる」という教えに由来する．日本文学では，紫式部著『源氏物語』鈴虫に，光源氏の歌として「はちす葉をおなじうてなと契おきて露のわかるるけふぞかなしき」とあることから，2人が阿弥陀仏の浄土で同じ蓮の花（蓮華）の台座にともに座るという発想が，平安時代中期には存在したことが分かる．そして，「一蓮托生」が一語として用いられる例としては1598年に中院通勝が著した『源氏物語』の註釈書『岷江入楚』が古い．

●用例

「一蓮托生」は広く文学の世界で親しまれてきた．例えば，上述の『岷江入楚』では，『源氏物語』若菜下の「契おかんにこの世ならでもはちすはに玉ゐるつゆのこころへだつな」に関する註として「一蓮托生の心，後世を契るなり」とあり，この熟語がその本来の仏教的な意味で使われている．また，江戸中期の西沢一風（1665–1731年）が著した浮世草子の『新色五巻書』四之巻には「一蓮托生」が仏教的な意味を伴って心中の場面で使われている．さらに近年では，阿川弘之『雲の墓標』で「B29少数機の来襲があって（中略）みんなねむくてねむくて，一蓮托生ときめこんで誰も起き出さなかった」と生死，運命をともにするという意味で取り上げられている．

［米川佳伸］

☞「往生」p.67，「後生」p.119，「蓮華」p.261

いろは歌　いろはうた

●意味

　日本語の仮名をすべて一度ずつ使用して，意味が通るように七五調に整えられた歌．「いろはにほへと　ちりぬるを　わかよたれそ　つねならむ　うゐのおくやま　けふこえて　あさきゆめみし　ゑひもせす」という四十七字の最初の三字を取って「いろは歌」と呼称されている．古来，平仮名などの文字を覚えるための手習い歌として親しまれ，『金光明最勝王経音義』の巻頭部分には，文献上の初出とされる，万葉仮名で書かれた「いろは歌」が見いだされており，また，伊勢神宮斎宮跡から出土した土器片には，平仮名で書かれた最古の「いろは歌」が発見されている．

●語源

　「いろは歌（色は匂へど　散りぬるを　我が世誰ぞ　常ならむ　有為の奥山　今日越えて　浅き夢見じ　酔ひもせず）」の前半は，この世の儚さを花の短い命に喩えて情緒的に表現し，変化せず，永遠に生き続ける者が誰一人としていないことを伝えている．後半は，そのような儚い世界において目先の願望に捉われることなく，ものごとの真実の姿を見据えて歩むべきことを謳っている．このような「いろは歌」の世界観の根底には，「無常」という仏教の基本的な教えがあり，その典拠は「無常偈（雪山偈）」の名で知られる「諸行無常　是生滅法　生滅滅已　寂滅為楽」に求められる．なお，真偽は定かではないが，「いろは歌」は，弘法大師空海の作とする説があり，真言宗僧侶覚鑁（1095–1143 年）は，上記「無常偈」を援用して「いろは歌」の内容を解説している．

●用例

　平安時代末期に見出し語の最初の文字を「いろは」の順序で配列した辞書が登場すると，それ以降，いろは引きの辞書が広く浸透した．この「いろは」配列の慣習に基づき，「いろは」の語が，ものごとの進展する過程の初歩や基礎段階を表す語としても使用されるようになった．「○○のいろはを教える」という言葉は，○○を学ぼうとする初心者に対して手解きする意味であり，「いの一番」は「第一番」の慣用表現である．［大塚惠俊］

因果　いんが

●意味

　原因と結果．原因と結果の因果関係．仏教における因果の概念は，自らの行為（業）が原因となって後の果報を生ずるという因果論と，あらゆるものは必ず他の原因によって生じているという因果論に大別される．前者の因果論は「自業自得」と言うように，自らの行為の善悪に応じて，その行為者に相応の果がもたらされるというもので，「善因楽果・悪因苦果」と言われる因果応報の原則である．後者の因果論は「縁起」と言い，「縁って起こる」ことを意味し，あらゆるものは他のものに縁って成り立っているという概念である．例えば，「花が咲く」という結果には，直接的原因としての種と，補助的・間接的原因としての大地，日光，水分などが必要となる．

　また，因果の関係を実践修道の面から捉えるときには，修行という因によってさとりという果を得るため，「修因得果」などと称される．

●語源

　サンスクリット語ヘートゥ hetu（因）とパラ phala（果）の訳語．因は，「因」と「縁」に分けられ，直接的原因を因と言い，間接的原因を縁（サンスクリット語プラティヤヤ pratyaya の訳語）と言う．

●用例

　物事を因果関係によって捉えることは，仏教の基本である．釈尊の最初の説法と言われる「四諦」は，因果関係に基づく代表的な教えであり，苦諦・集諦・滅諦・道諦の四つの真理を言う．すなわち，人生は思いどおりにならないという真理（苦諦），苦を集める原因は煩悩にあるという真理（集諦），苦を滅した境地が確かにあるという真理（滅諦），苦を滅するための修行の道があるという真理（道諦）である．『スッタニパータ』の中に，「これ（苦諦）は苦しみである．これ（集諦）は苦しみの原因である」「これ（滅諦）は苦しみの消滅である．これ（道諦）は苦しみの消滅に至る道である」という二種の観察法が説かれるように，四諦は二つずつの因果の組合せとなり，集諦が因となって苦諦という果を生じ，道諦が因となって滅諦という果に至る．　　　　　　　　　　　　　　　　　［鈴木雄太］

☞「諦め」p.36，「因縁」p.58，「自業自得」p.132

隠元　いんげん

●意味

　隠元隆琦（1592-1673年）は，江戸時代初期（中国明末期）の禅僧で日本黄檗宗の開祖として知られる人物．明国福建省に生まれた隠元は，29歳のときに同地の黄檗山萬福寺（古黄檗）で出家し，後に費隠通容について臨済禅を修め，古黄檗の住職となった．1654年，隠元は長崎・興福寺の逸然性融（1601-1668年）らに懇請されて来日し，崇福寺（長崎），普門寺（大阪）などに住した．17世紀初頭，長崎には貿易のため明の商人が多く来日しており，彼らの信仰の拠り所として複数の寺院が建立され，明から僧侶が招かれていた．隠元もそのような中で来日を望まれたと考えられる．1658年，隠元は江戸城において将軍徳川家綱に謁見し，山城国宇治に土地を寄進された．1661年，同地に黄檗山萬福寺を創建して日本黄檗宗の開祖となった．

●語源

　江戸時代中期の百科全書『和漢三才図会』には，隠元が来日時に，インゲンマメやスイカをもたらしたとする記述がある（インゲンは現在のフジマメであったとする説もある）．また「隠元茶」や「隠元菜」など，早くも江戸時代中頃には，隠元が日本にもたらしたとされる伝承をもつものがいくつもあったと考えられる．また，黄檗派の鉄眼は，隠元が与えた大蔵経を基として『鉄眼版一切経』を開版するが，その様式（20文字×10行）や字体は，現在の原稿用紙や「明朝体」のルーツでもある．このように隠元は，禅の教えだけでなく，大陸のさまざまな文物を日本にもたらし，現代の日本にも大きな影響を与えた僧侶であったと言える．

●用例

　夏目漱石の『草枕』には，「黄檗の高泉和尚の筆致を愛している．隠元も即非も木庵もそれぞれに面白味はあるが，高泉の字が一番蒼勁でしかも雅馴である」，「紫色の蒸羊羹の奥に，隠元豆を，透いて見えるほどの深さに嵌め込んだような」と僧侶の隠元と隠元豆が一つの作品に登場している．

［髙橋秀慧］

いんどう 57

引導 いんどう

●意味

現在では「引導を渡す」などの表現の中で用いられることが多く，一般的にとどめを刺す，終わりを告げるといった意味合いで用いられることが多い．

元々は誘引開導，つまり衆生を仏道や悟りの境地に導くことを意味する．やがて亡くなった者を悟りの世界や浄土へ導くため，葬儀において導師が行う儀式・作法を指すようになった．また葬儀において称える経典や読み上げる法語，それらを授ける行為．また法語や儀式によって亡くなった者にこの世への執着を断ち切らせることも意味することがある．

●語源

元は，中国の古典に現れる言葉で，古くは漢の王充の『論衡』に「薬を服して引導す」とあり，大気を導いて体内に引き入れる道教の養生術．また『南史』王僧弁伝に「群魚有りて水に躍り空に飛びて引導す」などとも記されており，手引き・案内・導くといった意味で用いられている．

●用例

葬儀において死者の前で法語を読み上げる行為については，『増一阿含経』において，釈尊が大愛道比丘尼（釈尊の母である摩耶夫人の妹，釈尊の養母）入滅の際，無常の道理と涅槃常住を説いたことに由来するという．

また衆生を仏道に導くことについては，『法華経』法師功徳品「以諸因縁喩．引導衆生心」や『華厳経』十回向品「引導十方無量衆．悉令安住正法中」などにおいてその用例がみられる．

現在の日本仏教では，各宗派において内容は異なるが，それぞれに引導の作法がある（浄土真宗を除く）．特に禅宗では導師が柩の前において，法語や偈頌などを唱えた後，「喝」と大声を出す作法がよく知られている．これは中国唐代の禅僧，黄檗希運の故事に由来するとされる．

引導とは亡くなった方も含め，すべての衆生を導こうとする仏の働きを体現するものとも言えるだろう．　　　　　　　　　　　　　　［舎奈田智宏］

因縁　いんねん

●意味

漢籍（『史記』や『後漢書』など）では，「つて」「よすが」「機縁」「機会」を意味する．仏教語としては，「ものごとが生じるきっかけ」や原因一般が原意となっている．さらに，現代語としては，「動機」「由来」「来歴」「ゆかり」「関係」などの意味でも用いられている．

●語源

仏教語としては，ヘートゥ・プラティヤヤ hetupratyaya，ニダーナ nidāna，プラティーティヤ・サムトパーダ pratītyasamutpāda などのサンスクリット語が原語として想定される．

ヘートゥ・プラティヤヤは，因と縁，もしくは，因という縁，である．因と縁という二つの概念とする場合，因は直接的な原因，縁は間接的な条件，とそれぞれ説明することができる．例えば，種子は発芽のための因であり，水や養分などは縁である．しかし，アビダルマ仏教において，因と縁は，結果に対する原因を意味する点で同じとなり，能作因・倶有因・相応因・同類因・遍行因・異熟因という六因，増上縁・等無間縁・所縁縁・因縁という四縁と細かく分類される．さらに，結果も，増上果・士用果・等流果・異熟果・離繋果という五果に分類される．

六因のうち，①能作因とは，どの事物も自ら以外のすべての事物を因としていることを示している．それが生じるとき，その生起の妨げとならないという点で，その果は増上果である．②事物が互いに依存関係にある（倶有である）とき，それらの事物は相互に因となり果となる関係にある．この場合，原因が倶有因，結果が士用果である．③心と心作用とのあいだで，因・果が同時に生じ相互に因となり果となる場合，相応因と呼ばれ，士用果を伴う．これら②倶有因―士用果，③相応因―士用果は，因と果が同時に生ずる場合である．④事物が存続するように見えるとき，前の瞬間の事物は，次の瞬間の同じ事物の原因となる．これが同類因であり，結果が等流果と呼ばれる．⑤遍行の煩悩が同類な煩悩や煩悩的な事物を引き起こす場合，遍行因と呼ばれ，等流果を伴う．これら④同類因―等流果，⑤遍行

☞「一大事」p.51，「因果」p.55，「縁起」p.64，「果報」p.83，「行」p.95，「空」p.100，「自業自得」p.132

因—等流果は，因がまずあって後に果が生じ，その因と果とが同類のものである．⑥善いあるいは悪い行為によって好ましいあるいは好ましからぬ境遇を得るという場合，その行為が異熟因であり，境遇が異熟果である．この場合，因と果とは同類のものではない．

四縁のうち，①因縁は，直接的・内的原因であり，六因から能作因を除いた五因であり，士用果・等流果・異熟果をその結果とする．②等無間縁は，前の心が滅することが次の心を生じさせる原因となること．③所縁縁は，認識の対象が認識を起こさせる原因となること．④増上縁には，前の3種以外のすべての原因が含まれる．そして，②等無間縁，③所縁縁，④増上縁には，増上果が対応する．なお，煩悩の止滅が，離繋果として五果の一つとなる．

ニダーナは，ヘートゥ（因）やプラティヤヤ（縁）などの同義語とされる．パーリ語でも同じニダーナであるが，物語などのはじまりを意味することもある．仏教の所説について内容・形式によって分類した十二分教の一つ，経や律が説かれるに至ったきっかけや理由を説明する尼陀那も因縁と訳される．

プラティーティヤ・サムトパーダは，縁起という訳語がよく知られている．すべての物事が因縁によって生じているという縁起という考え方は，仏教思想の核心を示していると言えよう．大乗仏教において，因縁（縁起）の概念を実体視することが批判され，悟りを志向する実践主体との関わりにおいて論じられた．換言するならば，因縁（縁起）の検討を通して，さまざまな個別の現象に看取できる因果関係のみならず，迷いと悟りの因果関係も包括して論じられることになった．

● **用例**

「因縁話」は，前世の因縁を説く昔話ばかりでなく，原因と結果が絡み合う複雑ないきさつのある話としても用いられる．このような実際の用例においては，因縁は因果と同義に用いられることが多い．また，言いがかりをつけるという意味の「因縁をつける」や，因縁から生じた避けられない運命という意味の「因縁ずく」などでは，ネガティブなニュアンスが含まれる．　　　　　　　　　　　　　　　　　　　　　　　［米澤嘉康］

有情・非情　うじょう・ひじょう

●意味

　心の働き，感情（情）があるもの，生きものの総称を有情と言う．また衆生とも言う．迷いの世界である地獄・餓鬼・畜生・阿修羅・人・天の六道を輪廻転生する．これに対して，生きものではない存在を非情と言う．また無情とも言う．植物や山河，土石など．現代語ではこの意味から派生して「人間らしい感情をもたないこと・慈しみや思いやりの感情のないこと」の意味で用いられる．インドでは，基本的に非情は輪廻転生することがないことから成仏できない存在とされた．ただし中国や日本には，有情のみならず非情も成仏する素質があると考える，草木成仏や非情成仏と呼称される信仰がある．特に日本においては，この信仰が文化的にも大きな影響を与えた．例えば謡曲において「草木国土悉皆成仏」（非情の草木や国土もみな成仏することができる）との表現がたびたびみられる．

●語源

　有情も衆生も，ともにサンスクリット語サットヴァ sattva の訳語．これを玄奘以前の旧訳では衆生と翻訳し，玄奘以降の新訳では有情と翻訳した．本来，サットヴァ sattva は「存在・実在」という意味で，生きもののみを指す語ではないが，「精神的要素・心」の意味もあることから，「生きもの・意識あるもの・動物」を意味するようになる．非情は，サットヴァ sattva に否定辞の a を加えたアサットヴァ asattva の訳語．

●用例

　法宝『倶舎論疏』に「衆生と言うは即ち有情の異名なり」と説かれる．また宗性『倶舎論本義抄』には「凡そ有情非情とは，是れ有心無心の謂なり」（有情と非情とは，心があるかないかの違いである）と，心の有無が有情・非情の区別であるとしている．ただし空海『性霊集』には「有情非情，動物植物，同じく平等の仏性を鑑み」（有情も非情も，動物も植物も，同様に平等の仏性《仏としての性質／ブッダの構成要素》をもっていることを顧みて）とあり，有情のみならず非情にも仏性が備わっていると説かれている．

[別所弘淳]

☞「衆生」p.147

有相無相（有象無象）　うそうむそう（うぞうむぞう）

●意味

「有相無相」は，世の中の有形無形一切のもの，森羅万象．「有象無象」は有相無相が転じたものと言われる．「どいつもこいつも」という意味で，人を罵るときに用いる．

●語源

まず相は，サンスクリット語ラクシャナ lakṣaṇa の訳語で，特質や特徴などの意味．相の有無によって有相と無相に分けることが多い．有相は「存在するもの特質や形態を具えたものであり存在性」であり，無相は「存在しないものや形態を具えないもの，現象世界を超えていること」をいう．また，サンスクリット語ニミッタ nimitta は相と訳され「事物の表相や形跡」である．無相はアニミッタ animitta と訳され「特別の相をもたないこと」である．無相は「物事には固定的実体的なすがたというものはない．それゆえ実相は無相であり，無相が実相で有る」とされ「執着をはなれた境界」であり，無相が仏教の正しいありかたと説くものもある．

サンスクリット語サーカーラ sākāra（有相），ニラーカーラ nirākāra（無相）の訳でもある．大乗仏教の瑜伽行唯識学派では，認識主体としての識そのものに認識内容の相が具わっているとする有相唯識と，そのような相に実体を認めない無相唯識との二つの立場がある．また，法相宗と三論宗についていう．ありとあらゆるものに虚妄の相があるとする法相宗は有相宗と称される．ありとあらゆるものは悉く空であるとする三論宗は無相宗と称される．

●用例

『太平記』巻二四に「護法菩薩ハ法相宗ノ元祖ニシテ有相ノ義ヲ談ジ清弁菩薩ハ三論宗ノ初祖ニテ諸法無相ナル理ヲ宣給フ（護法〈ダルマパーラ〉は法相宗の元祖で有相の意味を説き聞かせ，清弁〈バーヴィヴェーカ〉は三論宗の初祖であってありとあらゆるものが悉く空であるとする道理を解説なさった）」とある．　　　　　　　　　　　　　　　［木村美保］

☞「意識」p.48

有頂天　うちょうてん

●意味

すっかり得意になるさま．物事に熱中して夢中になること，喜びで我を忘れること．仏教ではすべての衆生（もろもろの生きもの）が生前の業因（来世で苦楽の報いを招く原因となる善悪の行為）によって，六つの迷いの世界（地獄・餓鬼・畜生・修羅・人・天）で生まれ変わりを繰り返すと考えられている．その中で一番上が天だが，この世界でもさらに段階が分かれている．その最も高い所が非想非非想処であり，有頂天は主にこの場所およびそこに至った神を指す．そのため最高の境地に至ることの喜びから，転じて現在用いられる意味となるが，この場所もまだ迷いの世界の内である．

●語源

有頂はサンスクリット語バヴァーグラ bhavāgra の訳語で，バヴァ bhava は有（衆生としての生存，存在状態を表す），アグラ agra は頂上の意味．天はデーヴァ deva の訳語で，場所だけでなく天に棲む神々の意味も表す．天の世界は，上から無色界・色界・欲界の三つに大きく分類され，それぞれがさらに細分化される．『倶舎論』によると合計 27 種の天があり，無色界の頂点として非想非非想処がある．また経典によっては色界の一番上である色究竟天を有頂天とする場合もある．

●用例

『三教指帰』に，あらゆる生きものが存在している場所として「上絡有頂天，下籠無間獄」（上は有頂天から，下は無間地獄に至るまで）と記されているように，衆生は六つの迷いの世界の中で生死を繰り返しており，その中での最も高い境地が有頂天なのである．そのため有頂天に上りつめるのは極めてまれなことであり，そこに至る喜びの大きさは想像に難くない．しかし『三教指帰』に「発勝心於因夕，仰最報於果晨」（悟りを得たいと願う菩提心を夕に起こし，仏教にとって最も理想である，迷いから離れた涅槃の境地を朝に仰ぎ見よう）とあるように，悟りを開いて迷いの世界から抜け出すことを仏教は説いているのである．　　　　　［岩谷泰之］

☞「地獄」p.134

会釈　えしゃく

●意味

　我々が普段から行っている礼儀であり，隣人・同僚・面識のある程度の人への挨拶代わりに，軽く頭を下げる一礼というのが通常の意味である．またこの語は会（あって），釈（ほぐす）というように分解でき，「人間同士の出会いの場面をほぐす」と捉えられることから，人間関係を円滑にするための一例（一礼）として現在の意味に定着したと考えられる．

●語源

　元来は仏典上の異なった説どうしを照合し，その教えの根本に立ち返って融和させて，相互の調和を図ることであり，またその矛盾に応じて解釈を施したり立場を変えたりすることも含む．明恵上人『摧邪輪』において「もし両宗偏党せば，あにこの会釈を設くべけんや」との一節があり，現代的に解釈すれば「もし対立する二つの宗派がどちらも自派に偏っていたら，どうしてその宗派間の会釈（調和を図ること）ができようか」といった意味合いである．

●用例

　慈円『愚管抄』では，「一定をとはん（問わん）をりは，両方に会釈をまうくる由の案どもにて」との文言があり，現代風に言えば「決定的なことを問題にしようとするときは，両方の間に調和を図る理由あり」と解され，これに類することは現代の我々にも度々起こる．我々日本人のほとんどが会合等で目を合わせたときに，「軽く頭を下げて（会釈して）」その時の出会いに対する賛意を示す．このように「会釈」を日本人は普段の生活において自然に用いている．しかし現代人の間ではSNS等の普及により，人間関係の希薄化が問題となっており，かつて「以心伝心」であったものが，スマートフォンやタブレットにより取って代わられ，「会釈」の機会が失われつつある．

[嶋田毅寛]

☞「挨拶」p.33，「威儀」p.46

64 えんぎ

縁起 えんぎ

●意味

　私たちが日常生活で「縁起」という語を用いる場合，「縁起がいい」「縁起が悪い」「縁起でもない」「縁起をかつぐ」などと言う．この用例における縁起は幸・不幸の原因・理由・前兆といった意味である．

　また，神社仏閣，仏像などの由来や沿革を縁起と呼ぶ．平安末期には，霊験譚をもその内容に含み，絵図を伴った縁起絵巻の制作がなされるようになった．代表的な縁起絵巻として，『信貴山縁起絵巻』『北野天神縁起』『粉河寺縁起』『石山寺縁起』などがある．

●語源

　縁起とは，サンスクリット語プラティーティヤ・サムトパーダ pratītiya-samutpāda，パーリ語パティッチャ・サムッパーダ paticca-samuppāda の訳語である．同義の語として，因縁，因果，此縁性などがある．

　縁起とは縁りて起こることである．縁起を最も端的に示した句として，「これがあるとき，かれがある．これが生ずるとき，かれが生ずる．これがないとき，かれはない．これが滅するとき，かれは滅する」がある．つまり，あらゆる存在や現象は，何らかの原因や条件によって，そこにあると言うのである．

　例えば，植物が花を咲かせるのは，種子があるからであり，また水や温度などが十分であるからである．このときに花を咲かせるという結果（果）に対して，種子は直接的な原因（因），水や温度は間接的な条件（縁）と考える．

　縁起は，釈尊の悟りの内実と伝えられ，仏教の基本的な教えの一つである．時代や地域を問わず，すべての仏教は縁起を説くものである．縁起を中心の思想とすることは，他の宗教や哲学と比したときに，仏教の際立った特徴であると言える．

　あらゆる存在や現象を因，縁と果の法則によって理解することに，仏教と科学との親和性を見ることはできる．しかし仏教では，人がいかに迷いを転じて悟りを開くのかという宗教的な立場から縁起を説いたのであり，

☞「諦め」p.36，「因縁」p.58，「空」p.100，「煩悩」p.236

客観的に因果関係を理解することを目的としているわけではない.

また, 縁起は時間的・空間的・論理的な関係性を示すものであるから, 現代社会に生きる私たち一個人の存在や生活にも示唆を与えるものであると言えよう.

● **用例**

初期仏教において, 縁起を体系的に説いたものとして, 四聖諦（四諦）と十二支縁起（十二因縁）がある.

四聖諦とは四つの聖なる真理という意味であり, 四つの真理とは苦諦・集諦・滅諦・道諦である. 苦諦とは私たちの生存は苦そのものであるという真理. 集諦とは欲望を引き起こす煩悩によって苦が生じるという真理. 滅諦とは煩悩がなくなった境地が涅槃であるという真理. 道諦とは涅槃に至るために正しい修行があるという真理. 四諦は, 例えば病状を知り, その原因を知り, 回復すべき状況を知り, それに応じた治療があるという治病の過程に似ている. つまり, 人々を現実から理想に向かわせる手立てを因果関係によって理論的に示したのである.

十二支縁起とは, 無明・行・識・名色・六処・触・受・愛・取・有・生・老死の 12 を指す. これは, 無明という根源的な原因を起点として, 渇愛によって執着を生じ, その結果として輪廻する生存を受けるという過程を示したものである. つまり, 現実において苦が起きる原因と結果を 12 の段階によって示したものである. ここで無明によって行が生じ, 次第して生・老死という苦が生じると知ることを流転の縁起という. 反対に, 無明がなくなれば行がなくなると観ずることを還滅の縁起といい, 人々が苦から涅槃に至る方途を示している. 後に部派仏教では, 十二支縁起を過去・現在・未来の三世にわたる業の因果関係と見る業感縁起説が主張された.

四諦や十二支縁起は, 迷いと悟りという二元的な構造を前提として, 因果の時間的な前後関係を説くものであった. ところが, 空・無自性を基調とする大乗仏教になると, 迷いと悟りという構造が昇華され, 空間的な相依性や論理的な関係性など, 縁起説は多様な展開を見せた. 大乗仏教における縁起説の主なものとして, 瑜伽行唯識派の阿頼耶識縁起, 『大乗起信論』を典拠とした如来蔵縁起, 華厳宗の法界縁起（重々無尽縁起）がある. また真言宗の空海は六大縁起説を唱えたことで知られる. 　　　　［神達知純］

閻魔（焰摩／夜摩）えんま／やま

●意味

亡者の生前の行為を裁く地獄の王．生前の行為は取り調べ道具の「浄玻璃の鏡」に余すことなく映し出されるので，嘘はすべて見破られる．『往生要集』の受無辺苦処という地獄の説明に「獄卒は熱した鉄鉗でその舌を抜き出す．〈略〉これは皆，妄語の果報なり」とあり，嘘をつくと舌を抜かれることが知られている．また，閻魔は中国の泰山府君や地蔵菩薩と習合して死後35日目の審判官ないし守護尊に当るとの考えがある．仏式の納骨法要は現世と来世の中間の霊魂のような状態（中陰）が終わる死後49日頃に営むことが多いが，上記に基づいて死後35日頃に営むこともある．

●語源

閻魔はサンスクリット語ヤマ Yama を音写した語．焰摩や夜摩も同じ．本来は双子など「一対のもの」を指す．実際にヤマは『リグ・ヴェーダ』でヤミーという双子の妹とともに登場する．ヤマは人類最初の死者であり，それ故に死後の世界の支配者となった．ただし，死後の世界とは地獄に限った話ではない．ヤマは仏教において，天界に住まう柔和な表情の焰摩天にも，冥界に住まう恐怖の閻魔大王にもなった．なお，仏教の地獄は本来悪い行為（悪業）によって自ずから堕ちる場所であったが，後に死後審判の思想が取り込まれ，地獄行きの判決は審判官が下すことになった．そのため，閻魔は審判官として絶対的な地位を確立し，裁きや恐怖を象徴する語となった．ちなみに，上記「浄玻璃の鏡」の玻璃という語はサンスクリット語のスパティカを音写（パティという音を反映）したものであり，その意味から濁りがない上質なクリスタル製の鏡と考えられる．

●用例

重厚で厳しい態度を取る人，嘘を見破るのが得意な人はよく閻魔に例えられる．舌を抜くイメージから，やっとこ状の道具をエンマと呼ぶ．裁きを担うことから，教師などが成績評価を付ける帳簿や警察手帳のことを閻魔帳と呼ぶ．つらい状態を地獄と表現することから，難度の高いゲームや激辛食品のパッケージなどに地獄の象徴としてしばしば描かれる．　　　　［横山裕明］

☞「鬼」p.70，「地獄」p.134，「奈落」p.205

おうじょう　67

往生　おうじょう

●意味

　死後，この世から別の世界に住き生まれること．主に阿弥陀如来の極楽
浄土に生まれ変わることを意味する．元来，地獄や餓鬼等の苦しみの世界
や兜率天等の天界，その他，さまざまな仏の住む清浄な世界（浄土）への
生まれ変わりに対しても用いられてきた言葉であったが，浄土信仰の隆盛
によって，極楽浄土に受生することを指す言葉として定着した．ちなみ
に，極楽浄土への往生は，仏道修行の目的である輪廻転生（苦しみの世界
を生まれ変わり続けること）からの解放，すなわち，解脱とも言える事柄
である．また浄土真宗では，往生は信心が定まったと同時に確定するもの
で，この世にありながら，仏になれることが正しく定まった境地（正定
聚）も得られるとする．現代では，単に死ぬことを「往生した」という場
合もあり，さらに転じて，困り果ててどうしようもない状態や，諦めてお
となしくするとの意味合いでも用いられるようになった．

●語源

　『無量寿経』には「諸有衆生，聞其名号，信心歓喜，乃至一念，至心廻向，
願生彼国，即得往生，住不退転」とあり，阿弥陀如来の名号を耳にして，
その救いを信じ，真心から極楽に生まれたいと願って一度でも念仏すれ
ば，必ず極楽浄土に生まれ変わる（往生する）ことができ，悟りの境地に
至るまで修行が退転することがないとある．

●用例

　『平家物語』巻一「祇王」には，この世の栄華のはかなさを感じて出家
した白拍子（歌舞を披露する者）の仏御前が，祇王らと共に「命のあらん
かぎり念仏して，往生の素懐をとげんと思うなり」と願う場面がある．苦
しみ多き無常の現世を厭い，命あるかぎり「南無阿弥陀仏」と念仏を称え
ることで，極楽浄土という真に安楽で清らかな世界に住き生まれたいとの
強い意志が感じられる．清浄な極楽の菩薩に生まれ変わり，永遠の命を得
て，大切な人たちと二度と離ればなれにならないことを求める心情は，現
代にも通じる普遍的な願いと言える．　　　　　　　　　　［吉水岳彦］

☞「阿弥陀籤」p.41，「一蓮托生」p.53，「共生」p.98，「極楽」p.116，「成仏」p.156，「自
　力・他力」p.162，「念仏」p.208，「彼岸・此岸」p.214

大袈裟　おおげさ

●意味
ものごとを実際より誇張している様態を言う.

●語源
語源については，2説あるようである.

まず，仏教語の袈裟が起源となっている説は次のとおり．仏教における出家修行者（比丘）は，一般に，三衣一鉢が個人所有として認められている．その三衣が袈裟と称せられるようになった．本来，比丘は，ゴミ捨て場や墓地などに捨てられていた断片的な布地を縫製した糞掃衣（または衲衣／納衣）を身に着けていた．袈裟という語は，赤褐色を意味するサンスクリット語カシャーヤ kaṣāya の訳語である．しかし，中国・日本に仏教が伝播してくると日常の衣服というよりも，律の規定に準拠しながらも，五条・七条・九条など布を長方形に裁断し田の形に縫い合わせる法衣として，儀式のために金襴の紋様，縫い取りが施されて華美で装飾的なものへと展開した．大袈裟とは，本来，三衣の一つであったが，威儀張ってものものしいところから，揶揄的に表現されたようである.

また，身のほど知らず，身分不相応を意味する古語「おおけなし（おほけなし）」から「おおけさ（おほけさ）」へと展開したという説もある.

いずれにせよ，本来の意義を逸脱している.

●用例
「袈裟懸け」「袈裟斬り」などは，一方の肩先から反対側の腋の下にかけて斜めに掛けるという袈裟の身に着け方に由来した表現であり，それが「大袈裟」と用いられる場合もある.

「大袈裟なことを言う」ことを，「法螺を吹く」とも言う．法螺も，重要な仏具の一つである．いずれも，仏教にその語源がありながら，良い意味では使われなくなった.

[米澤嘉康]

☞「法螺」p.234

おしゃかになる

●意味

　本来の目的と違えた物を作成してしまうことを意味する．また，お釈迦様の入滅，涅槃にちなんで「死」を意味するとも言われるが，これは誤った解釈である．現代では，だめになる，失敗して元も子もなくなるということを意味する．例えば，製造業の工場において使い物にならない不良品・不合格品が出た場合に使用される．

●語源

　多くの語源が流布しているが，一例としては，江戸時代に，半田を用いて金属と金属とを接着させたとき，その半田が溶け流れてしまい，失敗してしまったことに由来するという．また，浅草の今戸焼の職人から始まったともいわれる．このときの「火が強かった」が「ひ」音が「し」音に変化する江戸弁によって「四月八日だ」になまったとされる．「四月八日」はお釈迦様がお生まれになった日なので，このことに掛けて「お釈迦になる」という言い方ができたらしい．

　ほかにも，「逆さま」が「お釈迦様」になったという説もある．製造業の工場でのでき損ないの物を逆さまと呼んだことからである．

　また，「裸になる」という説もある．これは，お釈迦様の誕生仏が裸であることに由来する．これは勝負事に負けて，無一物の裸一貫になることも意味するという．

●用例

　「おしゃかになる」という言い回しで最も有名な逸話は，鋳造職人が阿弥陀如来像を作成しようとしたが，誤って釈迦如来像をつくってしまったというものである．この逸話には，ほかにも釈迦如来像ではなく，地蔵菩薩像を作成しようとして失敗したという説もある．この言い回しは，特に金属工場で目的と違えた物を製造した場合に多く使用されたという．

　なお，似たような言葉として「お陀仏」が挙げられている．死ぬこと，駄目になることを意味する．「おしゃかになる」を釈迦の入滅と解釈した場合のものである．しかし，これは誤用である．「おしゃかになる」と「お陀仏」はまったく別の意味のものである．　　　　　　　　[新井弘賢]

鬼 おに

●意味

現代では仏教や陰陽道に基づく想像上の怪物であり，一般的に描かれる鬼のイメージは，人間の形をしており，頭に2本もしくは1本の角を生やし，口は横に裂けて鋭い牙を持ち指に鋭い爪があり，裸で腰にトラの皮でできたふんどしを締め，気性が荒く，表面に突起のある金棒を持った大男のイメージである．日本では邪鬼で人々に禍をもたらす存在と考えられ，怨根を残した魂は悪霊化し，疫病などを起こして祟るというのが鬼であると考えられていた．中国では死者の霊の観念が仏教に取り入れられると，死者の霊は飢えていて供物を待つと考えられ，六道の一つの餓鬼とされた．六道の一つである地獄には，閻魔王の下でそこに生まれてくる悪人を苦しめさいなむ獄卒と呼ばれる鬼がいることがよく知られている．

●語源

鬼の語源と考えられるものにはさまざまあり，古代インドの多様な信仰にその起源を求めることができる．大乗仏教の経典では，餓鬼はサンスクリット語プレータ preta パーリ語ペータ peta の訳語で，「逝きし者」を意味している．餓鬼のほか，夜叉サンスクリット語ヤクシャ yakṣa，羅刹サンスクリット語ラークシャサ rākṣasa，阿修羅サンスクリット語アスラ asura などが考えられる．仏教が中国に伝来し，道教などの中国思想で説かれる鬼は死者・霊といったものがあり，さらに憤怒の相や宝棒を持ち，あるいは悪鬼・疫鬼を払う「方相氏」の熊の革・四ツ目・手に持った戈・盾というイメージも，鬼のイメージにつながり，赤・青色の肌をした鬼の姿の特徴は餓鬼や夜叉の姿から影響を受け，日本では凶暴な精霊はすべて鬼と捉えられてきた．日本で鬼が誕生したのは平安時代であり，その語源は「隠」つまり「目に見えない存在」を指す用語であり，中国から伝わった霊魂を表す「鬼」という漢字は後から当てられたものとする説がある．

●用例

古代中国では死者の霊であることが多い鬼と自然神的な存在を神とする場合が多いが，その区別が曖昧だったようであり，鬼神として捉えられる

☞「閻魔（焔摩／夜摩）」p.66，「餓鬼」p.78，「呵責」p.82

ことがあった．そのため，漢訳経典でもその傾向がみられる．日本における鬼の姿は，12世紀末に制作された『地獄草紙』には地獄の獄卒が，地獄に堕ちてくる者に対して容赦なく責め苦する恐ろしく醜悪な姿で描かれている．『今昔物語集』巻二七には鬼の話が40話程集められているが，鬼の姿を記したものは，1話のみである．『今昔物語集』『宇治拾遺物語』などの説話集には，深夜に鬼や妖怪が徘徊する百鬼夜行が登場し，絵巻物などでも描かれるようになる．説話集の元となる書承などは，地域によっても多少の差はあるものの，「桃太郎」「一寸法師」など鬼に関する伝承が語られていたことが分かる．「桃太郎」は桃から誕生した男子が鬼退治をする話であるが，中国では桃に鬼を退治する呪力があると考えられ，日本にも影響している．鬼には「○○童子」と名づけられる場合があり，「酒呑童子」の名で呼ばれる大江山の鬼が最もよく知られている．

　宮廷の行事として追儺があり，鬼が追われることによって禍を内から外に祓うことが象徴的に演じられており，時代によって儀式の中における鬼の存在や役割も変化している．この行事は現在の節分，豆まきへとつながるものである．「福は内，鬼は外」と唱えつつ炒り豆をまき，福をもたらす神を迎え入れ，禍をもたらす悪霊を追放して，良い年を迎え入れようとする行事である．この行事での鬼は悪霊を追い払う役になっている．秋田県の「なまはげ」は厄払いの神としての側面を持つ鬼の典型とされる．そのため，鬼は人を食う残虐な面と対極に，人を救い助ける鬼，鬼に対する信仰があるのも日本の鬼の特徴である．

　学問の神として親しまれている菅原道真は非業の最期を遂げ，怨霊となり赤い肌に角を生やし雷雲をまとった鬼のような姿で『北野天神縁起絵巻』に描かれている．この鬼の肌の色について青・赤が象徴的であるが，そのほか，黄・緑・黒もあり，「青鬼」「赤鬼」「緑鬼」「黄鬼」「黒鬼」などと呼ばれる．この5色は五行思想や五蓋説などが融合したものと言われている．

　ことわざには，「鬼の空念仏」「鬼に金棒」「鬼の目にも涙」などがよく知られており，「強い」「怖い」「大きな」「物凄い」などの逞しいイメージから「鬼教官」，大盛りの最上級「鬼盛り」，人間わざとは思えない，すぐれたことを意味する「鬼才」としての用例がある．この「鬼才」は古典の世界で人知を超え秀でた面でも使用されている．　　　　　［長澤昌幸］

お盆　おぼん

●意味

　死者の霊を祀るために7月15日あるいは8月15日前後を中心に，寺院や民間で行われる一連の行事のこと．「盆」とも言い，「盂蘭盆」の略称．中国由来の「盂蘭盆会」と日本の民俗行事が融合して，正月と並ぶ「魂祭り」として認識される．また，農作物，特に畑作物の収穫祭的要素もみられる．お盆に祀る死者の霊は，家の祖先（先祖），新仏（あらぼとけ・しんぼとけ．新しく死者となった者の霊），無縁仏（むえんぼとけ．祀り手のいない霊）があるとされる．もとは7月15日を中心に行われていたが，明治6（1873）年の太陽太陰暦（旧暦）から太陽暦（新暦）への改暦後は，新暦の7月15日前後，月遅れの8月15日前後，旧暦の7月15日前後と，地域によって実施時期が異なり，そのほかに東京都多摩地域の一部では8月1日前後に実施されるなど，地域によって異なる場合もある．新暦の7月は稲の草取りなど農作業に忙しい時期であるため，農閑期である月遅れの8月に行う地域が最も多い．8月13日から16日頃までは，多くの会社が「お盆休み」で休日となり，地方出身者などは故郷へ帰省し墓参りや親族との会食を行う者が多く，交通機関は「帰省ラッシュ」「Uターンラッシュ」で大変な混雑となる．

●語源

　盂蘭盆はサンスクリット語ウッランバナ ullambana の音写．烏藍婆拏との音写もある．逆さに吊されている，倒懸を意味する．『仏説盂蘭盆経』によると，釈迦の弟子・目連が餓鬼道に堕ちた母の苦しみを取り除こうと，僧侶が一堂に会して洞窟や寺院に籠もって修行をするインドの雨季が明ける「僧自恣の日」（雨季の3か月間に犯した罪過を告白し懺悔する日）に衆僧に供養すれば，その苦しみから救われると説かれたことに由来する．「僧自恣の日」は7月15日．『仏説盂蘭盆経』は中国で成立したとされるが，盂蘭盆会が中国民衆に定着するに当たっては，『仏説盂蘭盆経』の後半部に説かれる父母への孝順と，中国での孝道を重視する風潮の影響が指摘される．さらに中国道教の「三元」思想のうち「中元」が「僧自恣の日」と

☞「餓鬼」p.78

同じ7月15日で，この日が鬼節（死者がこの世に戻ってくる時季）に当たるため，死者・祖先祭祀の意味を強めたとされる．また，古代イラン語で魂を意味するウルヴァン urvan を語源とする説もある．ウルヴァン語源説では，イラン民族間で営まれていた祖先祭祀が，イラン系のソグド人の中国進出によって中国にもたらされ，麦作地帯の収穫祭である中元と結びつき，さらに「僧自恣の日」の儀礼と結びついて，盂蘭盆会の原型が成立したとされる．日本では，推古天皇14（606）年に盂蘭盆会が実施されたと考えられる記述があり，斉明天皇3（657）年には7月15日に盂蘭盆会が催されたと伝えられる．平安時代中期には貴族の年中行事として定着，室町時代には戦乱や災害など不慮の死を遂げた死者を救済する性格が強くなり，施餓鬼会とも習合した．

●用例

お盆には，「精霊棚」を設け，野菜や果物，そうめん，米，ほおずき，祖先の位牌などを設える．死者の霊の乗り物として，ナスとキュウリにオガラ（麻の茎を剥いで内部を乾燥させた麻ガラ）で4本の足，ヘタにそうめんで手綱などをつけて，それぞれ牛馬と見立てて供える．精霊棚に主に畑作の収穫物を供えることから，収穫祭的要素が指摘される．お盆初日（13日とするところが多いが，6日や7日に行う地域もある）の夕方に「迎え火」を焚く．迎え火は，家の門口や墓地でオガラを燃やして，死者の霊を自宅に迎える．火は霊が自宅に戻る目印とされる．新仏を祀る「新盆（にいぼん・しんぼん）」の場合は，早く焚く場合が多い．お盆の期間中は，霊に供物を捧げてもてなす．霊を鎮めるために「盆踊り」が行われることもある．最終日（15日か16日）の夕方には「送り火」を焚き，もとの場所へ送る．同時に供物や精霊棚を焼いたり，「精霊流し」をして霊を送る場合もある．お盆に祀る死者の霊は，祖先や新仏が中心だが，無縁仏もついてくると考えられてきた．無縁仏は祀るべき子孫や帰るべき家がなく，祟りやすく人に害を及ぼす存在として恐れられたため，食べ物を求めてさまよい苦しむ餓鬼と結びついて，お盆の期間中や前後に施餓鬼が広く行われてきた．盂蘭盆会に読まれるお経は，本来施餓鬼会のものを用いる場合が多い．　　　　　　　　　　　　　　　　　　　　　　　　　　［小林惇道］

我　が

●意味

すべてのものの根源に内存して個体を支配し統一する独立の永遠的な主体を意味する．インドの諸哲学においては，人間の自我の中に，中心となるものを認め，これが常住であり，一なるものであり，主宰するものであると考えて「我」と呼んだ．仏教以前のウパニシャッド哲学では，この「我」が力説され，宇宙我であるブラフマン brahman との相即が説かれた．釈尊は「我」という実体は認められないとして「無我」の立場を強調し，存在は縁起によって起こるものであると説いた．しかし部派仏教（説一切有部）は，個体の中心生命としての我（人我）は否定するも，存在の構成要素の実体としての我（法我）は常に実在するなどとした．大乗仏教は，人我・法我をともに否定する人法二無我の立場を取り，空を説いて，悟りの絶対の境地こそ大我であるとする．日常表現としての我は，われ・おのれ・行動主体としての自己・考えや決意などを固く守り抜こうとする心（意地）・自分勝手なことを主張して人に従おうとしない心（わがまま）などの意味で用いられる．

●語源

サンスクリット語アートマン ātman の訳．本来は「呼吸」の意味．そこから転じて生命，身体，自我などの意味が派生したと思われる．

●用例

インドの諸哲学における「我」の解釈については，『大般涅槃経』に「若法是実是真是常是主是依性不変易者，是名為我」（もしも法《個体・存在》が実体・真実・常恒・主宰者をよりどころにして，その性《性質・本質》が変化しないとすれば，これを名づけて「我」という）とみえる．日常表現としての我については，近松門左衛門の『心中宵庚申』に「顔も見るまじ物言ふまじとの我もありしが」（顔もみるまい，物も言うまいとの意地もあったが），夏目漱石の『こころ』に「私はこういう矛盾な人間なのです．〈中略〉私はこの点においても十分私の我を認めています」（自分勝手でわがままなことを認めている）などとみえる．

[川嶋孝幸]

☞「意地」p.47,「我慢」p.84,「唯我独尊」p.251

開眼　かいげん／かいがん

●意味

　仏の眼を開くこと．智慧の眼を開き，仏教の真理に目覚めることを言う．転じて物事の本質を悟ることや，コツをつかむことにも言う．この眼を開き，仏教の心理に目覚めるという意味から，新造または修復された仏像や仏画等に眼を入れ，魂（宗教的生命）を入れることを指す．またこのような法会の名も指すが，それは一般的に開眼供養・開眼式等と言われる．転じて物に魂を吹き込むことにも言う．

●語源

　仏像や仏画等を新造，修復する際に眼を描き入れるという意味から，その儀式，法会をも指すようになった．

●用例

　日本においては『続日本紀』天平勝宝4（752）年四月乙酉条に「廬舎那大仏像成，始開眼，是日行幸東大寺，天皇親率文武百官，設斎大会，其儀一同元日，五位已上者著礼服，六位已下者当色，請僧一万，既而雅楽寮及諸寺種々音楽並咸来集，復有王臣諸氏五節，久米儛，楯伏，踏歌，袍袴等哥儛，東西発声，分庭而奏，所作奇偉不可勝記，仏法東帰，斉会之儀，末嘗有如此之盛也」とあり，東大寺大仏の開眼供養が最初と言われる．しかしながら，同様の意味で用いられている早い例は『日本書紀』や『続日本紀』にみられる．『日本書紀』天智天皇10（671）年十月条には「辛未，於内裏，開百仏眼」とあり，内裏で百仏の開眼がなされたと記載されている．『続日本紀』持統天皇11（697）年七月条には「癸亥，公卿百寮，設開仏眼会於薬師寺」とあり，飛鳥の薬師寺で開眼会が行われた記事がみられる．

　また貞観3（861）年3月14日，東大寺大仏を修理し開眼供養をした記録が『東大寺要録』第三等にみられる．このことから，日本の平安時代において新造の仏像等に魂を入れることだけでなく，修復した仏像に魂を入れなおす行為にも「開眼」という言葉が用いられたことが分かる．

［堀田和敬］

☞「供養」p.102

懐石　かいせき

●意味

　宴会料理の意味である「会席料理（かいせきりょうり）」を禅語では「懐石料理」と呼称することに由来しており，「茶の湯」の席にて，茶の前に供される簡素な食事を示している．二汁三菜，一汁二菜または湯漬けといったかつての懐石料理は，禅僧たちが修行中に空腹をしのいでいたものの名残とも言えよう．

●語源

　本来は温めた「石」（温石（おんじゃく））を「懐（ふところ）」に抱くことの意味である．古来よりの戒律（かいりつ）において修行僧の食事は日中一食と定められており，午後以降の食事が非時食（ひじじき）として禁じられていたので，彼らは飢えと寒さをしのぐために温めた石を腹部に抱いていたという．その後に禅院では粥等の食を許されたが，これはかつての「懐石」の代わりであることから，その語が禅僧の食事も意味するようになったとみられる．また禅宗では病人にのみ許される夕食を「薬石（やくせき）」と呼称し，道元（どうげん）は「当山も亦，雪時の薬石を許す」（『正法眼蔵（しょうぼうげんぞう）』示庫院文（じくいんもん））と述べ，飢えや寒さをしのぐための「薬石」を認めている．千利休の秘伝の書とも言い伝えられる『南方録（なんぽうろく）』では「懐石は禅林にて薬石と同じ」とある．

●用例

　最もよく目にする用例と言えば「懐石料理」であろう．前記した禅宗においてかつての「懐石」の代わりに食事を摂ったという故事には，日常生活全てが修行であるとの禅宗のあり方を思わせるものがある．そのため現代の意味での懐石料理は，殺生（せっしょう）を避け肉食を排して野菜のみを食材に用いた，修行食である「精進料理（しょうじんりょうり）」に具体的な源流を持つとも言われる．実際に菜食のみで構成される精進料理との共通点は多く，流派により細かい差異はあるものの，基本は魚貝類および野鳥のほかに，地元で採れた野草，木の実，根・軸・葉・実野菜等を必ず一品加えることになっている．そしてこれらの懐石（料理）の形式は千利休により整えられたとされ，伝統的な日本料理全般の型として今日にまで伝えられている．　　　　［嶋田毅寛］

かいほつ／かいはつ　　77

開発　かいほつ／かいはつ

●意味

　都市開発，電力開発，製品開発，技術開発など，現代における「開発」は，天然資源を人々の暮らしに役立てたり，新たなものや技術をつくり出し実用化することを意味する．また教育分野においては，対話などを通じて学習者の自発的思考を促し，知的活動を発展させる教授法を指す．後者の意味をご存知の読者は，仏典における「開発」の意味もイメージしやすいかもしれない．

●語源

　「開発」の原語はサンスクリット語サンチョーダカ／サンチョーダナーsaṃcodaka/saṃcodanā で，行為などを「促すこと」を意味する．接頭辞sam を伴わない語形（チョーダナー）は，ヴェーダ聖典の「教令」（祭式の実行を命じる言葉）を指し，インドでは宗教行為と関わりの深い語であることが分かる．仏教においては，①迷妄を取り除くこと，②菩提心（悟りを求める心）を起こすこと，③他者を悟らせることを意味しており，特に③として用いられる．

●用例

　仏典にみられる開発の事例としては，『法華経』や『阿弥陀経』などさまざまな文献で説かれる仏弟子チューダパンタカのエピソードが有名である．釈尊の教団に，もの覚えが悪く愚鈍なチューダパンタカという弟子がいた．自分の名前すら忘れてしまう彼は，教えをまとめた短い詩を何か月経っても覚えられないでいた．チューダパンタカは自身の愚かさを自覚してもいたので，深く思い悩んだ．それを見た釈尊は，自分が愚かであることを知る人は知恵のある人なのだと言い，二つの短い言葉をチューダパンタカに教えた．「私は塵を取り除こう，私は垢を取り除こう」．釈尊は，この言葉を唱えながら掃除をするようチューダパンタカに命じたのである．釈尊の言うとおりに，来る日も来る日も唱え続けたチューダパンタカは，数年後のある日の掃除中に「塵垢とは外にある塵垢なのか，内にある塵垢なのか」という疑問を抱く．そのときチューダパンタカは，自らの心の内にある煩悩こそが取り除くべき塵垢であることに気がつき，悟りを得たのである．　　［児玉瑛子］

☞「煩悩」p.236

餓鬼 がき

●意味

常に飢えと渇きに苦しむ亡者. 六道（または阿修羅道を除く五道）のうち，餓鬼道の住人のこと. 死後，悪業の報いとして飢餓に苦しむ姿として説かれ，やがて六道（または五道）の一世界として位置づけられるようになる. また，地獄道・畜生道とともに三悪道（または三悪趣）と呼ばれる.

前世において，嫉妬・慳貪（物惜しみ・むさぼり）などを行ったものが趣く世界であり，食物を食べようとするとそれが燃え，飢えや渇きに苦しむ境界であることなどが諸経論に説かれる.

現在行われている「お盆（盂蘭盆会）」は，目連が餓鬼道に堕ちた亡き母を救うために比丘に食物を施すという，『盂蘭盆経』の説話に由来する. また，『救抜焔口餓鬼陀羅尼経』などに説かれる，阿難の餓鬼に対する施食供養に由来する「施餓鬼会」が諸宗派で行われている.

日本文学では餓鬼を，力のない者（式亭三馬『浮世風呂』），つまらぬ者（近松門左衛門『国性爺合戦』）などの喩えとし，後世に影響を与えた.

●語源

サンスクリット語プレータ preta の訳語. 薜荔多・閉戻多・薜荔などと音写し，鬼とも訳される. 原語であるプレータは，もともと死者を意味する語である. 儀礼を伴って祖霊になるまでの死者霊を指し，その間，食物などの供養が必要とされる. 仏教では転じて，飲食物の飢餓に悩む死者霊の意味となり，中国において死者霊を「鬼」と称したことから餓鬼と意訳された.

●用例

餓鬼道に生まれる業因について，多くの諸経論には「嫉妬・慳貪」と説かれるが，『大智度論』などには下品の悪をなす者と説かれ，その他の経論にもさまざまな業因が説かれている.

住処について『正法念処経』には，閻浮提の下 500 由旬にあり，長さ広さは 36000 由旬と説かれる. 同じく『正法念処経』には，餓鬼に人中に住する者と餓鬼世界に住する者の 2 種あることや，それぞれの業報によって 36 種あることなどが詳細に説かれている. 　　　　［長尾隆寛］

☞「鬼」p.70，「お盆」p.72，「慳貪」p.109，「後生」p.119

かくご　79

覚悟　かくご

●意味

　心の迷いを払って真実の道理を悟ること．また人に悟らせること．その境地をいう．

●語源

　サンスクリット原語では，眠りから覚める，目覚めていることを表す．一方漢語の〈覚悟〉はさとる，さとすの意味で使われる．『史記』項羽本紀賛に「尚不覚悟而不自責過矣」とあるほか，『荀子』『韓非子』『漢書』などに多くの用例がみられる．仏教本来の「覚醒して物事の真理を悟る」ことを指す例は，漢訳仏典『南本涅槃経』にすでに「仏者名覚．既自覚悟，復能覚他」とあって，ブッダ buddha（仏陀）が〈覚者（目覚めたる者）〉と訳されるのはこのためである．

　それから転じて，一般に諦めや決心の意味で「覚悟はよいか」「覚悟の前」などと使われるようになった．

●用例

　仏教本来の意味では，『源平盛衰記』に「身を野外に捨んよりは，同は覚悟の仏道に捨べし（同じ死ぬなら無駄に野垂れ死ぬより悟りを求めて仏道に赴くべきだ）」．また後白河院の『梁塵秘抄』巻二には「それより生死の眠り覚め，覚悟の月をぞもてあそぶ」と，悟りを開き真理を会得したことを澄みわたる月にたとえて〈覚悟の月〉と表現した例がみられる．

　転じて，諦める・観念する意味で使われたものに，「覚悟せい」や「覚悟めされ」といった文言が挙げられる．また，あらかじめ心構えすること．心の用意を指した例として，泉鏡花の『夜行巡査』「そりゃ固より覚悟の前だ」などがある．さらに〈覚悟の臍を固める（決める）〉という文句は，固く決意すること，腹を固めることを言ったもの．このほか『連理秘抄』「古歌をよくよく覚悟すべし（古い歌をよく覚えておきなさい）」のように記憶する，暗誦するという意味で使われた例もある．　　　　［坂巻理恵子］

学生 がくせい／がくしょう

●意味

学問を修める者．学校の生徒．日本において「生」は，初めは呉音「しょう」で訓読されたが，後に漢音「せい」が一般化した．

●語源

もともと『荘子』『後漢書』など中国の古典にみえ，漢訳経典にはみられないため，仏教に由来しない漢語である．中国の古典においては，官吏の養成機関に属して経書などを学ぶ者を指した．漢人が漢語で著した仏典にはまれにみられ，例えば義浄『南海寄帰内法伝』に，西域では仏教寺院内で外典を学ぶ者を学生と称することを紹介している．このように，中国では仏教を学ぶ者を表す語としては用いられず，以後もそうであった．

●用例

『日本書紀』には，推古16（608）年9月，小野妹子を大使とする遣隋使に，学生4人と学問僧4名が帯同したとある．このことは，日本でも当初は，仏教を修学する僧侶と儒教など仏教以外の学術を学ぶ俗人とは区別され，僧侶は学生とみなされなかったことを示す．このような傾向は継続し，最澄・空海の頃までには，遣唐使に同行して入唐し短期間で帰朝する俗人を還学生，僧侶を還学僧と言い，長期間唐に留まる俗人を留学生，僧侶を留学僧と定めていたことが確認できる．奈良時代の律令（学令）では，唐の制度にならい，官僚養成機関である大学寮や国学に属する生徒を学生とし，僧侶を含まなかった．しかし学生が僧侶も含む言葉として認識されていたことは，代表的な留学僧である空海が，先に入唐した三論宗の智蔵や道慈を「入唐学生」と記していることなどからも明らかである（『十住心論』7）．このような認識を広げたのは，還学僧であった最澄の『山家学生式』である．『山家学生式』では，天台宗の僧侶が，止観業と遮那業という両課程の「学生」として，比叡山で12年間修学することを申請している．これが承認された影響は大きく，以降，諸大寺において仏典を修学する者を学生と称することが一般化した．日本において，学生が仏教由来の語と認識されるのも，このことに起因する． ［山口史恭］

☞「教授」p.97，「仏」p.232

過去・現在・未来　かこ・げんざい・みらい

●意味

　過去とは文字通り過ぎ去った時のことだが，部派の一つである説一切有部などの教義では，過去は有為法（作られたもの）がその作用を終えた状態にあること，現在は有為法がただ今作用をしている状態にあること，未来は有為法がいまだ作用をなしていない状態にあることを意味する．

●語源

　過去とはサンスクリット語動詞イの派生語アティータの漢訳語であり，「過ぎ去ったもの」の意味である．現在は動詞パッドの派生語プラティウトパンナの訳語であり，「生起したもの」の意味，未来は動詞ガムの派生語アナーガタの訳語であり「いまだ来ないもの」の意味である．

●用例

　説一切有部の教理に基づく論書『倶舎論』では，説一切有部という名前について，「説三世有故　許説一切有」（［存在が］過去・現在・未来にわたってあると説く故に，一切［の存在］があると説くものたちであると認める）と説く．つまり，「説一切有部」（一切の存在があると説くものたち）という部派の名前は，存在（法，ダルマ）が過去・現在・未来の三つの時にわたって実在すると説いているから認められるとする．これを三世実有という．

　また説一切有部では，三世にわたって実在するダルマは，未来の領域から現在に現れ，現在から過去に去るとされる．このことはしばしば映画のフィルム上映に例えられる．つまり，ランプに照らされてスクリーンに映されるコマが現在のダルマ，映される前のコマが未来のダルマ，映され終わったコマが過去のダルマであり，コマそのもの（すなわちダルマ）は映される前も後も変わらずに存在している，というものである．

　とは言え，ダルマの三世実有を映画フィルムに例える上記の比喩は非常に優れたものではあるが，映画のデジタル上映が主流となった今後は，あるいは容易に理解されにくくなっていく可能性もあろう．　　［伊久間洋光］

☞「法」p.227

呵責 かしゃく

●意味

しかりつけて責めること．厳しく責め咎めること．また，呵責する人を指すこともある．比丘を罰する七種の法（呵責・擯出・依止・遮不至白衣家・不見罪・不懺罪・説欲不障道）の一つとされ，人々の面前で呵責して三十五種の権利を取り上げるもの．また，（仏が）叱ること．

●語源

「非難する」を意味するサンスクリット語の動詞ガルフ garh およびヴィガルフ vi-garh の活用形，また派生語ヴィガルハ vigarha（非難）の訳語．もとは仏教語で，人前で責める比丘の罰法を意味する語．用字には「呵嘖」「苛責」「訶責」などがあったが，「かしゃく」はその呉音読みである．

日本では，『仏足石歌』や『平家物語』など多数の用例が確認できるが，「かしゃく」と読まれた確例は『文明本節用集』（室町中期）が初出であり，それ以前の『色葉字類抄』などの古辞書類は多く日本漢音とみられる「かせき」を載せる．

●用例

責めさいなむの意味から転じて，地獄の獄卒を「呵責の鬼」と言い，死後に鬼から責めさいなまれるような罪業を「呵責の種」と言う．

叱り責めること．責めさいなむことの意味として，『仏足石歌』「呵嘖生死」，『往生要集』「如於大海中．唯取一掬水．此苦如一掬．後苦如大海．既呵嘖已．将向地獄．」，『今昔物語集』巻一三第六話「彼の聖人，嗔恚を以て弟子童子を呵嘖し罵詈す」，『平家物語』巻二「小教訓」に，「阿防羅刹が呵嘖すらんも，これには過じとぞみえし」，『文明本節用集』に「呵責カシャク」とある．

また，罪を犯した僧尼に加える七種の治罪法として，人々の面前で呵責して三十五種の権利を取り上げるという用例には，『法華験記』上「大師小事に依りて呵責を加え，勘当しけり」がある．仏が叱る意味では，『十住毘婆沙論』に「もし菩薩が衆生を教化できず，悪道に落とすようなことがあれば，その菩薩は諸仏により苛責されることになる」という用例が見られる．　　　［平間尚子］

☞「鬼」p.70

かほう　83

果報　かほう

●意味

　「果報」とは，仏教語の「因果応報」に由来する語．元来，「因果」は「原因と結果」という中立的な意味であり，「果報」も「原因（以前の行為）に対する結果（報い）」という，善悪どちらの意味もなかった．しかし次第に，「以前やったことに対して，その人に返ってくる良い報い／良い運」を意味するようになり，「果報者」とは「幸せ者」の意味となった．他方，「因果」という語は「不運な巡り合わせ」というマイナスの意味で用いられるようになり，「親の因果が子に報い」や「先祖の祟り」といった考えを生み，「因果な身の上」というと「薄幸」「逆運」「不遇」などを意味するようになった．

●語源

　「果報」はサンスクリット語ヴィパーカ vipāka と言い，意味は「煮えた・熟した」で，後に「異熟」と訳された．仏教の基本理念（縁起の法）を表す「因果応報」，具体的には「善因善果・悪因悪果・自因自果（善いことをすれば善い結果を生み，悪いことをすれば悪い結果を生み，自分のしたことが原因となってその結果が自分に返ってくる）」に由来する語である．善い行為が善い因（直接の原因）と縁（間接的条件）となって，その結果である果報は必ず現れる．我々の現在の境遇は，過去世になした行為に対する結果であり，その行為（業因）に応じた報いであるから「果報」と言われる．したがって，元来は「果」も「報」も単に「結果・報い」という中立的な意味であって，善し悪しの別はなかった．また，我々が生まれてから死ぬまでの間に受ける運不運・吉凶がいつの生における行為に対する報いであるかは分からないとされる．

●用例

　パーリ仏典『沙門果経』は，仏教における出家生活の根本とその意義を，「沙門果」すなわち「出家者の果報」として説き明かしている．経中，阿闍世王が「世間一般の職業に報酬があるように沙門にも目に見える果報があるかどうか」を問い，仏がこれに対して，戒律を守ることによる果報，止行による果報，観行による果報を順を追って詳しく説いたうえで，阿羅漢を最上とする「果」（四果）の完成を説いてゆく．　　　　　　　　　　［西野 翠］

☞「因縁」p.58，「自業自得」p.83，「外道」p.107

我慢　がまん

●意味

　痛みや悲しみに堪えること．また，欲望や生理的衝動を抑えること．類義語に忍耐や辛抱がある．しかし，これは現在の意味であり，語源となった仏教語の我慢（驕ること）とはほぼ正反対の意味である．江戸時代後期にはすでに現在の意味での使用を確認できるが，意味の転換が起こった原因は定かでない．慢という漢字には「ゆるやか」といった意味もあることから，字面から自我の動きを減速させて制御するイメージが生まれた可能性がある．あるいは，自我への執着は強情さや虚栄心に通じることから，他者に弱みを見せないように必死に強がる意味が生じた可能性もあろう．

●語源

　サンスクリット語のアートマ・マーナやアスミ・マーナ，アハン・カーラなどの訳語．いずれの原語も驕りや自惚れの意味をもつ．『倶舎論』では，7種ある慢の一つとして，我慢を「肉体あるいは精神に固定的な自我（アートマン）があると思い込んで自我に執着して驕ること」と説明する．参考までに他の六つの慢は次のとおり．慢：（自分と比べて）劣っている者を見下し，対等な者には対等と驕ること．過慢：対等な者を見下し，優れた者に対等と驕ること．慢過慢：優れた者を見下して驕ること．増上慢：悟っていないのに悟りを得たと思い込んで驕ること．卑慢：はるかに優れた者に対して自分は少し劣っているにすぎないと思い込んで驕ること．邪慢：徳がないのに徳が高いと思い込んで驕ること．

●用例

　語源的な用例では，弘法大師空海の著作『吽字義』に「我慢の須弥に頭頂なし」とある．須弥とは仏教世界の中央にそびえる果てしなく高い山で，際限のない驕りの例えである．また，我慢は語源的な用例に限らず山に例えられ，強く我を張ることを「我慢の山」と言う．現代的な用例では，本当は苦しくて仕方がないのに無理して平気な顔をすることを「やせ我慢」と言う．服装などでデザイン性を重視するならば多少の寒暖や不自由には堪えなければならないことを「オシャレは我慢」と表現する．［横山裕明］

☞「我」p.74

がらんどう 85

伽藍堂　がらんどう

●意味

　部屋や建造物，あるいは器のような閉鎖空間で，その中に何もない空っぽの状態であることを「がらんどう」と言う．諸説あるが，擬音語の「がらん」や「がらがら」は「がらんどう」の派生とも言われる．「空」と似た「がら」という響きから強調表現のように使われたのであろう．元来，僧侶たちが修行する広く閑静な場所や生活する建物の集まった空間のことを「伽藍」と言い，その中にある伽藍神（寺院を守護する神，比叡山延暦寺の山王権現や，興福寺の春日明神など）を祀った建物を「伽藍堂」と言う．空虚な状況・状態のことを「伽藍堂のように広々とした空間」と表現したことから，「がらんどう」と言われるようになった．

●語源

　「伽藍」は，サンスクリット語の「サンガーラーマ」の音写語「僧伽藍」「僧伽藍摩」の略である．サンガーラーマというのは，集団を意味する「サンガ」と，庭園や休憩所を意味する「アーラーマ」の複合語で，僧侶たちが集まって修行する場所としての僧院のことである．伽藍には，仏塔や仏像などの礼拝の対象を安置した祠堂や集会堂などの修行空間や，食堂・台所・貯蔵室・流し場・便所などの生活空間が設けられ，転じて，土地や建物を含む寺院の総称となった．宗派や寺格，時代や地域によって異なる寺院の建物配置のことを「伽藍配置」と言う．特に主要な七つの建物を備えたものは「七堂伽藍」と呼ばれ，例えば，法隆寺では中門・回廊・金堂・塔・講堂・経蔵・鐘楼の七つ，禅宗形式の場合は仏殿・法堂・三門・庫院・僧堂・浴室・東司（御手洗）の七つで構成される．

●用例

　「がらんどう」は，大きな空間に人がまばらな劇場や，何も置かれていない倉庫のように，物理的に空っぽの空間を表現する場合に使われる．また，「胸がらんどうになって侘びしく，変な気持でありました」（太宰治『知らない人』）のように寂寥感としても使われる．　　　　　［吉澤秀知］

☞「結界」p.105，「僧」p.181

願　がん

●意味

神仏に祈り求めること．願掛けとは，病気平癒・安産・商売繁盛・航海安全などの願いを叶えるため神仏に誓いを立て寺社に参籠したり，百度参り・水垢離・断ち物（食物・塩・茶・薬・酒など）を行うこと．天然痘に罹患した徳川家光の平癒を祈願した春日局の薬断ちが有名である．悲願とは目標を達成するために労苦を厭わず長年にわたって頑張り続けること．念願とは心にかけて望むこと．結願・満願とは，願いが叶うことを指す．

●語源

プラニダーナ praṇidhāna は，成し遂げようと誓う願い．誓願・願求などとも訳される．すべての仏・菩薩に共通する四弘誓願（人々を悟りの彼岸へ渡す・煩悩を滅する・仏法を完成する・悟りを成就する）と薬師の十二願，弥陀の四十八願，釈迦の五百大願など個別の誓願（本願）がある．願を達成するための行を願行，慈悲心に基づく願を悲願という．専修念仏（称名念仏）の根拠となった法蔵菩薩（弥陀）の第十八願は，『無量寿経』の「設我得仏，十方衆生，至心信楽，欲生我国，乃至十念，若不生者，不取正覚」を指す．大意は，「私が仏となる以上，あらゆる世界に住む全ての人々が至心に信行し，私の国土に往生しようと願って，少なくとも十遍，私の名を唱えたにもかかわらず，万が一にも往生しないようなことがあれば，私は仏となるわけにはいかない．」というもの．

●用例

○○に勝利することは長年の悲願であった．念願叶って○○に合格した．このように願をかける主体は仏・菩薩から離れ，願の内容自体も仏教本来のものとは離れたものになっている．江戸期には通俗化・大衆化し，治病や厄除けが叶う江戸・大坂の寺社（今でいうパワースポット）を総覧した『江戸神仏願懸重宝記』（1814 年），『願懸重宝記』（1816 年）が刊行されている．願は，悟りを得るための誓願・悲願ではなく，功徳（現世利益）・霊験を期待するものとなっている．　　　　　　　　　　　　［寺田喜朗］

☞「自力・他力」p.162,「悲願」p.212,「菩薩・羅漢・如来」p.230,「仏」p.232,「本懐」p.235

歓喜　かんぎ／かんき

●意味

　喜ぶこと．歓は身の喜び，喜は心の喜びとされる．身も心も幸福感で満たされること．世間一般の喜び，多幸感，満足感は，食欲・性欲・睡眠欲・名誉欲といった欲望が充足されることで得られるものであり，それは充足後，時間の経過とともに減っていき，過ぎ去ってしまえば虚しく忘却されるものであるが，仏教で説く歓喜とは，そうした一過性の喜びを超えたものであり，喜びを得た後，生を根底から喜びに満ちたものに転換し，その後の人生の方向性を規定する，幸福な生き方そのものを言う．仏典の結語には「仏の教えを聞いて聴聞者は歓喜した」という定型句がある．この句の中「歓喜した」はサンスクリット語の動詞アビナンド abhi-nand に対応するが，漢訳経典ではこの一語を「歓喜信受奉行」と訳すのが通例である．「信受奉行」（信じ受けとめしっかりと実践する）という部分は，インドの原典を翻訳する際に付加された語である．歓喜とは，快楽系・報酬系の一時の喜びを超えたものであり，特に聖なる存在に接した際に生じる最上の歓喜とは，感動と畏敬の念を伴った持続的な喜びであり，至善・至福の教えを信仰し実践していく幸福な生き方までを含む．

●語源

　歓喜を意味するサンスクリット語の動詞語根として次の語が挙げられる．ウチュ uc（好む），トゥシュ tuṣ（満足する），ナンドゥ nand（喜ぶ），プリー prī（愛する），ムドゥ mud（陽気である），ラジュ raj（紅くなる），ラム ram（休息させる），ラードゥ rādh（成功する），フリシュ hṛṣ（体毛が逆立つ）など，このうち「紅潮する」「身の毛がよだつ」という語感は喜びに伴う身体的な反応を表したものであろう．

●用例

　多くの仏典の結語には，聴聞者の歓喜が述べられる．玄奘訳『大般若経』も「皆大歓喜信受奉行」と終わる．仏の説法に出会い，過去の生き方を省みて，より良い生き方に沿って自らを律していく信仰の喜びを表す．

[山本匠一郎]

☞「頂戴」p.195，「道楽」p.200

観察 かんさつ／かんざつ

●意味

智恵によって対象となるものを正しく見きわめることを言う．見つめること，見とおすこと，ながめること，考察すること，客観的に注意深く見ること，見分けて知ること，本性を見とおすという意味があるだけでなく，よく熟考すること，よく熟思すること，判断，決定，認める，物事を心に思い浮かべて細かに明らかにするといった思考やイメージ想起の意味合いでも使われる．物事を正しく理解するためによく見きわめることや，心の中で思い描くものを明らかにすることを指す語と言える．

●語源

サンスクリット語ヴィパシュヤナー vipaśyanā（毘婆舎那）の訳語．サンスクリット語の「見る」「思う」の動詞の語根である paś が変化した語で，漢訳では，観念・観察・観法・観行などに用いられる「観」とも称する．ヴィパシャナーは，同じくサンスクリット語のシャマタ śamatha（奢摩他（止））に対応する語であり，心を静めて一つの対象に集中し，智恵によって物事の本質を正しく明らかに見きわめることを意味する「止観」という語で用いられる．

●用例

仏教では，ブッダが悟った真理や如来の教えを推しはかり，深く見とおすという文脈で用いられる．『平家物語』巻一一「大臣殿被斬」にある「観ずる」は，こうした仏教の意味にもとづくものであり，『徒然草』第一〇八段には，静かに思いをめぐらすという意味での「観ぜしかば」がある．また，中国の唐では，地方行政を監視する観察使という官職が存在した．しかし 19 世紀末に西洋諸国から科学知識が日本へ伝播し，明治前期に「窮理熱」と呼ばれる物理学にもとづく自然科学書の出版ブームがおこると，事物や現象を注意深く見ることでありのままの客観的知識を得るという新たな意味が浸透する．なお，現代アートの分野では，既存の価値観を乗り越える概念として，看板，貼り紙，マンホール，役に立たない構造物などを採集する「路上観察」という語がある． ［森 覚］

☞「観念」p.90

かんにん　89

堪忍　かんにん

●意味

　困難や辛い状況を耐え忍ぶこと．また怒りをこらえて他者のあやまちを許すこと．私たち衆生（もろもろの生きもの）が生きるこの世界では，人々はさまざまな苦悩に耐え忍びながら悪をなし，諸菩薩もそのような人々への教化のために耐え忍んでいるということから，この世界を堪忍世界や堪忍土とも言う．また堪忍できる心の広さを袋にたとえて「堪忍袋」と言い，もうこれ以上堪えられないと怒りが爆発した様子を「堪忍袋の緒が切れる」と言う．

●語源

　漢訳仏典ではサンスクリット語クシャーンティ kṣānti の訳語として堪忍が用いられているが，この語はほかに忍辱とも訳される．忍辱は大乗仏教における重要な6種の修行方法である六波羅蜜の一つで，侮辱や迫害に対しても耐え忍び，心を安らかに落ち着けて怒りの感情を起こさないようにするものである．菩薩の修行においても，身心の一切の苦悩を忍ぶ力が得られた境地を堪忍地と言う．また堪忍はサンスクリット語サハー sahā の漢訳としても用いられるが，この語は娑婆と音写され，人間の住むこの世界が苦悩に耐え忍ばなければならない場所であることを表している．

●用例

　『涅槃経』に「能堪忍貪欲恚痴」（よく貪欲《むさぼりの心》，恚痴《怒りと愚痴》を堪忍し）とあり，『倶舎論』に「衆苦逼身皆能堪忍」（衆苦が身に逼るも皆よく堪忍す）とあるように，さまざまな漢訳仏典において苦難に耐え忍ぶという意味で用いられている．それは福沢諭吉が『学問のすゝめ』で「堪忍して時節を待つ可きなり」と記したように，近代においても同様の意味で用いられた．また『涅槃経』で「身心苦脳一切能忍．是故名為住堪忍地」（身心の苦悩一切よく忍ぶ．是の故に名づけて堪忍地に住すと為す）とあり，さまざまな心身の苦悩に耐えることができる境地が堪忍地であるとされている．　　　　　　　　　　　　　　［岩谷泰之］

☞「娑婆」p.142

観念　かんねん

●意味

　名詞としての観念は，哲学用語イデアの訳語としての意味合いが強い．イデアは対象となる事物をそれたらしめる根拠，本質である．現実世界の事物は厳密にはすべてに差異があるが，例えばあらゆる種類の机を見ても我々は無意識に机と認識できる．それが机のイデア，観念である．そこから派生して，具体的な事実を離れてその事象の徴表に偏る様子を観念的とか固定観念に囚れるなどと言う．一方，動詞としての観念すなわち「観念する」と言った場合は，諦める・覚悟する・状況を受け入れるといった意味になる．

●語源

　「観念する」と言うと現代では良くない言葉に捉えられるだろうが，諦めや覚悟は仏教に由来する語であり，どちらも真理をさとるの意味に通ずる．同様に仏教における「観念」は，観察思念のことであり，仏や法などを如実に観て憶念し，その真のあり方を探究することを意味する．つまり，物事や状況の現実を知るという基本的な意味は現代用法に至るまで一貫しているが，元来仏教的には，そのようにありのままの本質（実相）を知るということがすなわち悟りにほかならず，「観念する」というのは非常に尊い行為である．そのような原意から，イデアの訳語としても観念が用いられたものと考えられる．

●用例

　源信の『往生要集』に「かくの如く観念すれば何の利益かある」と問い，「もし常にかくの如く心を調伏すれば五欲徴薄となり，乃至臨終には正念にして乱れず，悪処に堕ちざるなり」（常にこのように心を整えれば欲望は薄れ，臨終に際しても心乱れず，地獄等の悪処に堕ちることはない）と説かれる．ここでは心を整えることを「観念」とし，それによってあらゆる福徳が得られるとされるが，そのような濁りなき観念は容易なことではない．そのため『往生要集』には，戒を守ることや邪見を起こさないこと，驕慢の心を起こさないこと，怒ったり妬まないこと，勇猛に精進すること，経典を読むことなどに常に心がけるべきであると説かれている．　　［大嶋孝道］

☞「観察」p.80

勘弁　かんべん

●意味

　ある物事についてよく考え（勘），是非を判断する（弁）こと．「勘」「弁」はどちらも会意文字であり，前者は物事を奥深くまで徹底して突き詰めること，後者は刃物を用いて物を切り分けることを原義とする．後に元の意味から転じて，ある人物の過失を許しそれ以上の追及を止めること，またはある人物が特定の状況から免れることを許可すること，さらには経済面での算段が巧みであることを意味する熟語として用いられるようになった．仏教においては，主に中国および日本の禅宗で用いられており，その場合，禅僧が修行者（他の僧侶や弟子）の素質や力量（悟りの浅深）を試験することを意味する．

●語源

　勘弁の語は，特に古来より「語録の王」と呼ばれ重用される『臨済録』（鎮州臨済慧照禅師語録）の中に登場することで知られる．本書は大きく分けて全4章からなるが，このうち，第3章に当る部分の表題として用いられる．本章には，本書の主役であり，また臨済宗の祖として有名である臨済慧照禅師が，弟子や他の禅僧たちを相手に禅問答を繰り広げ，彼らがどの程度禅の境界に達しているのかを推し量る，つまり，「勘弁」する様子が活き活きと描かれている．

●用例

　現代の日本語では，「もう勘弁ならん」や「この位で勘弁してください」などの表現から分かるとおり，勘弁はもっぱら人の過失を許すか否かに関して，あるいは特定の状況から免れることを要請する場合に用いられる．このような意味の転訛はおそらく勘弁の仏教的な意味合いの中に含まれる「師匠と弟子」という関係性にあると考えられる．禅宗においては，弟子は師匠の下で修行に励みつつ，勘弁を通じて師匠に熟達ぶりを認められることで，晴れて一人前の禅僧として「許可」を授かる．勘弁の現代的意味は，この元々の「勘弁」の延長に表れる「（師匠が）許す」「（弟子が）許される」という事態から着想を得たものとみることができよう．　［磯　親徳］

☞「挨拶」p.33，「禅」p.179

義 ぎ

●意味

義は，現代では，人の守るべき道，道理，意味，教え，血縁ではない義理の親族関係など多様な意味がある．

諸経論に示される「勝義・第一義」とは，最高の目的という意味であり，最も優れた道理・真実を表す．『中論』に説かれるように，大乗仏教では「勝義」と「世俗」の二つの真実（二諦）があると説く．

また，完全円満な教説を「了義」，不完全な教説を「未（不）了義」と言い，了義と未了義の判別が，諸経論に説かれている．そのほかに，各学派における伝統的な純粋見解を「正義」，純粋ではない見解を「不正義・異義・邪義」などと言う．

「勝義・教義・宗義」という点より，各宗派における具体的な中心解釈を意味するような広い意味をもつようになる．

●語源

サンスクリット語アルタ artha の訳語．原語であるアルタには「目的・対象・原因・意味・利益・利得・財産・事物・場合」など多くの意味が含まれる．「義・要義・義趣・義理・道理」などと訳される．

●用例

『中阿含経』に「求義及饒益」と説かれ，『大宝積経』に「諸離一切言音文字，理不可説是名為義」と説かれるように，言説によって明らかにされた道理，またはそれらによっては明らかにされない真理を意味する語として示される．

『中論』には「諸仏依二諦為衆生説法」と説かれ，「勝義（第一義）諦」と「世俗諦」の二諦（真実）があるとされる．「勝義諦」とは最高の真実であり，「世俗諦」とは一般に認められた理解や慣習を意味する．

[長尾隆寛]

☞「諦め」p.36，「真実」p.166，「法」p.227

祇園　ぎおん

●意味

　京都市東山区八坂神社付近にある門前町で，京都を代表する歓楽街の通称である．八坂神社は明治初頭の神仏分離令以前には祇園社と称し広大な境内地を保有していたことから，この界隈を祇園と呼称するに至った．古くは藤原基経（836–891年）が邸宅を構えた地に牛頭天王を祀る祠を建てて祇園社と名づけたことに由来するという．なお，祭神の牛頭天王は後述する祇園精舎の守護神である．

●語源

　祇園は「祇陀園」の略称で，正式には「祇樹給孤独園」．前者はジェータヴァナ Jetavana，後者はジェータヴァネー・アナータピンダダスヤ・アーラーメーに相当するサンスクリット語を漢訳した語である．

　その昔，古代インドの富豪スダッタ（須達長者）は慈善の心を起こしてジェータ（祇陀・祇多）太子の園林を大金で買い取り，そこで孤独な人々（孤児）に食物を分け与えていた．後にブッダと出会いその教えに深く感銘したスダッタは在家信者となり，園林を教団に寄進して僧院建設に尽力したという．この僧院が「祇園精舎」であり，もう一つの「竹林精舎」とともに二大精舎として仏教教団の活動とその飛躍的な発展を遂げるための重要な礎となったのである．

●用例

　著名なものとしてはやはり『平家物語』冒頭の「祇園精舎の鐘の声，諸行無常の響あり」の一節が知られるが，そのほかに「大安寺は兜率天の一院を天竺の祇園精舎に移し造り，天竺の祇園精舎を唐の西明寺に移し造り，唐の西明寺の一院をこの国のみかどは大安寺にうつさしめ給へるなり」（『大鏡』巻五）などが見える．また，地名としての「祇園」の用例は古くは『今昔物語集』にも見え，近世の地誌類などで多く散見する．近代では，与謝野晶子の「清水へ祇園をよぎる桜月夜こよひ逢ふひとみなうつくしき」（『みだれ髪』）や，吉井勇の「かにかくに祇園は恋ひし寝るときも枕のしたを水のながるる」（『酒ほがひ』）などの短歌が忘れがたい．　　　［田中 仁］

機嫌　きげん

●意味

現代においては，良かったり悪かったりする気分や気持ちのことを言う．あるいは，「ご機嫌はいかが」と安否や様子を聞くときに使われたりもする．仏教に由来する語である．仏教では悪い行為自体に対する戒めを性戒と言う．これに対して，善でも悪でもないが，罪悪を起こしやすいものに対する戒めを遮戒と言い，その別称が譏嫌戒である．譏はそしられる，嫌は嫌われるの意がある．世間から不評をかわないように定められた戒のことを，譏嫌戒，あるいは，息世譏嫌戒（世間からそしられ嫌われることをやめさせる戒）と言う．具体的な内容は，酒を飲まない，五辛（ニンニクなど）を食べないなどである．どちらも悪ではないが，過ぎると人に嫌われる．人に嫌われたりすることが罪悪の原因となることから，それを避けるために相手の意向などを伺うことが必要となる．そこで，機を見る意味で「機」が使われるようになったのである．

●語源

元々は「譏嫌」と書き，仏教の戒律に由来する語である．サンスクリット語では，ジュグプサナ（嫌悪する）やアヴァドヤ（過失，非難）等がある．両原語の漢訳語としては，譏嫌のほかに「嫌悪，不求，棄捨，罪悪」などがある．

●用例

『大般涅槃経』に「有二種戒．一者性重戒．二者息世譏嫌戒」（戒には2種類がある．悪い行為を戒める性重戒と，息世譏嫌戒である）とあり，菩薩の戒として息世譏嫌戒（世間からそしられ嫌われることをやめさせる戒）を挙げている．また，『大乗起信論』に「当護譏嫌不令衆生妄起過罪故」とあり，出家者に対して「人をそしったり嫌ったりしないようにして，人々が罪をつくることがないようにすべきである」としている．昔の僧侶は修行に専念するために，労働に従事することはなかった．そのため，経済的には一般の人々からの布施に頼ることになる．故に，世の人々から嫌われるようなことがあると，修行を続けるのが難しくなる．だから，この譏嫌戒は大切であったと言える．

[阿部真也]

☞「根性」p.125

ぎょう　95

行　ぎょう

●意味

　一般的に僧侶が悟りに到達するために取るあらゆる行動を指して「修行」とほぼ同義で用いられる．また，学問や技芸などを極めるために行われる鍛錬一般を指すこともある．仏教における「行」にはその他の意味もある．「十二因縁」（無明・行・識・名色・六処・触・受・愛・取・有・生・老死）の一つとしての「行」は，ある事象と因果関係がある過去のすべての行いを指し，「諸行無常」の「行」はこれに該当する．「五蘊」（色・受・想・行・識）の一つとしての「行」は，身体の動作に作用する心や意識の動き（何かをしようという意志）を意味する．僧侶の平常動作に関わる規律である「四威儀」（行住坐臥）の一つとしての「行」は，僧侶の歩行動作に関わるものを意味する．

●語源

　サンスクリット語サンスカーラ saṃskāra は儀式，準備，仕上げ，磨く，浄化など多様な意味を含むが，十二因縁および五蘊の「行」に相当する意味に訳出される．また，サンスクリット語動詞チャル car には動く，行く，歩む，行動，行為といった意味があるが，その過去受動分詞であるチャリタ carita の訳語として行，遊行，修行，勤修といった意味が当てられる．これは三業の「行」や今日想起される僧侶の「修行」の意味に近い．また，四威儀の「行」はサンスクリット語ガマナ gamana が当てられ，これには行く，経験する，着手するといった訳が当てられる．

●用例

　『般若心経』には「観自在菩薩行深般若波羅蜜多（観自在菩薩が深遠なる智慧の完成を実践した）」と「色即是空空即是色受想行識亦復如是（物質的存在は空であり，空が物質的存在である．受想行識も同様である）」の 2 カ所に「行」が見られる．前者は「実践する」の意味であり，後者は五蘊の一つとしての行である．　　　　　　　　　　　　　　　［髙橋秀慧］

☞「威儀」p.46，「因縁」p.58，「行儀」p.96，「四苦八苦」p.130

行儀　ぎょうぎ

●意味

　仏教の修行や実践に関する規則，法会や修法などの儀式に関して定められた作法・仕方のことをいう．仏教では歩く，止まる，座る，寝るなどの日常的な行為を行住坐臥と呼び，これらの動作はすべて戒律に則って行われる．そのため，歩き方や立ち方，坐り方，寝方などの訓練も仏教の修行につながると教えられている．また，各宗派では，教えや儀式の作法を学ぶための書物があり，各々の行儀をくわしく説いている．例えば，浄土宗では，善導の著作5部9巻のうち，理論的側面に重点を置いた『観経疏』1部4巻を解義分または教相分と言うのに対し，往生浄土のための実践・行儀作法を明かした残りの4部5巻を行儀分と言う．また，念仏には，尋常，別時，臨終の三種行儀があるとされている．他方，慧思『法華経安楽行儀』のように，『法華経』による修行法を説いたものもある．

●語源

　「行」の字にはつくることの意味があり，転じて，移り変わることを意味するようになった．また，動作や行為，悟りに至るための修行という意味も含んでいる．さらに，進み行くこと，歩み行くことも意味する．行住坐臥の「行」の字はまさにこれを指している．一方，「儀」の字には，法則，則るの意味がある．また，教化の仕方・方法，加えて，かたち・姿などの意味もある．

●用例

　行儀は，律儀・威儀とも言う．行儀という言葉は，もともと修行や行事・儀式の規則を指していた．しかし，それが転じて立ち居振舞いに使われるようになり，行為そのものを言うようになった．そのため，日常語としては，礼儀一般に関する動作を示す言葉として用いられる．例えば，行儀作法，行儀見習い，他人行儀，お行儀が悪いなどの用法が挙げられる．また，小紋染めの霰の柄が規則正しく並んでいる「行儀霰」と呼ばれる和服の模様がある．これは，ある決まった法則に従って構成される模様であることから，行儀という語の本来の意味を示していると言える．　　　　　　　[髙田 彩]

☞「威儀」p.46，「行」p.95

教授　きょうじゅ

●意味

教授師（教授阿闍梨）のこと．戒を授かる受者に対し，受戒の作法を教える者のことを指す．また現在では，大学の先生のことを指して言う「教授（professor）」としての使用例が一般的である．

●語源

仏教における「教授」は，教授師または教授阿闍梨のことを指した語である．受ける戒の種類によっても差異はあるが，有名な阿闍梨として「出家・受戒・教授・受経・依止」の5つ，そして「和尚・羯磨・教授」の3つがあり，教授阿闍梨はその中の一つである．いずれにしても教授阿闍梨は，主に戒を受ける者に対し，作法などを指導する役割をもつ者のことである．

主に「教授」の語が使用される経典は，受戒作法（戒律）が描かれるものであり，受戒時には必要な立場の僧侶である．

●用例

さまざまな経典中に「教授（教授阿闍梨）」の語は頻出するが，多くの方に馴染みのある文学の中にもこの意味での記述が少例ながら見出せる．たとえば『今昔物語集』巻一第一七話「仏迎羅睺羅令出家給語」には，「阿難ヲ使トシテ，羅睺羅ノ五十人ノ子共ノ頭ヲ剃ル．舎利弗和上タリ，目連教授トシテ各々戒ヲ授ケツ」という記述があり，釈尊の息子である羅睺羅やそのほかの子供たちを出家させる際に，釈尊の弟子である阿難尊者が師僧となり，目連尊者が教授として戒を授けたと言う．　　　　　　［元山憲寿］

☞「学生」p.80，「講義」p.111

共生　きょうせい／ともいき

●意味

　一般社会では，ともに生きる，ともに生かし合う，共存するなどの意味合いをもち，現代社会の諸問題解決のために有効な概念として，さまざまな場面に多義的に用いられる．仏教では，「ともいき」「ぐしょう」と読むことが多く，縁起思想に基づく自他の関係を表し，人々が構成する社会のありようと生き方を表す概念として用いられる．

●語源

　もとは仏教の「共生」と，生物学の「symbiosis 共生（共棲）」に由来する．仏教の立場から「共生」の語を初めて用いたのは，衆議院議員，大正大学学長，東海中学校校長などを歴任した浄土宗僧侶の椎尾辨匡（1876-1971 年）である．椎尾は，中国唐の僧侶・善導の『往生礼讃』の「願共諸衆生　往生安楽国」（願わくは多くの方々と共々に阿弥陀仏の世界である極楽浄土に往生できますように）の「共」と「生」に着目して，仏教の縁起の思想を「共生」と表した．椎尾の考えでは，万物はお互いに生かし合って一個人として独立してはおらず，すべては社会関係の上に成り立っているとする．そして，真の社会人として生きることを求め，国家や民族，貧富や男女の差，力の強弱や知恵の有無を超えて，現世での「共生浄土」の成就を念じた．椎尾は「共生」を単に思想としてだけでなく，実生活や実社会を通じて社会に積極的に働きかけ，大正 11（1922）年からの「共生運動」を契機に「共生会」を発足させ社会運動を展開した．

●用例

　一般社会では，東海中学・高等学校在籍時に学園長であった椎尾の指導を受けた建築家の黒川紀章（1934-2007 年）が，著作やマスメディアでたびたび用いたことで 1980 年代頃に広がった．近年では多くの市民がよく耳にする用語となっている．仏教界では，平成 13（2001）年に浄土宗が「愚者の自覚を　家庭にみ仏の光を　社会に慈しみを　世界に共生を」との「21 世紀劈頭宣言」を発表した．その中では，縁起の思想をふまえた「共生」の教えこそが，21 世紀の指針で教化の精神的支柱であるとされる．　　　［小林惇道］

☞「往生」p.67，「極楽」p.116

コラム 99

コラム：日本語になった梵語① ―飲食物編―

銀シャリ

　白米を指す語．米を意味するサンスクリット語シャーリ śāli が転じてシャリとなり，白銀に艶光りする見た目から銀シャリと呼ばれる．特に戦後の食糧難の時代から使用されるようになり，現在でも米屋や寿司屋などでよく使用される．なお，シャリという音の語はほかにもあるが，遺骨や身体を意味するシャリはシャリーラ śarīra，鷺を意味するシャリはシャーリ śāri から来ている（→ p.145「舎利」参照）．これらは綴りの異なる別の語なので注意が必要である．

最中

　焼いたもち米の皮で餡を包んだ和菓子．丸い形状の甘い菓子を意味するサンスクリット語モーダカ modaka が転じてモナカになったという説がある．喜びを意味する動詞 mud から派生したとの考えから歓喜丸などと漢訳し，歓喜天（ガネーシャ）の好物とされる．なお，最中の起源としては『拾遺和歌集』の「今宵ぞ秋の最中なりける」の一節が有名であり，実際にモーダカが関わっているのか，偶然的な類似であるのかは不明である．

茉莉花茶

　別名ジャスミンティー．モクセイ科植物のジャスミンの樹ならびに花を意味するサンスクリット語マッリカー mallikā の音写語が茉莉花であり，茶葉に茉莉花の香りを移した花茶が茉莉花茶である．元々は劣化した茶葉を無駄にしないための工夫として誕生したとされるが，現在では集中力アップやリラックス効果のある茶として人気がある．

ダージリンティー

　世界三大銘茶の一つ．インド北東部のダージリン地方で栽培され，マスカットのような芳香がある．ダージリンの由来はチベット語ドルジェリン rdo rje gling（金剛なる地の意）であり，ドルジェは金剛杵などを意味するサンスクリット語ヴァジュラの訳である（→ p.123「金剛」参照）．ちなみにダージリン地方があるヒマラヤ山脈はサンスクリット語ヒマーラヤ himālaya（雪の住処の意），最高峰のチョモランマはチベット語チョモルンマ jo mo klungs/glang ma（大地の女神の意）が由来．　　　[横山裕明]

☞「香水」p.114，「舎利」p.145

空 くう

●意味

　空とは，空疎，空虚といった熟語からも知られるように，一般に，からっぽ，むなしい，無意味，中身・内実がないことを意味する．

●語源

　空は「無い」「欠けている」を意味するサンスクリット語シューンヤ śūnya，あるいはその抽象名詞シューンヤター śūnyatā（空性，空であること）の訳語である（パーリ語では，それぞれスンニャ suñña，スンニャター suññatā にあたる）．ちなみに，インドで発見されたと言われている数字「ゼロ（0）」の原語はこのサンスクリット語シューンヤである．シューンヤという語は基本的には「A には B が存在しない」「A には B が欠けている」「A は B をもっていない」という意味合いで用いられているが，仏典ではより哲学的に，実体がないこと，本質がないこと，固有性がないこと，といった意味で用いられる．より専門的な表現で言えば，空とは自性（あるものをあるものたらしめる性質）を欠いていることであり，無自性の同義語である．

　空という語は初期の仏典においてもみられ，例えば，『スッタニパータ』では，自我への固執を捨てることとともに，この世間を空であると観察することがすすめられている．後に大乗仏教に至ると，事物の真実のありかた，ありのままのすがた（実相）を指し示すと考えられ，空は深淵な意味を担うことになる．

　最初期の大乗経典である『般若経』では，あらゆるものが空であること（一切皆空）が繰り返し説かれ，ものごとを固定的，実体的に捉えること（例えば，仏を仏としてみること，涅槃を涅槃としてみること，煩悩を煩悩としてみることなどなど）を退け，なにものにも心を留めず，なにものにもとらわれず執着しないそのようなあり方こそが，菩薩が歩むべき般若波羅蜜の修行であり，やがて仏となるための道であると説かれた．般若経に説かれた空の思想はやがて，紀元後 2 世紀中頃に活躍したとされる大乗仏教の思想家，龍樹（ナーガールジュナ）によって精緻に分析される．彼

☞「因縁」p.58，「縁起」p.64，「色」p.129，「数の単位」p.165，「分別」p.226，「無性」p.244

は，あらゆるものは，原因・条件に縁って成立していること（縁起）から空であると主張し，初期仏教以来の教えである「縁起」を通じて，空の思想を基礎づけた．

● **用例**

「空」は仏典中に数限りなく説かれているが，日本で最もよく知られているのは「色即是空」という文句であろう．この句が説かれたのは，こちらもまた日本人にとって最も馴染みのある経典，『般若心経』であり，「我々の眼前に色と形とをもってはっきりと存在しているさまざまな物が，実際にはそのような物としての性質を欠いているのだ」というのがこの言葉の意味である．経典はその後も説明を続け，そのような物に限らず，我々を取り巻く，音・匂い・味・触れるもの・心に浮かぶ思い，その他一切が空であって，それらは，生じたことも滅したこともなく，汚れていることも清らかであることもなく，減ることも増やすこともないと示す．

このような空の教えは，ある意味では抽象的で漠然としているようにもみえるかもしれない．では，仏となることを目指し長きにわたる修行を続ける菩薩は，具体的な実践においてどのように空を体現していくのだろうか．例えば，菩薩が行うべき六つの実践徳目（六波羅蜜）の一つに，布施（人に物を与えること）がある．『大般若波羅蜜多経』は，布施行のあるべき姿を次のように説いている．「菩薩が布施を行う時は，三輪が清浄である．一つには『私が施者である』ということに執せず．二つには『彼が受者である』ということに執せず．三つには，施と施果に執せず．」すなわち，菩薩の行う布施においては「私が与えている」とか「この人に与えている」といった思いや，「与えた物や与えたことの結果」に対する執着は一切起こらないと説かれる．これを三輪清浄の布施と言う．人に物を与える場合は当然，「与える人（施者）」「受け取る人（受者）」「与えられる物（施物）」の三つの要素（三輪）が存在し，我々はこれらにとらわれているのが常である．しかし，これらがみな空であると知り，深く理解するならば，それらへの執着は起こらない．そのような布施が真の布施とされる．無量無辺の衆生を救いながらも，そこにとらわれず，心にも留めない，それこそが『般若経』の描く真の菩薩であり，そのような無執着・無所得の菩薩行を成り立たせる根拠こそが「あらゆるものは固有の実体をもたない」という空の教えである．

[小坂有弘]

愚痴 ぐち

●意味

現代では,「愚痴をこぼす」や「愚痴る」など,言っても仕方ないことを言って嘆くことを指し,他人や現状に不満があるときなどに使われることが多いが,本来は煩悩と深く関わる仏教語である.仏教では人間のもつ煩悩を「貪欲（むさぼり）」「瞋恚（いかり）」「愚痴（おろかさ）」の三毒に分け,これらが誤った行いの原因となるとした.その中でも最も根本的な煩悩が「愚痴」であり,「無明」という言葉と同様,物事の本質や道理を見極める智慧が欠けていて,的確な判断を下せず誤った行いをしてしまう愚かさのことを言う.

●語源

サンスクリット語モーハ moha の訳語.「さまよう・惑わされる」を意味する動詞ムフ muh から派生したことばで「迷い・愚かさ」を意味する.このモーハを音写した「莫訶」という語が,「馬鹿」の語源になったという説もある.現代の「愚かなことを口にする」という意味は,江戸時代になってから現れた用法である.

●用例

『華厳経』に「愚痴障蓋甚堅固　衆生輪転生死海」（愚痴という心を覆う障害は甚だ固く破壊することが難しい,そのために人々は生死を繰り返す苦しみの世界を輪廻するのである）と説かれるように,仏教において最大の目標である輪廻からの解脱を妨げる最も大きな障害が愚痴である.初期仏教では,『スッタニパータ』に「貪欲と瞋恚と愚痴とを捨て,煩悩による執着を破り,命を失うのを恐れることなく,犀の角のようにただ独り歩め」とあるように,三毒を捨て命がけで修行をすることが真の修行者の姿なのである.同じく華厳経では「菩薩等如来　覚悟諸衆生　除滅愚痴闇　得成等正覚」（菩薩たちや如来は人々を悟らせて愚痴の闇を取り除き,仏の境地を成就させる）と,仏の働きが強調される.このように,仏教では愚痴を除くことが大いなる目標であり,それに向かって修行することが大切で,仏の教えが大いなる力を与えてくれるのである.　　　　［松本亮太］

☞「貪欲」p.203,「煩悩」p.236,「日本語になった梵語④」p.263

工夫　くふう

●意味

功夫，公夫とも言う．①いろいろ思案して，良い方法を考え出すこと．また，その方法．手だて．手段．②作業に従事する人のこと．また，その手間．工巧士夫（職人）が細工をする手間のこと．③②の作業に対して一心に努めるさまから，転じて，仏道修行などに精進努力することを言う．特に，禅宗では坐禅に専念することを言う．④思考・思慮．思慮を凝らすこと．

●語源

人夫工手間の義から，思案の手間の意味に転じた言葉．本来は，禅語である．『碧巌録方語解』には，「もと職人の細工をする手間を云うなり，故にテマと訳し，またヒマと訳す」とある．

「工夫する」という動詞も，元は禅宗で心性を鍛錬する場合に用いたが，今日では，思慮をめぐらし，より良い方途を見いだす意味になっている．禅語の多くが，サンスクリット語の訳語に由来せず，中国語の由来となっている．

●用例

①③④の用例としては，『梵舜本沙石集』八・二三「仏子として，道業をばむねとせずして，造営に功夫を入るるは，道人の儀にあたらずこそ」，『風姿花伝』六「抑，よき能を上手のせん事，何とて出で来ぬやらんとくふうするに」がある．

②の用例は，禅宗で多く用いられ，『碧巌録』には「許多の工夫を費やして什麼となす」とあり，『正法眼蔵』行持・上に「これ光陰をいたづらにもらさざるによりて，わづかに三箇年の功夫なりといへども，三菩提の正眼を単伝す」とある．黙々と精励し，常に修養を心がける②の様子から，①③④の意味が派生した．

現代では，「工夫する」「工夫を凝らす」などと用いられる．

[平間尚子]

供養　くよう

●意味

　仏や僧侶，父母，師，死者の霊などに対し，供物を捧げること，またその法要のこと．敬意と慈悲の心をもって善行をなすことも含む．現在は，死者の冥福を祈って遺族が供物を捧げたり読経したりして功徳を積む追善供養を指すことが多く，死者を弔うこと全般を供養と呼ぶこともある．先祖を祀る先祖供養，流産・死産・中絶した胎児の霊を祀る水子供養のほか，食用として命を頂いた動物・魚介類，農耕牛馬や警察犬など人間の生活を助けてくれる動物，駆除や実験など人間のために犠牲となった生き物等に対する供養もある．さらに針や鏡，人形等を処分する際に感謝を込めて供養の対象としたり，写真や手紙，故人の遺品などゴミとして捨てにくい物品の供養もみられる．転じて，インターネット上では，不採用ないしお蔵入りとなった作品等を公開し，誰かに見てもらうという意味の俗語として使用されることもある．

●語源

　プージャー pūjā またはプージャナー pūjanā の訳．バラモン教では動物を生け贄とする供犠を行うのに対し，不殺生を説く仏教は香華や飲食などを供える儀礼形式を取った．初期には飲食・衣服，後に土地・寺院・仏像などが僧団に施された．僧侶が施しを受けること，また施されたものを供養とも言う．供養の対象や供物の種類はさまざまあり，『法華経』では十種供養，『十地経』では三種供養，密教では六種供養などが説かれている．供養の意味は次第に広がり，追善供養のほか，死者を弔うために塔婆を立てる塔婆供養，餓鬼に食物を施す施餓鬼供養，新しくつくられた仏像・仏画に眼を描いて魂を迎え入れる開眼供養，写経をして仏前に供える経供養，千人の僧侶を招いて食事を施す千僧供養など，法要と同義でも使われる．

●用例

　『源氏物語』御法には，「私の御願にて書かせたてまつりたまひける法華経千部，急ぎて供養じたまふ」と，経供養の描写がある．「供養になる」という形で用いられることも多く，夏目漱石『虞美人草』には，「あんまり泣くと却って供養にならない」との表現がある．　　　　　［大場あや］

☞「開眼」p.75，「舎利」p.145，「卒塔婆」p.182

結界　けっかい

●意味

作法などを通じて，一定の地域・区画を分けて，限定すること．また，その限定された区分を意味する．僧尼が普段の生活で過失を犯さず，戒律を保つために，一定の活動区域を区切ること．堂や塔，伽藍などの境域を定め，さらに修法を行う際に，魔や障碍が入らないように，特定の場所を区切ること．結界は，大きさによって，大中小と分けられる．国家や地域の結界を大結界と言い，伽藍・道場の結界を中結界，護摩壇などの壇上の結界を小結界と言う．

●語源

サンスクリット語シーマーバンダ sīmābandha の訳語．シーマー sīmā は「境界」「境界線」を意味し，バンダ bandha は「しばる」などを意味する動詞語根バンド bandh から派生した名詞である．これらの複合語として「境界線によって縛ること」「境界線によって縛られた場所」という意味となる．

●用例

僧尼が，細かく規定されたさまざまな戒律を保つために，便宜上，設けられた結界が以下の三つである．布薩などの行事のために，僧団の決議により決められた同一区域に住む僧侶が１か所に集合する，その決定された同一区域を「摂僧界」と言う．僧侶が三衣から離れて宿泊すると，基本的に罪となるが，それが許される区域を「摂衣界」と言う．僧侶が食べ物に関して，戒律を犯さないように，違反しても罪としない区域を「摂食界」という．

古来，高野山や比叡山は結界地とされる．高野山は，空海によって七里四方に結界を張る七里結界法が行われた（大結界）．一般的な言い回しとして，特定の人や物事を嫌って，近くに寄せ付けない，あるいは避けることを「しちりけっぱい」「しちりけんばい」などと言うが，これは七里結界法に因んでいるとされる．

寺院伽藍の周囲に張られている五色の幕や神社のしめ縄は，結界を意味し，その内部を聖域とする（中結界）．また，同様の目的で密教の修法である護摩の壇の周囲にも，五色の糸が張られている（小結界）．　［房 貞蘭］

☞「伽藍」p.85，「日本語になった梵語④」p.263

結集　けつじゅう／けっしゅう

●意味

　「結集」は，バラバラにある多くのものが１か所に集まることや，何かの一つの目的を実行に移すために大衆の力を集めることである．元来は，仏教史における重要イベントの「結集」に由来し，仏教語では「けつじゅう」と読む．仏滅後，仏弟子たちが集まり，お釈迦様の教えを確認しつつ，内容を整理することを目的とした経典編纂会議のことを「結集」と言う．

●語源

　「結集」は，サンスクリット語のサンギーティの訳語であり，原語の意味は「合誦（ともに唱える）」である．仏滅後，「お釈迦様の在世中は，これを許す，これは許さないと苦しめられたけど，今は自由にできる」という言葉を耳にした長老たちは，後世に伝える努力をしなければ仏教が滅びると考えた．仏滅後最初の雨安居の時期に，マハーカッサパを主宰として，マガダ国のラージャグリハ（王舎城）近郊にある七葉窟に仏弟子たちが集結し，教団の規律（律）に詳しいウパーリと，お釈迦様の側で常に説法を聞いていたアーナンダが，「お釈迦様はこのようにおっしゃった」と一つ一つ確認しながら，参加者の合議のうえで教えや教団規則の原型がまとめられた．この編纂会議のことを「第一結集」と言う．教えや規則は，記憶しやすいように要点がまとめられ，定期的に集会の参加者全員で暗唱（合誦）することで，正しく実践しているか，正しい教えを受け継いでいるかを確認し合った．『異部宗輪論』や『マハーヴァンサ』などの史書によれば，会議は，第一結集から100年後，200年後，300年後に開催されたと伝えられている．その後の長い中断を経て，第５回（1871年），第６回（1954年）に編纂会議がビルマ（現ミャンマー）で実施された．現在用いられるパーリ三蔵は第６回結集でまとめられたので「第六結集版」と呼ばれる．

●用例

　原義は集会や議会のことであるが，春闘の決起集会やデモ行進において，大勢の参加者がリーダーの訴えに続いて「〜しろ」と叫ぶシュプレヒコールする姿を連想する人もいるかもしれない．

[吉澤秀知]

外道　げどう

●意味

　原意は，「仏教から見て，仏教以外の教え，またそれを信じる人のこと」であるが，今日一般には，真理に外れた道，あるいは異端を指し，類語に邪宗・邪教・異教などがある．今日，人を罵り嘲って「外道」と言うことがあるが，時には卑怯者，邪悪な者，無慈悲な者など，人としての道を外れた者「人でなし」「人非人」という強い意味で，「畜生」と同意で使われる．ちなみに，釣りにおいては，狙っている本命ではない魚，釣れてもうれしくない魚のことを「外道」と言うが，「雑魚」に通じるか．

●語源

　サンスクリット語のパラ（外の）・プラヴァーディン（説を唱える者）parapravādin が原語．「仏教外の道を説く者」の意味．また「道」を意味するティールタ tīrtha に基づきティールタカ，ティールティカ，ティールタカラとも言うが，同じく「（外の）道に属する（道を作る）者」である．元来，仏教者が仏教以外の思想や宗教を異端視し，蔑んだ呼び方である．広い意味では，仏教者の側からみて，真理に背く説，あるいはそれを信奉する者が外道に当るが，とりわけ釈尊の時代の古代インドにおける自由思想家六人の説いた思想が「六師外道」としてよく知られる．彼らの説は長部経典の『沙門果経』などに詳しく解説される．なお，仏教が自らの教えを称する語として「内教」があり，仏教者の道を「内道」と言うこともある．また，外道の類語として「外教，外学」がある．ちなみに，「外道の術」として「外術」という言い方があるが，それは思想とは無縁で「魔法・幻術」の意味である．

●用例

　『沙門果経』所説の六師外道とは，①道徳否定論のプーラナ・カッサパ，②偶然論・宿命論のマッカリ・ゴーサーラ，③唯物論のアジタ・ケーサカンバリン，④七要素実在説のパクダ・カッチャーヤナ，⑤懐疑論・不可知論のサンジャヤ・ベーラティプッタ，⑥苦行主義のマハーヴィーラ．また経中，「沙門の果」とは「戒律を守ることによる果報である」と説かれ，「因果応報」の意味内容が明らかにされている．　　　　　　　　［西野　翠］

☞「果報」p.83，「畜生」p.193

玄関 げんかん

●意味

　住宅や公共建築などの出入口．また大きな都市への入口としての駅や港，空港などを言う場合もある．室町時代以後，禅宗寺院の書院などで式台がある場所を玄関と呼び，武家住宅の正面入口や貴族の邸宅の輿寄せなどもそのように呼ばれるようになった．玄関は武家社会の身分秩序を象徴する存在と言え，江戸時代までは庶民や下級武士に設置を禁じる藩も多く，武家や貴族のほか僧侶，庄屋や医者などの家にみられるものであった．明治に入り庶民の住宅にも玄関がつくられるようになったが，戦前までは主人や客が使用するものと，家族や使用人が使う出入口（勝手口）が使い分けられている場合が多かった．

●語源

　漢字の「玄」は奥深くはるかなさまを表し，「関」は門を閉ざす横木，かんぬきを表すだけでなく，関所の意味もあった．幽玄の道の入口という意味で『老子』でも「玄之又玄，衆妙之門」と記されている．それが転じて中国では禅学に入門する意味において玄関が用いられるようになった．日本でもそのような意味で用いられたが，それが主に禅宗寺院の方丈や書院の入口を指すようになった．鎌倉時代末期の「建長寺伽藍指図」に，方丈の入口を玄関と記したものが記録としては最古とされる．また禅宗での公案（悟りに導くため修行者に出される課題）も玄関と呼ばれる場合がある．

●用例

　『碧巌録』に「当機敲点，撃砕金鎖玄関」（相手の核心をついて指摘し，黄金の錠前の玄関を撃ち砕く）とあり，『頓悟要門』には「啓鑿玄関，開般若妙門」（玄関を啓鑿し，般若《最高の真理を認識する智恵》の妙門《涅槃に入る門》を開く）とある．また『倶舎論』の注釈書である『倶舎論頌疏』では「斯論乃四含幽鍵，六足玄関」（『倶舎論』は四含《4種の阿含経，原始仏教の経典を4部に分類した》の幽鍵《仏の教説》．六足《阿毘達磨六足論，インド仏教の学派・説一切有部の重要な6種の論書》の玄関）とあり，玄関は真理へ通じる関門，奥深い仏教への入口という意味で用いられている．［岩谷泰之］

けんどん　109

慳貪　けんどん

●意味

けちで欲深いこと．吝嗇であること．物を惜しむ意味の「慳」と，むさぼる意味の「貪」があわさった表現．後世に転じて，冷淡であったり無愛想であったりする様子や態度を指すようになった．

●語源

サンスクリット語マートサルヤ mātsarya が原語．『法華経』方便品に「劫濁乱時，衆生垢重．慳貪嫉妬，成就諸不善根故．諸仏以方便力，於一仏乗，分別説三」とあり，混乱した時代に，衆生が慳貪と嫉妬によって良くない行いをなすので，仏が方便をもって導くとされる．この『法華経』の一節は，慳貪の表現こそ引用されないが，平安時代後期の『狭衣物語』巻四に「げに劫濁乱の時は，諸仏以方便もかひなくもありけるかな」の表現で引かれるので，日本の識字層には女性にも著名な一節であったとみられる．

●用例

『日本霊異記』中巻三八話「慳貪に因りて大きなる蛇と成し縁」は，銭を隠したまま死んだ一人の僧侶が，大蛇となる逸話．同・下巻には，物惜しみのあまりに僧侶を邪険に追い返した男の怪死を「慳貪は餓鬼を受くる苦因なり」と戒める．『往生要集』巻上でも「正法念経に云く，慳貪と嫉妬の者，餓鬼道に堕つ」とあり餓鬼道と関連づけて語られる．『うつほ物語』に「むかし，慳貪邪慳なる国王ありて」（俊蔭巻）とある例では，慳貪で国が滅び，衆生が食べ物に苦しんでおり，慳貪が罪として捉えられている．

　一方，『邦訳日葡辞書』が「ケンドンニ」を「冷酷で不人情に」と説明するように，中世以降，物惜しみする様子から転じたとみられる，人の冷淡な態度を表す表現として慳貪が用いられるようになる．

　近代には，「慳貪に云う」（二葉亭四迷「浮雲」）という乱暴な様子の例や，「厄介物を背負い込んでからすぐ慳貪に調子を改めた父」（夏目漱石「道草」）のような，人の冷淡さを示す例もある．意味や語調を強める接頭語「つき」の促音便「つっ」が付いた，近代語の「つっ慳貪」も，冷淡な態度の意味合いから派生した表現と考えられる．　　　　　　　　　[古田正幸]

☞「餓鬼」p.78

劫 こう／ごう

●意味

インド思想において，宇宙の生成から消滅に至る過程を表す，長大な時間単位．インド仏教の宇宙論では，宇宙は，成劫（生成の過程）・住劫（持続の過程）・壊劫（破壊の過程）・空劫（空虚の過程）の四大劫のサイクルで，生じては滅しを繰り返している．

●語源

サンスクリット語カルパ kalpa の音写語で，「劫波」とも音写される．1劫の長さは経典や論書に喩えをもって説かれる．縦横高さが 1 由旬（ヨージャナ，約 14.4km）の鉄の城に満たした芥子粒を 100 年に 1 粒ずつ取り出し，全部取りつくしても劫は終わらない（芥子劫），あるいは，1 立方由旬の大岩石を 100 年に一度ずつ衣で払い，岩石がすり減って消滅しても劫は終わらない（磐石劫），とされるほどの極めて長い時間である．

●用例

大乗仏教では，菩薩が悟りに到達するまでの時間を「三阿僧祇劫」とする．阿僧祇とは最大の数の位であり，悟りにはそれだけの（年ではなく）劫の時間が必要とされるのだが，輪廻は永久に続くので，それに比べれば時間が限定されているだけ短いことになる．

「未来永劫」は，はるかかなたの未来までの時間を言うので，劫はほぼ永久に近い時間としても意識されている．

「億劫」は百千万億劫の略で，大きな数の位である億と劫の組合せにより，永劫や三阿僧祇劫よりは短いものの，やはり長い時間を表す．それだけの時間がかかってしまうほどの大変な用事，ということで，面倒くさい，手間が掛かるのでやりたくない，という意味になる．

世界が破壊される壊劫の終末時に起こり，世界すべてを焼き尽くす猛火を「劫火」と言う．しばしば「業火」と表記されるのは，悪業の結果で堕ちる地獄の猛火のイメージに基づいているのであろうが，本来は劫末の猛火のことで，地獄をも焼き尽くすから，この方が大火である．［野口圭也］

☞「阿僧祇」p.37，「数の単位」p.165

こうぎ　111

講義　こうぎ

●意味

現代では，学問分野の内容や学説の意味を解説し，解き明かすことを言う．教授者の解説・説明によって行われるもので，特に大学などの高等教育機関において行われる授業の一形態を指して言うことが多い．受講者が座って聞くことが多いため，座学とも呼ばれる．

講義は古来からの学問の形式で，仏教を学ぶ講所や学問寺において講義が行われ，談義所においては能化（教授者）による講義を所化（受講者）が聴講した．講義では，経論の本文についての解説・注釈がなされ，講義においては，一方的な伝授ばかりではなく，所化との質疑応答も行われていた．こうした講義形式の学問方法は，仏教の経典のみならず，儒学など，他の学問分野においても広く用いられた．

●語源

講は，「述べること・講説すること」，義は，「意味・教説・教義・教え」などの意味で，つまり言葉によって意味や教義を説明解説することである．講釈・講説とも言い，これが次第に授業の意味として使用されていく．

仏教の講は，仏教の信者が集まって仏の徳を讃歎する法会を指し，講会とも言う．経典の講義や論義を行い，『法華経』を講ずる法華八講をはじめ講じる経典によって種々ある．さらに神社，仏閣への参詣や奉加，寄進などをする目的でつくられた信者集団の意味となる．例えば，伊勢講・稲荷講・大師講などで，講中・講社とも言う．さらに転じ，特定の娯楽をしたり親睦のために同好者が集まる同好会的集団のことも指すようになる．

●用例

『長阿含経』には，「汝聞跋祇国人数相集会講議正事不」として，人々が集まって正しいかどうかを議論したとあり，解説して討議することの意として用いられている．講義は単独で用いる他に，『大唐西域記』において「是世親菩薩．諸国王（中略）．講義・説法堂也」と説法と並列し，『出三蔵記集』において「汝於大乗有重縁矣．於是読誦・講義，莫能酬抗．進受菩薩戒法」と，読誦と並列して使われる例もみられる．　　　　　　［渡辺麻里子］

☞「教授」p.97，「説教」p.174

高座　こうざ

●意味

　神や仏のような尊い存在や，それに関する人々のためにしつらえられた，周囲より高くした座席．また，江戸時代以降は，落語家や講談師などの寄席の芸能者が座る，周囲より一段高い台も指すようになり，さらに，寄席の舞台それ自体の呼称ともなった．

●語源

　仏が座る獅子の座に由来する．人間の住む現実の世界では，釈迦が成道した菩提樹の下に阿育王によって奉納された，金剛宝座が始まりとされる．次第に，僧侶をはじめ，講師や説経師と呼ばれた，仏の教えを説く説教のプロフェッショナルなどが座る席に用いられるようになった．その後，芸能とも結びつき，落語家や講談師などの民衆向けの芸能者が座る席，さらには，座る舞台そのものを指すに至る．

●用例

　経典に描かれた，仏たちの住む世界における用例として，聖徳太子が著した『維摩経義疏』不思議品に「第一に，文殊に，何れの処にか妙高座有るやと問ふに」が挙げられる．現実の世界における早い例としては，聖徳太子が高座で『勝鬘経』を講じたときの話が記された，『今昔物語集』巻一一第一話が挙げられる．「太子，天皇ノ御前ニシテ，袈裟ヲ着，首尾ヲ取テ，高座ニ登テ勝鬘経ヲ講ジ給フ」．また，清少納言の『枕草子』には理想的な講師についてのエピソードの中に次のような用例がみられる．「はじめゐたる人々も，すこしうち身じろぎくつろい，高座のもと近き柱もとにすゑつれば」「朝座の講師清範，高座の上も光り満ちたる心地して」．寄席の舞台としての用例には，仮名垣魯文『安愚楽鍋』3編上の「寄席の出がけなんぞにやァ，牛で杯一しめたうへで，かけ持なんぞをつとめると，高座でどんなにかしやべりいいかしれやせん」などがある．　　　[安原眞琴]

☞「講師」p.174

講師　こうし／こうじ

●意味

　聴衆に講義する師のこと．広くは「こうし」と訓読して講演者一般を指す．日本仏教では「こうじ」と訓読し，特に仏典を講義説明する役職の僧侶を言う．古代において講師は官職であり，各国の国分寺ごとに駐在する講師と，勅により開催される法会，すなわち勅会で経典解説を担当する講師に大別される．前者は，延暦14（795）年，官職名を国師から講師にあらため，諸国の国分寺に駐在して仏典の講説と監督の任に当たる僧侶で，国講師とも称された．各宗が勢力伸長を望みその任命を競ったため，後に，任命の条件・年齢や任期などが制度化された．後者は，天皇の勅により開催される法会，すなわち奈良の宮中御斎会・興福寺維摩会・薬師寺最勝会（以上，南京三会）や，京の円宗寺法華会・同最勝会・法勝寺大乗会（以上，北京三会）において，読師と相対して本尊前の高座に登り，所定の経典について講説する僧侶で，三会講師とも称された．これらを歴任した僧侶は已講と称され，仏教行政を統括する僧綱への昇任条件ともされた．故に一宗を代表する学匠や，貴顕出身の僧侶などが任じられた．中世に勅会が衰退して以降，講師は官職ではなくなったが，各宗・各大寺の中で，修学課程に応じた役職（学階）の一つとして存続している．

●語源

　大乗仏教においては，各経典の読誦・書写・傾聴などとともに，内容の解説が奨励された．経典そのものへの信仰を広く強く布教するためである．これら経典のインド原典には講師に直接該当する語彙が無いため，唐代までの漢訳では，「法師による講説」などと表現され，役職の固有名詞としての「講師」はほとんどみられない（宋代以降は頻出）．例外的に，隋代の智顗『法華文句』にみられ，この用例が日本に影響を及ぼしたと考えられる．

●用例

　日本での早い用例は，天平9（737）年10月，翌年正月に平城京の大極殿において『金光明最勝王経』を講説させるため，大安寺の入唐僧である道慈を請じて講師に任じたという，『続日本紀』（797年成立）の記事である．［山口史恭］

香水　こうずい／こうすい

●意味

　一般的には，香水（perfume）として，香料をアルコール類に溶かし，衣服や体に付ける芳香性化粧品（フレグランス）として理解されている．人工的な香りによって体臭を隠すことができる．香料としてバラ，ラベンダー，オレンジ，麝香，竜涎香，海狸香・霊猫香等がある．

●語源

　よい香りがする浄水を意味し，「こうずい」は仏前に供える水（閼伽）や，寺院の道場内の仏具などをきよめたり，体をきよめるために使用される水を意味する．密教で香水は，智徳を表し，密教修法の目的によって鬱金，龍脳，栴檀等を混ぜ合わせて香水をつくる．密教修法において水は，灯明や薫香とともにとても重要な欠かせない供えものである．

　4月8日の釈尊の誕生・降誕を祝う灌仏会（仏生会・花祭）では誕生仏に香水がそそぎかけられる．この行事は，誕生して間もない釈尊のからだに，九体の竜が天上のきよらかな水を口からそそぎ，産湯としたことに由来する．

　なお，英語で香水を意味する perfume の語源は，ラテン語 per（通して）と fumum（煙）からなる「煙を通して」である．

●用例

　密教において，「加持香水」という言葉がある．これは，密教修法において，加持した水（香水）を自身や，道場の供え物，道場全体，尊像等にそそぐことによって煩悩等を浄化するものである．

　この香水加持（加持香水）が行われ，その香水が仏様に供えられる儀式としてつとに有名なものが，東大寺二月堂で毎年3月1日より14日まで行われる修二会（お水取り）である．3月12日の深夜に行われる水取りの儀式で閼伽井屋の若狭井と呼称される井戸から十一面観世音菩薩に供える香水が汲まれる．この香水は，実忠和尚が修二会を始めるにあたり全国の神々を勧請したときに遅参した若狭国の遠敷明神がそのお詫びに湧かせた水である．

[新井弘賢]

☞「日本語になった梵語①」p.99

光明　こうみょう

●意味

　夜明けの太陽の光など明るい光のことで，照らされることで悪い状況から良い状況へ転じる兆しを例えて用いられる．「悪い状況に一筋の光明が差し込む」など．本来は仏や菩薩から発せられる光で，闇を照らす光，慈悲や智恵といった救いの力や教えそのものを表すもの．さまざまな仏や菩薩の光明によって多くの功徳が与えられる．密教においては，大日如来の住処を「光明心殿」と説き，また毘盧遮那仏を奉讃する「光明真言」を称えることで仏の光明を得，諸の罪報が滅することなどを願う．浄土教においては，阿弥陀仏の西方極楽浄土が「光明土」と漢訳され，また阿弥陀仏の救いを「光明」と説き，十方世界を遍く常に照らしていると説かれている．しかし，大いなる力を表した広義なものである故に，多くの人師により多様な理解が提唱されている．

●語源

　サンスクリット語プラバー prabhā，アーローカ āloka，チベット語ウー 'od の訳語．サンスクリット語ではプラバーカラ prabhākara（光明を放つ者），プラバンカラ prabhaṃkara（光明を放つ源，方向）などの用例がある．「光」および阿弥陀仏の呼称の一部アプラティハタプラバ apratihataprabha などにも用いられている．

●用例

　『大灌頂光真言経』には，「以一切不空如来，不空毘盧遮那如来真実本願，大灌頂光真言神通威力，加持沙土之力，応時即得光明及身，除諸罪報」（毘盧遮那仏の大いなる本願，神通力によって娑婆を治める功徳は，時に応じて光明を身に得，諸々の罪を除く），と言い，また「煩悩を闇とし真言を明とす」とあり，毘盧遮那仏の光明によって罪が滅すると説かれている．

　『観無量寿経』には「光明遍照，十方世界，念仏衆生，摂取不捨」（阿弥陀仏の救いの光は，十方というあらゆる世界に遍く行き届き，念仏するあらゆる者を救い取って捨てることはない）とあり，救いの力を光と表現し，あらゆる世界を遍く照らすという仏の力として説かれている．　[郡嶋昭示]

☞「往生」p.67

極楽　ごくらく

●意味

阿弥陀仏の仏国土の名．極楽世界，極楽国土，西方浄土などとも言う．

浄土教では，阿弥陀仏の極楽は来世に往生する仏国土であるが，『無量寿経』等では凡夫の往生が可能であり，世親『往生論』では菩薩のみの往生が説かれる．善導は凡夫往生を認める立場を取っている．極楽の様子は種々に説かれるが，世親『往生論』には観察の対象としての極楽の荘厳を，①仏国土の17種の功徳荘厳，②阿弥陀仏の8種の功徳荘厳，③仏国土の諸菩薩の4種の功徳荘厳の3種29句にまとめている．

また，極楽とは仏国土の代表的なものであるが唯一のものではなく，経典中には，さまざまな仏のさまざまな仏国土があり，その種類も機能もさまざまである．主だった仏国土は，①阿閦仏の東方妙喜国，②弥勒仏の上方兜率国，③阿弥陀仏の西方極楽国，④釈迦仏の現世十方の霊山浄土，⑤観音の南方補陀落国，⑥維摩の東方妙喜国などが挙げられる．

日本においての阿弥陀仏信仰の始まりは，舒明天皇12（640）年に，前年唐から帰朝した恵隠によって行われた『無量寿経』の講経とされ，7世紀後半に入ると，唐における浄土信仰の昂揚を反映して，阿弥陀仏を巡るさまざまの造像が始まり，以降阿弥陀浄土への追求も加速する．時同じくして聖徳太子の薨去を悼んで妃の橘大郎女がつくらせたという天寿国繡帳が現存する．この「天寿国」とは，阿弥陀仏の極楽浄土を指すものと考証されている．また法隆寺金堂壁画6号壁の阿弥陀浄土図は，四仏浄土（ほか釈迦浄土・薬師浄土・弥勒浄土）の一つとして描かれたものとされる．奈良時代後半には光明皇后を追悼して，天平宝字4（760）年の七七日忌斎に諸国に阿弥陀浄土画像が描かれるなど阿弥陀浄土変や阿弥陀仏の作画造像が急増した．当時の信仰遺産として最も注目すべきは，綴織當麻曼陀羅である．これは「観無量寿経浄土変相図」のことで，天平宝字7（763）年，中将姫が感得し蓮糸を染めて織り上げたと伝えられ，西方極楽浄土の壮麗さを表したものである．この浄土変相図は，中央の極楽浄土の景観に加えて，その左右と下辺に説話部分をもち，『観無量寿経』の経文にそっ

☞「安楽」p.45，「往生」p.67，「共生」p.98，「後生」p.119，「成仏」p.156，「上品・下品」p.158

て忠実に構成された，唐代流行の観経変相図であるが，これがわが国の浄土教美術の形成のうえに果たした役割は非常に大きいと思われる．平安時代に入って，比叡山東塔の常行三昧堂の内壁に九品浄土図が描かれ，西塔常行三昧堂にも四面柱に極楽浄土が描かれたり，藤原忠平が興福寺に九品往生図を贈り，藤原頼通が平等院阿弥陀堂の壁面に図相を描かせるなど奈良時代以来の極楽へのあこがれが強く存在していたことを物語るものと言える．特に平安期，恵心僧都源信『往生要集』に説示される目を背けたくなるほどの凄まじいまでの地獄の様相に対抗して，極楽浄土へのあこがれは一層強まり，迎講や阿弥陀来迎図など浄土信仰や浄土教美術の発展に大きな影響を及ぼした．

● **語源**

原語はサンスクリット語スカーヴァティー sukhāvatī で，極楽の訳語は鳩摩羅什訳『阿弥陀経』が最初であり，『観無量寿経』でも用いられている．『無量寿経』では「安楽」「安養」と訳されている．また，より成立の古い『大阿弥陀経』では「須摩提」，『平等覚経』では「須摩提」「須阿提」と訳されているが，これはスカーヴァティーの俗語形「スハマディ」の音写とみられる．

● **用例**

阿弥陀仏の仏国土の名称について『阿弥陀経』は「これより西方，十万億の仏土を過ぎて，世界あり．名づけて極楽という」とし，『無量寿経』上では阿弥陀仏の前身である法蔵菩薩が四十八の誓願を建てたことを説き「法蔵菩薩，今すでに成仏して，現に西方にまします．ここを去ること十万億刹なり．その仏の世界を名づけて安楽という」とし，いずれも極楽とは阿弥陀という仏の住する世界，もしくは仏国土の名称であって，中国，日本では極楽浄土とも言う．また極楽の存在する位置については，釈尊が説法をしている娑婆世界の西方にあり，その距離は十万億の諸仏の仏国土の彼方とされる．　　　　　　　　　　　　　　　　　　　　　［和田典善］

虚仮　こけ

●意味

漢語としての「虚仮」は実の伴わないことや，いつわりを意味する．仏典では真実の対義語を表し，文脈によって，もろもろの事象が空虚で実体性を欠くことや，心と行為が真実でないこと，うそ，いつわりを意味する．『維摩経』，『観経疏』などにみられる．

人情本・清談若緑には，「余り人を白痴にした，仕打ちぢゃああるめえか」という用例もみられる．

●語源

「虚仮」の用例自体は紀元前の『墨子』修身にみられるため，必ずしも仏教由来の語というわけではない．

日本では，聖徳太子の『上宮聖徳法王帝説』にみられる，「世間虚仮，唯仏是真」（この世にある物事はすべて仮の物であり，仏の教えのみが真実であるということ）という成句が有名である．また，「虚仮」が漢音の「きょか」ではなく，呉音の「こけ」と読まれることから，日本における仏教語としての受容がうかがえる．

●用例

①内心と外相とが違うこと．「虚仮の行」：いつわりの修行．外見上では善を装い，内心に虚偽を抱く行為．

②思慮の浅薄なこと．愚かなこと．また，そういう人．「虚仮の後思案」：愚かな者は，必要なときに知恵が出ず，事が過ぎてから考えが浮かぶものであるということ．似たことわざに「下種の後知恵」がある．「虚仮の一心」：愚かな者がただその事だけに心を傾けてやりとげようとすること．「虚仮も一心」：愚かな者でも物事を一心にすれば，りっぱなことができるということ．ちなみに，「こけの一念，岩をも通す」を「苔」と読むのは誤用である．

③名詞などの上に付けて，むやみにすることの意味を添え，また，けなして言うのに用いる．「虚仮にする」：踏みつけにする．ばかにしてあなどる．「虚仮威し」：愚か者を感心させる程度のあさはかな手段．また，見せかけはりっぱだが，中身のないこと．また，そのさま．　　　　［田中純也］

☞「冗談」p.153

ごしょう　119

後生　ごしょう

●意味

　今生に対する言葉で，死後に再び生まれ変わると信じられている世界のこと．後世，来世，未来世，後の世，次の世などと同義．日本の中世以後は，死後の行き先として阿弥陀仏の極楽浄土が望まれるようになり，「後生」と言えば極楽往生を願うことを含意するようになった．転じて，人におりいって頼み込むときに哀願する言葉として，「後生だから」（どうかあなたの来世のために功徳を積むと思って）などの慣用表現が生まれた．

●語源

　仏教では輪廻転生説を前提として，今の命が尽きた後に生まれ行くところが，生前に積み重ねた善悪の行いに応じてさまざまに説かれており，善い行いを積めば人間界や天界あるいは仏国土といった安楽の世界に，悪い行いを積めば地獄・餓鬼・畜生という苦難の世界に生まれることになる．そのため，仏典では「後生善処」や「後生天上」と言われるように，来世は善き境地に生まれ着くことを望む表現がみられる．日本仏教では浄土教の隆盛に伴って，死後の行き先として阿弥陀仏の極楽浄土への往生が想定されるようになり，「後生頼み」「後生願い」「後生一大事」といった言葉の「後生」はおおむね極楽往生を願うことを意味している．

●用例

　鳩摩羅什訳『法華経』薬草喩品では「現世安穏，後生善処」（今の生では心やすらかな境地が得られ，次の生では善いところに生まれる）と説かれるように，仏法の功徳によって現世と来世の二世にわたって利益（現当二益）が得られることを強調している．また，『法然上人行状絵図』には「後生をば，弥陀の本願をたのみ申さば往生うたがいなし」（死後の行き先について，阿弥陀仏の本願を信じて念仏を称えれば，極楽往生が叶うことは疑いがない）とあり，後生の善きところとして阿弥陀仏の極楽浄土への往生が願われている．

［工藤量導］

☞「往生」p.67，「餓鬼」p.78，「極楽」p.116

乞食 こつじき／こじき

●意味

乞食とは，出家した僧侶の生活手段で在家の人々に食を乞うことを言う．

古代インドでは仏教だけでなくジャイナ教などの他の宗教でも修行者が信者の家を回り，必要最低限の食料などを乞うことが行われており，これによって在家の信者も功徳を積むことができた．

古代インドの初期仏教では，出家者は修行に専念するために自己の労働で生活することを禁じられていた．出家した僧侶は最低限の生活必需品しか所有を許されず，たとえ仕事の道具でも持てなかった．そのため，食を他人に乞う以外になかったのである．

乞食を行うにあたっては，午前中に行わなければならないこと，村落に入ったら心身をととのえること，貧者の家を避けて富貴の家のみに入ってはならないこと，生命を支えるに足るだけを受けることなど，一定の規律が存在した．この修行はインドから東南アジア，中国，日本へと伝わり，奈良時代の『養老令』僧尼令にも乞食についての規律がみられる．

しかしながら，後世になるとその規律は守られなくなり布施を貪る僧侶も現れた．彼らは乞食法師・乞食坊主と軽蔑されるようになり，このように形だけをまねた物乞いをするものは乞食と呼ばれるようになった．

●語源

「団食（団子・おにぎり）」を意味するサンスクリット語ピンダ piṇḍa と，「落下」を意味するパータ pāta の合成語ピンダ・パータが原語．「食物が（鉢に）落ちること」の意で，派生語ではそれを受け取る人も意味する．

●用例

本来の乞食つまり托鉢の意味では，松尾芭蕉の『奥の細道』に「かかる桑門の乞食順礼ごときの人を助け給ふにや」（こんな僧体の托鉢巡礼のような（私のごとき）身の者を救済なさるのだろうか）という一文がみられる．また，物乞いをする人としての意味では，「慌てる乞食は貰いが少ない」（慌てて急ぎすぎると結果的に失敗したり，かえって損をしたりするというたとえ）などのことわざが多くみられる． ［田中栄実］

☞「頭陀袋」p.171

ごらく　121

娯楽　ごらく

●意味

　楽しむこと，心をなぐさめること．特に，仕事や学業の合間に行う遊び
や楽しみのことを言う．仏教においても，娯楽とは心から楽しいと感じる
ことを指す．例えば，『長阿含経』に「其国人民男女大小共遊樹間以自娯楽」
（その国の人々は老若男女問わず，一緒に木々の間を散策して自ら楽しん
でいた）とあるように，今と同様の意味で娯楽を使用している．一方で，
世間的な楽しみではなく，仏が自らさとった境地を楽しんでいる様子も表
す．釈尊は，さとりを開いた後，49日の間さとりの境地を楽しんだという．
さとりの境地の心地良さが娯楽となると，仏の教えによって心の安らぎを
感じることも娯楽となる．

●語源

　娯は，楽しいこと，落ち着くことを表す．楽は，楽しいこと，喜ぶこと
を表す．『説文解字』に，娯とは楽のことという説明があるように，娯楽
は類義の言葉を重ねた熟語である．すでに『史記』の中にもみられるため，
仏典が漢訳される以前から中国においては使用されていることが窺える
が，仏教においては世俗的な楽しみという意味を超えて，さとりの境地の
心地良さや，心の安らぎを表すようになる．

●用例

　『長阿含経』に「仏由此法而自覚悟通達無礙以自娯楽」（仏はこの法によっ
て自分自身でさとり，さとりの内容をことごとく理解して，その境地を自
ら楽しんでいる）と説かれるように，娯楽とは，仏がさとりの境地を自ら
楽しむ様子を表している．また，『増一阿含経』に「如是諸比丘当観身自
娯楽除去悪念無有愁憂」（このように弟子たちよ，身体には執着すべきも
のはないと観察して，その境地を自ら楽しみなさい．煩悩は除かれ，憂い
はなくなる）とあるように，仏の教えを実践することで得られる精神的な
安らぎも，娯楽という言葉で表される．　　　　　　　　　　　［駒井信勝］

☞「安心」p.44，「安楽」p.45

権化／権現　ごんげ／ごんげん

●意味

　仏や菩薩が人々の救済のため，仮の姿をして現れること．また，その現れたものを言う．日本では本地垂迹（仏や菩薩が人々を救うために神の姿を借りて現れる）思想の発達に伴い，平安時代には神祇に適用された．朝廷は高度な外来文化としての仏教を重んじ，神仏同体の思想を打ち出して土着の信仰を宥和しようとしたとされる．仏教伝来後，神祇は人々と同様に煩悩の苦しみに沈んでおり，仏の力によって苦悩から脱することができるという教えが広められ，神は仏になるための修行の過程にあるものと説明された．これらを背景に，奈良時代から平安時代の前期に多くの神社で神宮寺が建てられた．延暦2（783）年には，八幡神に大菩薩の号が奉られるなど，仏教を中心に，仏・菩薩がそれより下位のものである神祇を救い，包摂する神仏習合が進んだ．平安時代の中期になると，多くの神社で祭神の本地仏を特定するようになり，八幡宮は阿弥陀仏，伊勢神宮は大日如来または救世観音とされた．なお，承平7（937）年，大宰府から筥崎八幡宮に出された文書に，八幡神を「権現」（「権現菩薩」）と称する文がみられるなど，この時期に神が仏の地位に近づいたことが知られる．以後，「権現」の用例は一般化する．

●語源

　権化は，サンスクリット語アヴァターラ avatāra に相当する漢訳で，権は「仮に」，化は「変化する」の意味である．権現は，「仮に現る」の意味となる．

●用例

　『金光明経』に「世尊金剛体，権現於化身」（仏は化身を発現させる）とみえる．寛弘元（1004）年に大江匡衡が尾張国熱田神社に奉ったとされる供養願文に「熱田権現之垂迹」，同4年に藤原道長が金峯山へ奉納した経筒にも「蔵王権現」とあって，この時期における権現思想の普及と仏・神が同体であるとする本地垂迹説の完成を感じさせる．近世に入って，東照大権現（徳川家康の勅諡号）のごとく，神格化した人の神号としての用例が生じる．

[川嶋孝幸]

☞「アバター」p.39

金剛　こんごう

●意味
　鉱石（金）の中で最もつよい（剛），かたい（剛）ということ．そのため，主に二つの意味がある．一つ目の意味は，古代インドの武器で，寺院を守護する金剛力士像などが手に持つ金剛杵のことを言う．金剛は強力な武器であるため，あらゆるものを破壊することができる．あらゆるものを破壊するという金剛の役割は，仏教においては煩悩を破壊する仏の智恵と重なり，その象徴となる．そのため，法具としても使用される．二つ目の意味は，ダイヤモンドのことを金剛石と言うように，宝石のことを言う．また，その特性から，決して破壊されることのない堅固な状態を表す．例えば，仏になろうという菩薩の決心は堅固であり，何人も破壊することができないため金剛心と呼ばれる．

●語源
　金剛は，サンスクリット語のヴァジュラ vajra の訳．「強力にする，堅固にする」という言葉から派生し，『リグ・ヴェーダ』における最高神であるインドラが手に持つ武器のことを指す．インドラは，水を閉じ込める悪魔ヴリトラ Vṛtra を金剛を使用して討伐し，世界に水をもたらす神である．雨雲の中で雷が鳴り響いた後に雨が降る様子が，あたかもインドラがヴリトラを討伐した後に水をもたらす様子に似ていることから，インドラの武器である金剛は雷という意味をもつようになる．そこから，最も破壊力のある武器となる．

●用例
　『大般涅槃経』に「譬如金剛無能壊者而能破壊一切之物」（例えば，金剛のようによく破壊するものはなく，あらゆる物を破壊する）と説かれるように，金剛よりも強力な武器はないとされている．　　　　[駒井信勝]

金剛杵

言語道断　ごんごどうだん

●意味

　言語の道が断たれることを指し，道は「言う」を意味する．言葉（口）では到底言い表せないこと，表現のしようもないほどに甚だしいことを言う．もってのほかだ，とんでもないなど．

　善悪両方の意味を備えているが，現代では，あまりにも非常識で許しがたいことや，言葉では表現しがたいほど酷いことを指すなど，否定的かつ悪い印象の意味合いで用いる傾向があり，相手の常軌を逸した行為に対して，「貴様の所行は言語道断だ！」などと表現し，対象を強く非難する．

●語源

　言葉では表しがたいことを意味する「言語道断」は，仏教において，さとり（仏の世界）の奥深さを解釈する際に用いられ，「この上ない真理（究極の境地）は，口（言葉）や文字（文章）で表現することができないほど計り知れない」などと表現される．また，「心行処滅」（心の働きを滅し，考えを超えていること）という言葉と合わせて用いられることが多く，「言語の道を断って，思慮を超えている」と言い，「さとり」とは，言語による認識あるいは言語そのものが断たれ，思慮を超越した世界ということになる．

●用例

　「さとりとは言語ではとうてい表現できないほど奥深い」という意味合いで用いられている「言語道断」は，「言語道断心行処滅」や「心行処滅言語道断」，あるいは「一切諸法言語道断」として「すべてのもの（一切の諸法）は，言葉で表しがたい（言語道断）」といった表現で，『華厳経』や『大智度論』，『仁王経』などの数多の仏典中に説かれている．

　また，弘法大師空海の『弁顕密二教論』では，言語道断と心行処滅を合わせて「言断心滅」という表現を用いて，「さとり」について説いている．

[石井正稔]

☞「以心伝心」p.49,「禅」p.179,「提唱」p.197,「不思議」p.222,「文字（不立文字）」p.249

こんじょう　125

根性　こんじょう

●意味

　その人の根本的な性質．こころね．性根．生まれつきの性質を示すが，「根性をたたき直す，根性を入れ換える（良くない性質や心根を改める）」「野次馬根性」等，好ましくない性質を指す．性根．苦しみや困難にくじけずに耐え，事を成しとげようとする強い気力，根気．スポーツや教育との関わりから「（悪い）根性を鍛える」「（鍛えられた良い）根性」という観点が起こり，「根性がある」など強い気力や意志のある好ましい意味で使用される．

●語源

　仏の教えを受ける者に生まれながらに具わっている宗教的な素質や能力・性質．「機根（教えを聞いて修行できる能力）」と同義で使われる．根は，サンスクリット語インドリヤ indriya の訳語で「器官，機能，能力」の意味．また「インドラ天に属する」の意味で「能力，優れた働きをもたらすもの，悟りを求める心」の意味も導き出される．『倶舎論』では「根性」は，上記インドリヤの訳語として用いられる他，インドリヤとゴートラを併列して「根性」と訳される．ゴートラ gotra とは家族・家系の意味で，「種姓」とも訳されるが，仏教では持って生まれた性質，本性を表す．中国思想では「性」は「せい」と読まれ，古代から人間固有の本性の意味に用いられて重視されてきた．

●用例

　『有部律破僧事』に「於此世間有諸衆生　或生或老　然其根性有上中下」（世間に多くの衆生がいて，あるものは生まれあるものは老いたものがいる．しかし，《彼らそれぞれが生まれながらに具わっている》根性には《仏の教えを》深く理解でき実践できるものから，よく理解できず実践できないものまでいる）と説いている．『四教儀註』には「根性声聞（素質上声聞である人）」とある．鎌倉時代の無住の仏教説話集である『沙石集』では，「釈尊モ三乗根性ノ熟セル時節ヲ待テ」と「機根」の意味で用いられている．

[木村美保]

☞「機嫌」p.94

126　こんりんざい

金輪際　こんりんざい

●意味

　仏教が想定する世界である須弥山世界において，大地がある金輪の一番下．転じて，物事の極限を意味するようになる．また打消しの語を伴って用いて，強い決意をもって否定する意を表す．

●語源

　仏教が想定する須弥山世界は，まず何もない空間に風が吹きはじめることによって生じるとされる．その風が集まり風輪となり，風輪の上に雨が降り注ぐことにより水輪が生じ，その水を風が攪拌することにより大地である金輪が生じる．この金輪の上に世界が広がっていると考えられている．金輪の中心にはとても高い山（須弥山）がある．その山を囲む海には，東西南北にそれぞれ島があり，そこに住む人間の特徴が異なるとされている．東にある東勝身洲は半月形とされ，そこに住む人間は身長約4m（八肘），寿命は250歳とされている．南にある南贍部洲は我々の住む島であり楔型とされ，そこに住む人間は身長約1m75cm（三肘半），寿命は定まっていないとされている．西にある西牛貨洲は円形とされ，そこに住む人間は身長約8m（十六肘），寿命は500歳とされている．北にある北倶盧洲は正方形とされ，そこに住む人間は身長約16m（三十二肘），寿命は1000歳とされている．南贍部洲の地下には地獄があり，太陽と月は須弥山の周りを回っているとされる．

●用例

　4世紀頃に成立した経典である『大乗悲分陀利経』には，釈尊が摩耶夫人のお腹にいるときに清らかな光明を放ち，その光は金輪際まで届き，その光を見た，六道（地獄・餓鬼・畜生・修羅・人・天）の衆生（生き物）が全て，苦しみから逃れ，悟りを得ることを求めたこと，釈尊が生まれるときに，金輪際に至るまで6種類の振動が生じたことが説かれている．

[倉松崇忠]

☞「地獄」p.134，「四天王」p.138，「世界・世間」p.172，「人間」p.206

三昧 さんまい／ざんまい

●意味

　三昧は，現代日本語では単体で使用されるよりも，むしろ「放蕩三昧」「勉強三昧」などの熟語の中で使用されることが多い．このような熟語において三昧は「〜にふける」という意味で使用される．前者の用例では，三昧は「心が奪われて自制心が効かなくなる」という意味になり，後者の用例では「専心する」という意味になり，良い意味でも悪い意味でも使用されている．

●語源

　仏教では戒（戒律）・定（瞑想実践）・慧（智恵）を三学と言い，実践の根本を成している．三昧は「禅」などと同様に仏教の瞑想実践に関する用語の一つで，サンスクリット語サマーディ samādhi の音写語である．「三摩地」と別様に音写されたり，「定」「等持」などと訳されたりする．三昧はしばしば「心一境性（心が一つの対象に定まっていること）」（サンスクリット語でチッタ・エーカ・アグラター cittaikāgratā）という言葉で説明される（例えば『倶舎論』など）．

　また，三昧は単に「精神集中」という意味に留まらず，そこから来る宗教的な没入感をも意味する．例えば密教の代表的な経典である『金剛頂経』では，「三三昧」という実践を説いている．これは三段階の「三昧」を通して，マンダラを観想（瞑想の中でビジュアル化すること）し，マンダラの仏と一体となる瞑想実践である．ここで三昧は仏と一体となることを意味している．また，サマーディの過去分詞形であるサマーヒタは実践者が瞑想の対象となる仏と一体となっている状態を意味する．

●用例

　現代語の用例を見てみると，そこには心一境性という三昧の性質が残されていることが分かる．「放蕩三昧」「遊興三昧」「勉強三昧」では放蕩，遊興，勉強のみに心が向けられているという点で「心一境性」があり，さらに放蕩や遊興や勉強に心が奪われているという点で，良い意味でも悪い意味でもそこには没入感が含意されているのである．　　　　　［種村隆元］

☞「禅」p.179，「智恵」p.192

三密　さんみつ

●意味

　コロナ禍によって，日本では密閉，密集，密接を表す「三密」の語が一躍有名になった．しかし，それとはまったく別の意味で，「三密」は仏教，殊に真言密教の重要な言葉として広く理解されてきた．真言密教では，身（身体）と口（言語）と意（心）の３種の働きが仏の働きとみなされるときにそれを総称して「三密」と言う．このような仏の働きは人智を超えたものであるために三つの秘密という意味で「三密」と呼ばれる．

●語源

　真言密教が所依の経典として重要視する善無畏訳『大日経』7巻と不空訳『金剛頂経』3巻は唐代に中国で漢訳されたが，サンスクリット語原典が伝わっているのは『金剛頂経』のみで，『大日経』には漢訳とチベット語訳だけがある．そして『金剛頂経』に「三密」という表現はない．また『大日経』7巻に「成以普通三密門」と「如来三密門」の２か所でのみ「三密」についての言及がある．一方，善無畏と弟子の一行が協力して著した解説書としての『大日経疏』には，22か所にわたり「三密」が使われている．この辺りに真言密教で使われる漢語としての「三密」の源を見いだすことができるであろう．

●用例

　仏の「三密」に対して，衆生の通常の身口意の働きを「三業」と呼ぶ．そして，衆生が手で印契を結び，口に真言を唱え，一心に本尊を思い浮かべるとき，そこに仏の力が加わり，衆生に本来備わっている仏性によって，衆生の働きは「三密」となり，衆生は即身成仏の境地に達するとされる．これを「三密加持」といい，空海は『即身成仏義』で，「衆生三密亦復如是．（中略）手作印契口誦真言心住三摩地，三密相応加持故早得大悉地（衆生の三密もこれと同じです．（中略）手に印契を結び，口に真言を誦して，心に仏の悟りの境地を思うと，仏の三密と衆生の三密とが相応して，衆生は即座に仏の境地を得られるのです）」と説いている．

［米川佳伸］

☞「ヨガ／喩伽」p.254

色　しき／いろ

●意味

「色」は「いろ」と読み，色彩を意味することが多いほか，容姿などの美しさ，気配・様子，愛情のことを言う．

「しき」と読む「色」は，仏教との繋がりが非常に強い言葉である．物質や身体のこと，いろ・形のあるもの，絶えず変化して，いずれ消滅するものや，認識の対象となるすべての事象や現象，物質的存在の総称である．仏教用語としての「色」は広義には五蘊の色蘊を意味する．五蘊とは五つの蘊，つまり五つの集まりのことで，人間や物質的存在はこの五つの集まりで構成されている．五つの構成要素とは物質＝身体を意味する「色蘊」と，精神作用を意味する「受蘊・想蘊・行蘊・識蘊」の五つである．そして，五蘊の一つ目である色蘊とは色の集まりという意味で，眼・耳・鼻・舌・身の五根（感覚器官）と色・声・香・味・触の五境（感覚器官に把握される五つの対象）の総称である．狭義には五境の中の色のことで，眼根によって認識されるもの，つまり赤青黄などの色彩や，四角や丸や長さや短さなどの形を意味する．

●語源

物質を意味するサンスクリット語ルーパ rūpa の訳語．「形づくる」を意味する動詞ループ rūp から派生した語で，形あるもののこと．また「壊す」を意味する動詞ルー rū から派生した語とも考えられ，壊れるもの・変化するものの意味もある．形があって，変化する物質的な存在を意味している．

●用例

寺院の本堂の外側に五色の幕が飾られるが，五色とは青・黄・赤・白・黒の5種の色．また，仏教の世界観で衆生が住む世界の全体を三界と言い，欲界・色界・無色界の3つの領域からなる．色界とは欲から離れ物質的なものは残る衆生の住む世界．さらに，『般若心経』に「色即是空」（色はすなわち空である）の句がある．この句の「色」は五蘊のなかの色蘊のことである．すべての現象や事物は実体のない空である，ということを体得すると現象や事物に対する虚妄分別はなくなるという意味になる．　　［前田真悠里］

☞「意識」p.48，「空」p.100，「四苦八苦」p.130

四苦八苦　しくはっく

●意味

　思いどおりにいかない苦しみ．物事に苦悩・苦労する状況や様子を言う．古代インドの宗教では，生まれては死ぬことを繰り返す輪廻を苦であると考えた．インドで発祥した仏教も輪廻の中で再生することを苦と考えた．そして生まれてから，老いて，病にかかり，死ぬのを人生の避けられない苦しみとして，これら①生，②老，③病，④死を「四苦」とする．人が避けられず苦しむ「四苦」に，⑤愛する人と別れるという苦しみ（愛別離苦），⑥怨んだり憎んだりする人とも必ず出会うという苦しみ（怨憎会苦），⑦求めるものを得られない・求めても思いどおりには得られないという苦しみ（求不得苦），⑧心も身体も自分の思いどおりにはならないという苦しみ（五取蘊苦）を加えて「八苦」とする．五取蘊苦は五盛陰苦や五受陰苦などとも呼ばれ，五蘊（色＝物質や肉体，受＝感受作用，想＝表象作用，行＝意思作用，識＝認識作用という五つの構成要素＝あらゆる存在）に対する執着が苦しみを起こすことをいう．五取蘊苦は四苦八苦の最後にあり，執着はすべて苦しみとなるという内容であることから，他の七苦を総括する苦，苦を生じる根本的な要因として位置すると考えられている．

●語源

　仏教で使われる苦はサンスクリット語ドゥフカ duḥkha（パーリ語ドゥッカ dukkha）の訳語．ドゥフ duḥ（同 dus）は「悪い」，カ kha は「空間」・「穴」．原義については，車軸が車輪の穴に適切にはまり乗り心地が良いことをスカ sukha「楽」とし（ス su は「良い」），車軸と穴の位置がずれており，よく回らず不快であるのを苦とするという説がある．

●用例

　現代では苦悩や苦労を「四苦八苦」と言うが，漢訳や漢文仏教文献を集めた大正新脩大蔵経の中ではこの語がほぼ見いだせない．法顕訳『大般涅槃経』には「苦諦（この世界が苦しみであるという真実）とはいわゆる八苦である．一つには生苦，二つには老苦，三つには病苦，四つには死苦，五つには求不得苦，六つには怨憎会苦，七つには愛別離苦，八つには五受

☞「諦め」p.36，「行」p.95，「色」p.129

陰苦（＝五取蘊苦）である」とある．多くの漢訳文献では『大般涅槃経』のように苦の分類が列挙されているだけであり，このように列挙される内容を「四苦八苦」とまとめたと考えられる．

　上座部仏教のパーリ聖典にも「四苦八苦」に対応する語はみられない．ディーガ・ニカーヤ（長部）の『大念処経』では，「生・老・死・悲嘆苦憂悩・求不得苦・五取蘊苦」の「六苦」が挙げられている．この他に「八苦」に悲嘆苦憂悩を加えて「九苦」と数える例もみられる．

　「四苦八苦」は仏教芸術の題材として取り上げられることも多く，特に13世紀中頃の作である滋賀県の聖衆来迎寺本『六道絵』人道苦相図では，二幅にわたって生老病死の四苦と愛別離苦以下の四苦の様相が描き出されている．

　近年，苦悩・苦労の意味として，コロナ禍の最中に新聞やニュースで医療界や観光業の人たちなどが四苦八苦しているという見出しがみられた．苦悩の意味としては，夏目漱石『草枕』で「四苦八苦を百苦に重ねて死ぬならば，生甲斐のない本人はもとより，傍に見ている親しい人も殺すが慈悲と諦められるかも知れない」と綴られている．このほかに四苦八苦は苦労して必死に努力する，頑張るという表現としても使われる．Dragon Ashの『陽はまたのぼりくりかえす』の中には夢のために四苦八苦するという歌詞がみられる．　　　　　　　　　　　　　　　　　　［平林二郎］

自業自得　じごうじとく

●意味

　自らとった行動によって自らがその報いを受けること．儒教などでは親の行動によって子供がその報いを受けるという思想があるが，仏教では他人の行為によって自らがその報いを受けるという思想は基本的には見られない．

●語源

　仏教の重要な教えの一つに，自ら為した善悪の行為（業）が自らの苦楽を導くというものがある．この業という教えには二つの原則が存在する．一つ目が，善い行いをすれば必ず好ましい結果が生じ（善因楽果），悪い行いをすれば必ず好ましくない結果が生じる（悪因苦果）という原則である．二つ目が自らの行為の報いは必ず自らが受ける（自業自得）という原則である．このように自業自得が仏教の基本的な立場であるが，大乗仏教になると自らした良い行い（功徳）の効果を他者にも施すという廻向という思想も生まれている．

　また，仏教では善業と悪業の例として①殺生（生き物を殺す），②偸盗（ものを盗む），③邪婬（不倫），④妄語（嘘をつく），⑤綺語（美辞麗句を言う），⑥悪口（悪口を言う），⑦両舌（二枚舌を使う），⑧貪欲（激しい欲を抱く），⑨瞋恚（激しい怒りを抱く），⑩邪見（誤った見解を持つ）の十悪業と，それらを避ける十善業（十悪業の逆）がよく挙げられる．

●用例

　仏教の最古の経典の一つとされる『法句経』には「自ら悪業を為せば自ら汚れ，自ら善業を為せば自ら浄まる．浄いのも浄くないのも自らの業に基づくものである．人は他人を浄めることができない」と説かれている．

　また，『正法念処経』という4・5世紀頃に成立した経典には，地獄に落ちた罪人に対して，地獄の主である閻魔が，「地獄で受ける苦しみは，生前に自らが行った悪業が原因である」と責める様子が描かれている．

[倉松崇忠]

☞「悪口（不悪口）」p.38，「因果」p.55，「因縁」p.58，「果報」p.83

コラム：日本語になった梵語② －雑貨編－

旗／幡

　画布を意味するパタ paṭa および旗を意味するパターカー paṭākā／paṭākā というサンスクリット語を語源とする説がある．パタは仏教において主に布に描かれた仏画を指すが，曼荼羅とは異なり幾何学的な尊格の配置がなされている訳ではない．およそ曼荼羅の原初形態に位置づけることが可能とされる（→ p.239「曼荼羅」参照）．チベット仏教ではパタも曼荼羅も含めて仏画をタンカ thang ka と呼ぶ．

皿

　皿を意味するサンスクリット語シャラーヴァ śarāva やスターラ sthāla を語源とする説がある．シャラーヴァは主に食事に用いられる陶器製の浅い容器であるが，穀物の分量を計る際の単位にも用いられた．

スジャータ

　コーヒーフレッシュの商品名であり，時報 CM のフレーズとしても日常に溶け込んだ存在である．サンスクリット語スジャーター Sujātā を由来としている．苦行時代の釈尊に乳粥を施した女性の名前であり，原語は良い生い立ちの女性といった意味である．

鼓・ドラム

　鼓を意味するサンスクリット語ドゥンドゥビ dundubhi が鼓という名の語源になったという説があり，ドゥンドゥビは鼓のドゥンドゥンと響く打音が名の由来と考えられる．また，ダマル ḍamaru という語も鼓を意味し，こちらはドラムの語源になったとされる．ダマルはシヴァ神の持ち物であり，揺らすことで鼓の胴より伸びた 2 本の紐の先に付いた玉が鼓面を叩いて音を奏でる．すなわち日本のでんでん太鼓に似た打楽器である．

琵琶

　弦楽器の一種．インドの弦楽器を指すサンスクリット語ヴィーナー vīṇā の漢訳が琵琶であり，日本の琵琶の由来とされる．ただし，インドのヴィーナーは時代や地域によってさまざまな形状があり，一概に琵琶に類似するものではない．弁才天の持ち物として有名であり，滋賀県の琵琶湖の名称は湖の形が弁才天の持つ琵琶に似ていることに由来する．

[横山裕明]

☞「曼荼羅」p.239

134　じごく

地獄　じごく

●意味

　仏教の世界観の一つで最下層に位置し，欲界・冥界・六道，また十界の最下層である．死後，自分の犯した罪により，罪人が赴かねばならない地下の牢獄のことで，獄卒（鬼）によりさまざまな苦果を受けるところとされる．

　当初釈尊は地獄に関して直接説くことはなかったと考えられているが，特に釈尊の死後，仏教の中にインド古来の業思想や輪廻思想が入り，地獄思想が導入されることにより独自の他界観，死後の様相が発達していった．中でも後世の部派仏教（アビダルマ仏教）ではその傾向が一層強まり，現在伝わる仏教の地獄観が形成されていった．また仏教の地獄思想には，各地獄にそれぞれ異なった寿命や，その堕獄用件が備えられ，さらにはそれぞれ異なった刑罰が設定されている．一説ではその寿命は一番短い場所でも1兆6200億年というとてつもなく長い年月であるが，必ずそこに救済があり最終的には地獄を脱し成仏できるとする．すなわち，地獄は六道の輪廻の世界であり，有限の世界であることを示している．なお，キリスト教では「地獄とは救われない魂が永遠に堕ちる世界」であり，中世カトリック教会（旧教）では，永劫の罰責を受ける地獄と呵責によって浄罪された後，昇天を許される煉獄があるとされる．一方プロテスタント（新教）では免罪符につながる考えとしてそれを認めていない．

　地獄にはさまざまな種類があり，仏教では，大別すると八熱大地獄，八寒大地獄それに十六小地獄がある．この中の熱地獄は，インドのみならず古代中近東においては風土上の考えから地獄＝熱というイメージがあり，キリスト教やイスラム教でも火に焼かれるという概念が強く，それに基づく名をもつ地獄が多い．これに対し寒地獄の方は，寒地獄と命名しながら仏教の古い年代の資料には熱地獄に相応する表記を示すのみで熱地獄に比べ整理されていない．しかし，4-5世紀ごろになると熱地獄に相対するものとして寒地獄という概念が定着する．これも仏教が伝播された地域の風土上の問題を含んでいると言える．また，十六小地獄とは先の大地獄の傍

☞「阿鼻叫喚」p.40，「有頂天」p.62，「閻魔（焔摩／夜摩）」p.66，「金輪際」p.126，「殺生」p.175，「奈落」p.205，

にある別処としての地獄であるが，これも各資料で各々その内容が異なる．『長阿含経』では，八熱大地獄は，①等活，②黒縄，③衆合，④叫喚，⑤大叫喚，⑥焦熱，⑦大焦熱，⑧無間（阿鼻）．八寒大地獄は，①頞部陀，②尼剌部陀，③頞哳詫，④臛臛婆，⑤虎虎婆，⑥嗢鉢羅，⑦鉢特摩，⑧摩訶鉢特摩．十六小地獄は，①黒沙，②沸屎，③五百釘，④飢，⑤渇，⑥一銅釜，⑦多銅釜，⑧石磨，⑨膿血，⑩量火，⑪灰河，⑫鉄丸，⑬釿斧，⑭豺狼，⑮剣樹，⑯寒氷とされる．また，地獄での呵責の様相から転じて「蟻地獄」や「受験地獄」というように使い，地下の場所という意味から歌舞伎や劇場の地下を奈落とも呼ぶ．日本においての地獄画の最古は，東大寺二月堂光背毛彫図中に火炎の如きものの間に鬼形が描かれているものを見ることができる．平安期に恵心僧都源信『往生要集』に六道の中の地獄が詳細に描かれたことにより，その後の日本人の地獄観に大きな影響を及ぼし，六道絵なども盛んにつくられるようになった．

●語源

地獄は，サンスクリット語・パーリ語ナラカ naraka（音訳で那落迦・奈落・那落），ニラヤ niraya（音訳で泥羅夜・泥利耶・泥梨）に相当する意訳語である．原意は，不可楽，すなわち苦や，闇冥，闇とも解釈される．中国では「地下の牢獄」を意味する．

●用例

初期仏典に因果応報・悪因悪果の故に地獄に落ちるとして『ウダーナヴァルガ』『ダンマパダ』『スッタニパータ』に十の地獄が記されている．初期経典とされる『阿含経』には，いくつかの地獄の記載がある．これらの地獄は，①四門地獄『増一阿含経』善聚品，②八大地獄・十六小地獄『増一阿含経』八難品・七日品，③十地獄『スッタニパータ』『雑阿含』一二七八の三系統とされ，これらを統合していったのが『長阿含経』巻一九「世記経地獄品」などである．これらの地獄説は『大智度論』『十住毘婆沙論』『瑜伽師地論』などにも論ぜられ，この地獄を閻浮提の下にあると位置づけたのが『大毘婆沙論』である．また『倶舎論』の地獄はこれを受けている．さらにこれらの地獄を増補したものに『正法念処経』『観仏三昧経』が挙げられ，前者は特に『往生要集』に多く引用されている．

[和田典善]

136　じざい

自在　じざい

●意味

　自分自身の思いどおりであること，思うままにできること．古代インド
の神話に登場する創造神や，あらゆる存在の支配者である主宰神を表す語
でもあり，また，超自然的な力，あらゆるものを思いどおりにコントロー
ルする力を意味することもある．仏教では，仏や菩薩が迷える衆生を教導
するために行使する神秘的な力を「自在力」と呼ぶ．

●語源

　「～を命令する」「～を望む」などの意味をもつサンスクリット語の動詞
ヴァシュ vaś から派生したヴァシャ vaśa に由来する語句の訳語．「意志」「願
望」「支配力」を意味する vaśa は，状態を表す動詞と一緒に使用されると
何者かのコントロール下にある状態を示し，行為を表す動詞と一緒に使用
されると何者かを服従させることを示す．また，サンスクリット語イー
シュヴァラ īśvara やそれに由来する語の訳語でもある．イーシュヴァラは
「主」「支配者」の意味で，上記のとおり，古代インドにおける創造神や主
宰神を表し，後にはシヴァ神の別称としても使用されるようになった．漢
訳仏典では，イーシュヴァラが「自在天」，マヘーシュヴァラが「大自在天」
と訳出され，両者は天部を代表する尊格として位置づけられている．

●用例

　仏典にある「○○自在」という語は「○○が／に自在であること」を意
味し，例えば有名な「観自在菩薩」という名前は，「衆生を観察することが
自在な菩薩」と解釈できる．また『十地経』には，①「寿自在（寿命に関す
る自在）」，②「心自在（心のあり方に関する自在）」，③「資生自在（美しい
装飾で飾られた姿を現すことに関する自在）」，④「業自在（善悪の業に関
する自在）」，⑤「生自在（生じることに関する自在）」，⑥「勝解自在（信心
に関する自在）」，⑦「願自在（誓願に関する自在）」，⑧「神通自在（不思
議な働きに関する自在）」，⑨「法自在（仏法に関する自在）」，⑩「智自在（さ
とりの世界に到達した仏の徳性を象徴する姿を現すことに関する自在）」と
いう 10 種の自在が，高位の菩薩にそなわると説かれている．　　［大塚惠俊］
☞「自由」p.146，「神通力」p.168，「遊戯」p.253

じっさい　137

実際　じっさい

●意味

　絶対的真理・真実の境界・法性真実の際極・存在の極点．実は真実（仏教的には真如・法性という），際は事物の極限や接点のこと．ここから，真如という普遍的真理を極め，悟りを究めることを表す．真如・法性・涅槃と同義である．衆生際（衆生の境界，衆生という存在）の対概念であり，真理を体得したことが表出される．現代では，転じて，物事のあるがままの状態や本当の姿，または，実地の意味で用いられる．

●語源

　実際に相当するサンスクリット語は二つある．コーティ koṭi は弓や爪などの湾曲する先端・先端・極端・最高度・優秀の意味がある．仏典で用いられる場合は際・実際・辺・辺際と訳す．もう一つはブータ・コーティ bhūtakoṭi で，存在の極点を意味する．仏典では実際・真実際・本際と訳す．先端・辺際などから想起されるように，何かしらの到達点をイメージさせる言葉であり，そこから転じて修行の到達点である言葉である真如や法性と同義語として用いられている．

●用法

　『大智度論』に実際とは法性（仏教の真理）を実とし，証果（修行の結果として得られたさとり）を際とし，法性と開いた悟りの境地に安住する者として修行者の最高位である阿羅漢を挙げる．このように仏の悟った真理のみを意味するのではなく，行者が悟りを開いた状態を指して用いる．『大乗義章』には，真理の本体が虚妄ではないことから実と言い，仏の真実の領域と衆生界との境界，境目であることから際と言うと説く．つまり，実際と言うときには仏の世界と衆生の世界が意識され用いられることがある．一方，『入楞伽経』には如来の異名として，世尊・一切智者などの仏の肉体的存在を表す言葉のみではなく，空・真如・涅槃・法界・法性・常・平等・不二・無相といった真理を表すものの名を挙げ，そこに実際も連ね記している．このことから，真理を意味する言葉の一つとして用いられてもいる．

［柳澤正志］

☞「諦め」p.36,「真実」p.166,「法」p.227

四天王　してんのう

●意味

　古代インドの護世神が仏教に取り入れられ，須弥山（しゅみせん）中腹の東西南北に住み，仏教や仏教世界を守る守護神となったもの．「四王」「四天」「四天大王」「護世四天王」とも言う．世界の中心にそびえる須弥山の東西南北の四面の中腹にある四王天に位置し，東方を持国天，南方を増長天，西方を広目天（てん），北方を多聞天（たもんてん）が守護する．須弥山山頂に住む帝釈天（たいしゃくてん）に仕え，八部衆を配下において，仏法や衆生，国家を守護する．後世転じて，武将や臣下・門弟・芸道などで最も優れているもの４人を言うようになる．例えば，井伊直政・本多忠勝・榊原康政・酒井忠次は徳川家康の四天王と称される．

●語源

　インドでは古くから四方位や八方位など方位を守護する神々への信仰が確立しており，『アタルヴァ・ヴェーダ』ではアグニ（東）・インドラ（南）・ヴァルナ（西）・ソーマ（北）の４人を護世神として挙げている．ただし，方位を守護する固有の神があったわけではないため，方位に配される神は諸文献によって相違がある．

　仏教経典では，『マハーヴァストゥ』『ラリタヴィスタラ』『ディヴィヤ・アヴァダーナ』などに持国天（東）・増長天（南）・広目天（西）・多聞天（北）が説かれ，早い段階から四方位に配当される四天王が定まっている．須弥山世界について記している『長阿含経（じょうあごんきょう）』『世起経』『起世経』『倶舎論（くしゃろん）』をはじめ諸経典にも四天王が説かれており，持国天（ドゥリタラーシュトラ）は，治国や安民とも訳され，国を支える者を意味し，乾闥婆（ガンダルヴァ）を眷属とする．増長天（ヴィルーダカ）は，成長せる者を意味し，鳩槃荼（クンバーンダ）を眷属とする．広目天（ヴィルーパークシャ）は，通常でない眼を有する者を意味し，竜王を眷属とする．多聞天（ヴァイシュラヴァナ）は，（仏の法を）多く聞いた者を意味し，夜叉（やしゃ）（ヤクシャ）を眷属とする．多聞天は原語を音写して毘沙門天（びしゃもんてん）とも呼ばれる．

●用例

　釈尊の生涯の物語である仏伝に登場し，『毘奈耶破僧事（びなやはそうじ）』では母の摩耶（まや）

☞「韋駄天」 p.50，「金輪際」 p.126

夫人が懐妊・出産する際に，帝釈天が四天王を遣わして護衛したとされる．また『ラリタヴィスタラ』などの諸経典に記される「四天王奉鉢」の物語に登場する．釈尊が悟りを開いた後49日間何も食していないことを知った2人の商人によって食事が差し出されたが，それを受け取る鉢がなかった．そこに四天王が現れて石の鉢を差し出し，釈尊はその鉢を使って食事をとったという．そのほか，『増一阿含経』や『阿育王経』では，四天王が釈尊に帰依することや，釈尊亡き後（入滅後）に仏法を守護する役割を釈尊から託されたことが記されている．

　四天王が仏法や仏教世界を守護するという考え方は，仏教に帰依した国王やその国土を守護し繁栄させるという考えに発展する．『金光明経』では「四天王護国品」という章を設けて，国王が仏教に帰依してこの経典を信奉するならば，「四天王はかの王すべての国土に住む衆生を守り，救い，援護し，防衛するとともに，平和と安楽な生活をさせるであろう」と説き，四天王が人々とその国家を守護することを強調している．鎮護国家を意図した四天王の信仰は，中央アジアから中国にかけて盛んとなった．日本においても聖徳太子が物部守屋との戦いに際して四天王に祈願して勝利したことを機に大阪・四天王寺が造営されたことや，聖武天皇が全国に国分寺（金光明四天王護国寺）を建立し，国家の安寧を願ったことなどに同様の信仰がみられ，四天王像の盛んな造像につながる．

　四天王のそれぞれの像容は，経典・儀軌によってさまざまに説かれ，厳密な規定があるわけではない．インドの作例では，貴人の姿で表現されることが多いのに対し，中国や日本では甲冑を着けた武将形となり，忿怒の相も加わる．インドでは紀元前2世紀に造営されたバールフットの仏塔にみられる浮彫が古例である．中国では，敦煌・雲崗・龍門などの諸石窟に多くの作例が遺されている．日本においても，法隆寺金堂像（木彫・飛鳥時代）を筆頭に，東大寺戒壇院像（塑造・奈良時代），東大寺法華堂像（乾漆・奈良時代），教王護国寺講堂像（木彫・平安時代），興福寺南円堂像（木彫・鎌倉時代）（以上，国宝），金剛峯寺像（木彫・鎌倉時代・快慶作・重要文化財）など多くの優れた作例がみられる．寺院においては須弥壇の四隅に安置されることが多い．　　　　　　　　　　　　　　　［中村夏葉］

自然　じねん／しぜん

●意味

　自ずと（自）そうである（然）こと．「自然に」と副詞的に用いる場合は，「ひとりでに」という意味を表す．自然は呉音で「じねん」，漢音で「しぜん」と読めるが，中世では「おのずと」「ひとりでに」などの意味で使う際には呉音で「じねん」と読み，「もし」「万一」などの意味で使う際には漢音で「しぜん」と読んだ．自然は主に近代以降に入ってきた西欧的な概念である nature の訳語「自然」とは多少意味が異なる．

●語源

　仏教語の自然は「自分で，自ずから」を意味するスヴァヤム svayam の訳語に相当する．ブッダの智慧を「自然智」とも言うが，この「自然」はスヴァヤムブー（自ら生じる，それ自身で存在する）である．ただし，『老子』と『荘子』に「自然」という言葉があり，仏教が中国に伝わる以前から中国には「自然」という言葉があったとみられる．そのため，自然の語源はサンスクリット語だけではなく，サンスクリット語と中国語の両方に求められると考えられる．なお，仏教では，インドにおいて自然外道と呼ばれる者が展開した因縁を否定するような「自然」と，中国において老子・荘子を中心とする老荘思想で示された運命論的な「自然」に関して，それらと仏教の「自然」とはやや趣を異にすると批判的に言及されることがある．仏教でいうところの「自然」は，仏教の真理それ自体であり，すべてのものには原因と結果があるという因果論の観点も含まれる．

●用例

　『涅槃経』には「善男子菩薩摩訶薩於浄戒中雖不欲生無悔恨心無悔恨心自然而生善男子譬如有人執持明鏡不期見面面像自現亦如農夫種之良田不期生牙而牙自生亦如然灯不期滅闇而闇自滅」とあり，自然が上質な鏡を持てば言うまでもなく顔が鏡に映るようなもの，あるいは良き田に種を植えれば言うまでもなく芽が出るようなもの，はたまた明かりを灯せば言うまでもなく闇が消えるようなものであると喩えられている．また『無量寿経』においては「彼仏国土無為自然」と自然の語を用いて阿弥陀仏の極楽世界が表現されている．［春本龍彬］

☞「自由（自由自在）」p.146

しゃ　141

捨　しゃ

●意味

煩悩や誤った見解を捨てること，悪い行いをやめること，与えること，顧みないことといった意味のほか，戒律を捨てるという用法もあり，さまざまな文脈で用いられるが，仏教では特に四無量心（四つの量り知れない利他の心）あるいは七覚支（さとりへ導く七つの徳目）の一つとして用いられることが多い．四無量心は慈悲喜捨の四つからなり，慈は親愛の心，悲は憐れみや同情の心，喜は他者を安楽にする喜びを意味する．そして捨はすべての囚われを捨てることであり，自分／他人，敵／味方といった区別に無関心になることを意味する．具体的には母・父・子・親族をまったくの他人と同等に見ることを指す．七覚支は択法（正しい教えを選び，誤ったものを捨てる），精進（努力に専心する），喜（正しい教えに随う喜び），軽安（心身を軽やかにする），捨（対象への執着を捨てる），定（心を集中させる），念（思い続ける）の七つからなる．どちらの用例でも修行者が目指すべき目標としての精神的境地という意味で用いられている．

●語源

パーリ語ウペッカー upekkhā，サンスクリット語ウペークシャー upekṣā の訳語．サンスクリット語では「ここに」「近くに」を意味する接頭辞 upa と，「注視する」あるいは「認知する」を意味するイークシュ ikṣ からなる．「看過する」「無視する」などの意味をもち，対象に対して愉快でも不愉快でもなく，良くも悪くもないという，中立で平等な心の状態を指す．

●用例

『スッタニパータ』に「これまでの楽と苦を，または喜と憂を捨て去り，清らかな捨と止を得て，犀の角のように独り進め」と説かれているように，実践的な徳目として捨が説かれている．また長部経典の一つである『転輪聖王獅子吼経』には「慈・悲・喜・捨を伴う心をもって遍満することが比丘の宝である」と説かれている．　　　　　　　　　　　　　［安井光洋］

☞「差別」p.143，「平等」p.218

142　しゃば

娑婆　しゃば

●意味

　現代語では自由が束縛(そくばく)されている場所，特に牢獄に対して，自由が満喫(まんきつ)できる俗世間(ぞくせけん)のことを意味する．仏教では私たちの住むこの世界，釈尊の説法(せっぽう)する世界のことを言う．

●語源

　娑婆はサンスクリット語サハー sahā の音写語である．サハーは一般名詞では「大地」を意味する．仏教におけるサハーはおそらく固有名詞で，しばしば「サハーという世界」などと表現される．例えば『法華経(ほけきょう)』如来(にょらい)神力品(じんりきほん)には「数限りない世界を超えてサハーと呼ばれる世界があり，そこに釈迦牟尼(しゃかむに)という名の仏がいらっしゃる（過此無量無辺百千万億阿僧祇世界．有国名娑婆．是中有仏．名釈迦牟尼）」と説かれている．したがって，サハーは一つの世界である．仏教ではブラフマ神（梵天(ぼんてん)）のことをサハーパティあるいはサハーンパティ（サハーの主）という．ブラフマ神はヒンドゥー教では世界の創造を司る神であるとされるが，このことからブラフマ神がサハーの主とみなされたのかも知れない．

　また，サハーは「忍土(にんど)」と翻訳される．おそらくサハーを動詞サフ sah（「耐える」の意味がある）の派生語であるとする解釈に基づくものである．このような語義解釈は，文法的な派生語であることを示すのではなく，言葉を構成する音に基づき意味を引き出すもので，サンスクリット語の注釈ではよく使用されるものである．この場合は「この世界には耐え忍ぶべき苦がある」という仏教的な解釈を持ち込んだ結果であると推測される．

●用例

　刑期を終えて一般社会に戻ることを「娑婆の空気を吸う」と言ったりする．江戸時代に遊郭(ゆうかく)内で知人にあった時の挨拶である「娑婆以来」という言葉がある．ここで娑婆は一般社会であるが，この娑婆は客にとっては束縛される場所，一方遊女(ゆうじょ)にとっては自由のある場所であった．ここで娑婆が仏教的な意味と現代語の意味の双方を含むことは興味深い．［種村隆元］

☞「安楽」p.45,「堪忍」p.89,「世界・世間」p.172,「人間」p.206

差別　しゃべつ／さべつ

●意味

　差別とは，個々を特徴づける差異に基づき区別することである．日常語としての差別は，偏見や先入観，好悪に基づき不当な区別となりやすく，さまざまな弊害や不利益をもたらすことが多い．仏教では，このような差別は煩悩や妄想に起因するものとして強く否定している．

　仏教語でいう差別とは，基本的に平等を前提としたものであり，平等の対概念として用いられることが多い．仏のさとりの境界は絶対平等の世界であって，そこに万物の差異区別はない．しかし，人々を教化するときには，相手の能力や素質などの差異が問題となる．そこで仏は，平等を前提としながらも個々の差異に応じた教えや救いを説き示すのである（応病与薬）．

●語源

　「差異・特異性」を意味するサンスクリット語ヴィシェーシャ viśeṣa の訳語．「残る」を意味する動詞シシュ śiṣ に，接頭辞ヴィ vi が付いて，「（他のものから）区別された」の意味となる．

●用例

　仏典における差別の用例は非常に多く，多様な文脈で使われている．『大乗起信論』では，差別が生じる原因について，「一切諸法唯依妄念而有差別（一切諸法は唯だ妄念に依りて而も差別有り）」と説いている．凡夫は誤った考え方で不当な差別を行うが，あらゆる存在の本質は真如であって，本来平等であるという．大乗の『涅槃経』でも，「我性及仏性　無二無差別（我性及び仏性は，無二にして差別無し）」と説き，凡夫と仏の本質に差はなく，平等であることを強調している．

　一方で『法華経』薬草喩品では，存在の多様性に焦点を当て，「雖一地所生一雨所潤．而諸草木各有差別（一地の所生，一雨の所潤なりと雖も，而も諸の草木，各差別有り）」と説いている．同じ場所や条件であっても，草木は種別によって差異が生じるが，それでも恵みの雨は等しく降りそそぐ．仏の法雨も同様に万物に分け隔てなく注がれ，仏果を結ばせると言う．

[佐々木大樹]

☞「阿弥陀籤」p.41，「捨」p.141，「平等」p.218

邪魔 じゃま

●意味

邪悪な魔の意味．もとは仏道修行を妨げて菩提（一切の煩悩から解放された迷いのない状態．仏陀の悟りの智）への道を妨害する悪魔を指した．転じて，妨げ，障害を意味する．また，他家を訪問することを「おじゃまする」等と表現するようになった．

●語源

邪な悪魔（サンスクリット語マーラ māra）が語源．『大仏頂如来密因修証了義諸菩薩万行首楞厳経』には「大妄語成外道邪魔，所感業終堕無間獄.」（まだ悟りを得ていないのに．得たかのように言うことは，悟りへの道を妨げることになり，極悪罪人が堕ちるという，地獄の中の最も苦しい地獄に堕ちる.）とあり，仏道修行を妨げる存在として表現される．他に『薬師瑠璃光如来本願功徳経』，『悉曇蔵』や『大乗起信論』等にも同様の例がみられる．

●用例

邪魔は，おじゃまする，じゃまが入る，じゃまくさいなどと色々な使われ方をする語であるが，ものごとを達成しようとするときに，その妨げとなるもののことを指す語である．

ブッダの伝記の八大事件（八相成道）の一伝には，ブッダが悟りを開いた際に，成道（悟りを完成すること）の妨害をした悪魔を退けた，降魔という場面がある．これは，ブッダが単に邪魔者を退けたことを表すのみならず，邪魔者を排除するだけではなく，その本質を見定めて向き合い，執着から解放されたことを表現している．

邪魔をただ邪魔とせず何が妨げとなるのか，その本質は何なのか，ブッダに倣って見定める必要があろう． 　　　　　　　　　　　　［小崎良行］

しゃり　145

舎利　しゃり

●意味

　遺骨，遺体あるいは身体のこと．仏舎利と呼ばれるときは，仏の遺骨を意味する．『大般涅槃経』では，釈尊が大般涅槃に入った後の遺体，それを火葬して残った遺骨も舎利と呼ばれている．この遺骨をめぐって部族間で議論が起こったが，バラモンであるドーナのとりなしで八種に分配され，それぞれを祀るストゥーパが建設された．さらに最初に遺骨を納めた壺と荼毘の後に残った炭もストゥーパに祀られた．1898 年にピプラハワにおいてイギリス人ペッペによって発見された舎利容器は仏陀の実在を裏付ける重要な資料となった．ここに収められていた仏舎利の一部はタイを経由して日本にも伝わり，愛知県の日泰寺で祀られている．また形が米粒と似ていることから，米を舎利と呼ぶこともある．特に寿司ではネタをのせる酢飯を指す．

●語源

　サンスクリット語シャリーラ śarīra の音写語．遺体や身体の意味で用いられるときは単数形，遺骨の意味で用いられるときには複数形となる．漢訳では仏弟子の舎利弗にも舎利の二文字が当てられているが，これは鳥の一種であるシャーリ śāri の音写であり，遺骨とは関係がない．

●用例

　作者不明であるが「舎利礼文」は釈尊を供養する徳が述べられ，諸宗派で遺骨に関わる儀礼において用いられている．大乗仏教では舎利崇拝とともに，経巻崇拝が重視されるが，『法華経』法師品は仏塔に収めるべきは個々の舎利ではなく，如来の身体すべて（如来全身）であると説く．この如来の身体すべてとは『法華経』そのものを指すと考えられ，経巻崇拝の重要性が説かれている．

[石田一裕]

☞「日本語になった梵語①」p.99，「供養」p.104，「卒塔婆（塔婆／塔）」p.182

自由（自由自在）　じゆう（じゆうじざい）

●意味

自らに由って存在し，行動すること．心のまま，思いのままであること．何かをすることに規制や束縛などの障害がないことであるが，自由は一定の条件の中にあるもので，条件が緩ければ拡大し，条件が厳しければ縮小する．類語に「自在」があり，自分の思いどおりの存在となることを意味する．また，何でも思いのままにできるさまを「自由自在」と言う．

●語源

仏教的な意味としての「自由」は，何事にもとらわれず，妨げられることなく，思いのままになすことができる悟りの境地のことを言う．サンスクリット語スヴァヤム svayam には「自分自身で」という意味があり，スヴァヤム スヴァヤムブヴァハ svayaṃ svayambhuvaḥ（それ自身によってそれ自身が存在している）を『正法華経』では「自由」と訳している．

この「自由」と同じような意味をもつ「自在」は，「征服すること・支配すること」を意味するサンスクリット語のヴァシター vaśitā の訳で，思うままに従わせる力のことである．自在の力はさまざまで，世の中を見抜く自在，いろいろな国土に生まれる自在，寿命を決める自在などがある．ヒンドゥー教などには，世界を創造し支配するイーシュヴァラ īśvara という名の最高神がいるが，このサンスクリット語イーシュヴァラは後に「自在天」と訳され仏や菩薩の化身とも考えられるようになった．

そして「自由自在」は，煩悩にとらわれることなく欲望や執着から距離を置くことのできる仏や菩薩にそなわっている能力のことであって，やりたいことを自分勝手に我儘に気が向くままに行うことではない．自由自在という能力をそなえていることから，仏のことを自在人と言うこともある．

●用例

『妙法蓮華経』に「爾時普賢菩薩．以自在神通力」とあり普賢菩薩は思うままにできる神通力という力をもっていることが説かれている．また，『中阿含経』には「自住本心自由自在」とあり，自らの心にあって自由自在である場合について説かれている．　　　　　　　　　［前田真悠里］

☞「自在」p.136，「自然」p.140，「神通力」p.167，「遊戯」p.253

衆生　しゅじょう

●意味

　もろもろの（衆）生きもの（生）．生命体，生命あるもの．有情（心あるもの）とも言われる．胎生（母胎より生まれるもの．人間や獣など）・卵生（卵より生まれるもの．鳥など）・湿生（湿気の中から生まれるもの．虫など）・化生（自らの行為の力でつくり出された存在で，忽然と生まれるもの．天人や地獄の罪人など）の４種類の生まれ方で生まれ，天・人・阿修羅・畜生・餓鬼・地獄の罪人として輪廻転生する．生きものではない存在は，「心をもたない物」の意味で非情あるいは無情と言う．インド仏教では，人工物や岩石はもちろん，植物も心をもたない非情とみなして，生きものに含めない．これに対して日本仏教では，非情もまたブッダになることができるとされ，平安時代には「草木国土，悉皆成仏」と説かれるようになった．

●語源

　衆生も有情も，サンスクリット語サットヴァ sattva の訳語．「存在する・〜である」を意味する動詞アス as の現在分詞形サト sat から派生した言葉で，本来は生きものではなく「存在・実在」の意味だが，仏教では「精神的要素・心」という意味をももち，「生きもの」を意味するようになる．チベット語の訳語も「心をもつもの」である．一方，サトヴァ satva と解釈する研究もあり，この場合には「勇者」を意味するヴェーダ語サトヴァン satvan との関連も指摘されている．

●用例

　『大般涅槃経』に「一切衆生，悉有仏性」（あらゆる生きものに，仏性《仏としての本性／構成要素》がある）と説かれるように，大乗仏教ではすべての生きものにブッダとなる可能性があることを強調する．しかし一方では，「縁なき衆生は度し難し」（仏とのつながりを持とうとしない人々を救うことは難しい．「度」は済度，つまり救済）とも言われる．たとえ可能性をもっていても，それを実現しようという意思が伴わなければ，求める結果に到達することはできないのである．　　　　　　　　［野口圭也］

☞「有情・非情」p.60，「成仏」p.156，「殺生」p.175，「畜生」p.193，「人間」p.206，「利益」p.258

出世 しゅっせ

●意味

社会的に高い身分や地位を得たり，会社などにおいて昇進し役職が上がったりして，世の中に名前や顔，存在が知れわたること．

●語源

もとは『中阿含経』「我今出世，（中略）号仏衆祐」（私は今，世に出て（中略）仏と号して人々を助ける）や『大智度論』「仏出世間，正為欲度衆生」（仏が世に出られたのは，まさに衆生を救わんとしたためである）などに用例がみられるように，仏が人々を救うために「世の中に出現」することを指し，さらにさとりを開いて世間を超越することを言う．日本においては，高位の公家の子息が出家し，僧侶の世界で高位に昇ったり，大寺の住職になったりすることを出世と言うようになる．これが転じて，異例の昇進や知名度向上を意味する言葉として一般的に用いられるようになった．

●用例

一般的な用例としては，親族や同期入社などの仲間の中で最も昇進が早い者を「出世頭」，小説家や芸術家などで世間に認知されるようになった最初の作品を「出世作」などとも言う．

仏教では，釈尊が世の中に生まれ出て説かれた教えの中でも，真の目的として説いた教えの位置づけとして「出世本懐」という言葉がある．天台宗や日蓮宗における出世本懐の経典として『妙法蓮華経』，浄土教では浄土三部経がそれに当たる．

また，「出世間」の略語としての用例もあり，さとりを開いて世俗の世界（世間）から抜け出ることや世俗を離れた清らかな世界を指す．特に56億7000万年後に弥勒菩薩が衆生を救うために現れることを「弥勒出世」といい，『栄花物語』には藤原道長が空海に参った際に「弥勒の出世龍華三会の朝にこそは驚かせ給はめと見えさせ給う」（弥勒菩薩が世に出る朝に起きようとしておられるのだろうと思われた）という用例がある．

[大橋雄人]

☞「世界・世間」p.172，「本懐」p.235

寿命　じゅみょう

●意味

　主として人間の生存期間のことを意味するが，人間以外の動物や，道具などの人工物に対しても言うことがある．仏教の世界観を説く『倶舎論』によれば，生きものの生命は，命根という生命の存続に力のある要素によって持続するが，その存続期間は輪廻転生の中で前世において行った行為の結果として定められる（異熟という）．命根の定義では「寿が命根である」とされ，寿とは「体温と識を保持するものである」と説明される．生命は寿と体温と心の働きによって維持されている．経典には，この三つが身体を離れたときに身体は朽ちた材木のように倒れる，と説かれる．すなわち，三つのうちのどれか一つか二つではなく，三つともが身体から喪失したときが死とされている．呼吸停止・心臓停止・瞳孔散大という死の三兆候と対応させると，寿とは具体的には呼吸に相当すると言える．

●語源

　寿も命も，生命・いのちを表す．寿は「生命力」「命の長さ」を意味するサンスクリット語アーユス āyus の訳語で．漢字の寿もまた「生命が長くつらなること」が原意である．命は単独では「生きている」「生きもの」を意味するジーヴァ jīva あるいはジーヴィタ jīvita の訳語だが，生命の持続に関しては，上記の命根が重要である．根とは「力が優れていること」であり，命根とは，ある生きものの生命を生起して，それを持続することに力が優れているものである．

●用例

　長寿で逝去した人に対して「天寿を全うし」という場合，その寿命の長さが天（神）から授けられたもの，とされていることになる．上記のとおり仏教では本来，寿命は前世における自らの行為の結果として定められたものとされるので，この表現はそぐわない．しかし現実には仏教においても，道教信仰において人間の寿命を支配しているとされた天帝とその眷属に当る北極星・北斗七星に対して修法を行い，健康と長寿を祈願するという「星まつり」の行事が古くから行われてきたのである．　　　［野口圭也］

☞「意識」p.48，「長老」p.196

修羅　しゅら

●意味

阿修羅もしくは修羅道の略称．現代では「修羅場」や「修羅を燃やす」といった表現にみられるように，争いを好む者，怒りに狂う者，自己の欲求を満たすために互いに戦い続ける世界などを示す語として用いられる．また，六道輪廻説においては，衆生が命終の後に生まれ変わる世界として，下から順に地獄・餓鬼・畜生・修羅・人・天となり，修羅道は戦闘を好む者が堕ちる争いの絶えない苦しみの世界として説かれる．

●語源

阿修羅は古来インドの神で，サンスクリット語アスラ asura の音写語．asu は命，ra は与えるの意味であり，古代ペルシャ語アフラ ahura（ゾロアスター教の主神）と語源を同じくし，元来は生命を司る善神を意味すると考えられる．しかし後に，神を表す語 sura に否定辞 a がついた「神に非ざるもの」と解釈されるようになり，ヴェーダ聖典や叙事詩などには，特に帝釈天（インドラ神）と対峙して争いを繰り返した好戦的な悪神・鬼神として描かれている．

●用例

仏教では，仏法の守護神である天竜八部衆の一とされ，代表的なものとして奈良興福寺の三面六臂の阿修羅像にその姿を見ることができる．『舎利弗問経』には，釈迦如来を取り囲み仏法を守護する護法善神として，天衆・龍衆・夜叉衆・乾闥婆衆・阿修羅衆・迦楼羅衆・緊那羅衆・摩睺羅伽衆の八部衆が説かれる．このうち阿修羅については，「阿修羅神者，志強，不随善友，所作浄福，好逐幻偽之人．作諸邪福傍於邪師，甚好布施．又楽観他闘訟故受今身」とあり，志が強く孤高にして好戦的な神として説かれている．また，『千手観音造次第法儀軌』には千手観音を守護する二十八衆の第二十五衆として阿修羅が挙げられ，「二十五修羅，所謂大身修羅也．身赤紅色，左手持日輪，右手月輪」とあり，身の色は赤で左手に日輪，右手に月輪を持つ姿として説かれている．このように，古来インドでは悪神とされた修羅であるが，仏教に至ってその好戦的な性格はそのままに，仏法を守護する神として捉えられるようになったのである．　　　[安孫子稔章]

荘厳　しょうごん／そうごん

●意味
　現代語では「そうごん」と読み，厳かなこと，重々しく立派なことを意味する．または形が整っていていかめしく，けだかいこと，といった意味がある．仏教語では「しょうごん」と読み，特に仏国土（仏の国）や仏の説法の場所を美しく飾ることや，仏がその智慧（悟りを開く働き，宗教的叡智）や福徳（善業によって得る福利）によって身を飾ることを言う．さらに，日常においてお堂や仏像を，仏具・法具（仏事に用いる器具）などで飾ることを「荘厳する」とも言う．

●語源
　語源はサンスクリット語ヴューハ vyūha，アランカーラ alaṃkāra であり，それぞれの訳語に「荘」「厳」が当てられる．前者は「みごとに配置されていること」，後者は「美しく飾ること」などと訳され，「厳飾」や「厳」などとも漢訳された．

●用例
　堂の建築，装飾などが美しく立派であることを見て信仰心が起きることを，「信は荘厳より起こる」や「信は荘厳なり」と言う．これは，内容が形式によって導き出されることのたとえである．　　　　　［小崎良行］

密教修法の荘厳

精進　しょうじん

●意味

精一杯（精）ひたむきに進む（進）こと．転じて，一生懸命に努力をする，礼儀正しく生活をする，酒や肉の飲食を制限するといった意味をも有する．地域によって「シャージ」「ショウジ」「ショージ」「ショヨジン」「ソージン」などとも発音する．なお，不幸があったとき，特定の期間が過ぎ，以前のような生活に戻ることを「精進明け」「精進落とし」などと言い，「精進落とし」は，法事をはじめとした儀礼への参加者に対して振舞われる食事を表現する際にも用いられる．また，野菜のみを利用してつくられた料理を「精進料理」とも表現する．

●語源

「勇敢である」という意味を有するサンスクリット語の動詞ヴィール vīr の派生語であるヴィーリヤ vīrya の訳語が精進である．ただし，「拡張・鍛錬・努力」を意味するヴィヤーヤーマ vyāyāma が精進と訳される場合もある．ちなみに，vīrya は精進の他に「勤」「精勤」「勤策」「勇猛」「勤精進」「進」などと訳されることもある．また，音写では「毘梨耶」「毘離耶」などと表記される．精進は仏道実践上において大切な要素の一つであり，その詳細は，例えば①すでに生じている悪を断つように努める（「断断」），②まだ生じていない悪を生じさせないように努める（「律儀断」），③まだ生じていない善を生じさせるように努める（「随護断」），④すでに生じている善を大きくするように努める（「修断」）という「四正断」をもって説明されたりする．

●用例

『勝鬘経』には「応以精進成熟者，於彼衆生不起懈心，生大欲心第一精進，乃至若四威儀，将護彼意而成熟之彼所成，熟衆生建立正法，是名毘梨耶波羅蜜」とあり，精進が「懈心」の対義語的なものとして用いられている．また『心地観経』においては「披精進甲，報智慧剣」と精進が甲に喩えられているとともに，「智慧」が剣に喩えられている．そして『大智度論』では「譬如人欲遠行，初欲去時，是名為欲，発行不住，是為精進，能自勧励，不令行事稽留，是為不放逸」と精進の説明が「欲」や「不放逸」と区別して行われている．

［春本龍彬］

じょうだん　153

冗談　じょうだん

●意味
仏教の修行に関係のない無用の雑談のこと．

●語源
「冗」の字には暇や無駄，余っているという意味がある．一方，「談」の字には，語る，話すなどの意味がある．つまり，二つの文字を合わせると，暇なときの話，暇つぶしにする無駄話となる．また，日常のありふれた話を「常談」といい，「冗談」と同義に使われることがある．他方，とりとめのない話や打ち解けていろいろ話すことを意味する「雑談」が「冗談」の語源という説もある．

●用例
冗談という語は本来的な意味から転じて，現在「ふざける」や「たわむれる」という意味でも使われるようになっている．日常的には，「冗談を言う」「冗談半分」など，遊びやふざけること，そのような内容の話を指すときに用いられる．また，思いもよらないことや失礼なことをされたときに，怒りを伴う形で「冗談じゃない」と言うこともある．もしくは，表現された物事を内容そのままに受け取る人に対して，「冗談が通じない」などと言うこともある．冗談に類似する語としては，無益・無用の話，非論理的な話を意味する「戯論」がある．戯論は，物事に愛着することから起こる不正の言論を意味する「愛論」と，さまざまな偏見から起こる言論を意味する「見論」に分かれている．このようなこだわりをもち，自分を主張しようとすることは，悟りとは程遠い行為であるため，仏教において冗談や戯論は厳しく戒められている．一方，冗談という語は現在，面白い話，笑える話などの用法もあるが，本来はそうした意味をもっていない．上記のような面白い話，笑える話を意味する語として「冗句」があるが，これは英語のジョーク joke に漢字を当てたもので，比較的新しい語である．

[髙田　彩]

☞「悪口」p.38，「虚仮」p.118

正念場　しょうねんば

●意味

　本来は歌舞伎や浄瑠璃などで大事な見せ場のことを指す．主人公役の役者がその役の本質的な性格を見せ，役柄を発揮させる大変重要な局面のことである．「性根場」と表記されることもある．また，人が真価を表すべき特に大事なところやここぞという重要な場面のことも言う．

●語源

　「正念」はサンスクリット語サムヤクスムリティ samyaksmṛti の訳．仏教では基本的な8種の実践方法，正しい生活態度を「八正道」と呼ぶ．「八正道」には，「正見」「正思推」「正語」「正業」「正命」「正精進」「正定」があり，「正念（正見を得る目的を念じて忘れないこと）」もその一つである．また，「性根場」「性根所」という近世の演劇用語があり，これは「性根（物事の肝心なところ）」を見せるという意味である．その最も大事な場を演じるためには，「正常かつ乱れのない平常心」が必要であることから，「性根場」から八正道の一つ「正念」に基づく「正念場」へと語形が変化したものとされる．

●用例

　仏教語「正念」の用例は数多く，例えば最澄『守護国界章』上ノ下には「若先作意而観視者，善住其正念」や『沙石集』巻十「迎講の事」には「極楽の往生を願ひて，万事を捨てて，臨終正念の事を思ひ，聖衆来迎の儀をぞ願ひける」がある．一方，「正念場」に目を向けると，江戸時代後期の戯作である滑稽本の「穴さがし心の内そと」に「そんな是から往ても好きな人の性根場が見られるナア」という箇所がある．その他，明治・大正期の薄田泣菫『茶話』の「名女優の冷笑」には「私は貴女がいつも舞台で私の方を御覧になって笑ってばかり居られるので（中略）あそこが正念場だという事をお考えになって」というか所がある．現在では「重要な場」という意味で日常でも使われることが多い．　　　　　　　　　[草木美智子]

☞「浄瑠璃」p.159

コラム 155

コラム：魔王・悪魔・聖人・懺悔・礼拝

　仏教用語の中には，現代語とは異なる意味や異なるニュアンスをもった言葉が多く存在する．それは近代，諸外国から輸入された宗教に関する語句（主にキリスト教に関するもの）を翻訳する際に，日本人がそれまで使っていた仏教用語を参照して充てがい，現代においてはむしろ，そちらの意味の方が一般化してしまったことによるものである．

　「魔王」「悪魔」は，「神に敵対する者・神に叛逆する者」を表す語句として用いられ，「魔王サタン」やその手先の「悪魔（デモン）」といった使われ方をする．現代では特にRPGゲームや漫画などのサブカルチャーの分野において，神や人間と敵対する存在を指す名詞として一般化している．元々は欲界（欲望にまみれた世界，人間界も含まれる）の最高位である第六他化自在天の主「波旬パーピーヤス pāpīyas」を指す言葉であり，転じて修行や悟りの妨げとなる「煩悩」を表す言葉としても使われていた．

　「聖人」は，本来，仏やその弟子，また高位の菩薩を表す語句であった（例外として親鸞（しんらん）や日蓮（にちれん）などの祖師の敬称に用いる宗派もある）．それがキリスト教などの宗教にも適応され，聖母マリア，十二使徒（ペトロ・ヤコブなど）や使徒パウロ，果てはジャンヌ・ダルクなどの殉教者，敬う対象として定められた者（列聖された者）を指す用語として扱われた．今ではキリスト教のみならず，全世界の諸宗教における崇敬対象（イスラム教の歴代指導者や中国の伝説的な王など）を表す語句として用いられている．

　「懺悔」「礼拝」は，「懺悔」は崇める対象に罪を告白して許しを乞うこと，「礼拝」は崇める対象を拝むことであり，各宗教における内容はまったく異なるものの，用語としての枠組みに大差はない．ただし読み方が異なり，現代では「懺悔」を「ざんげ」，「礼拝」を「れいはい」と読むが，仏教用語ではそれぞれ「さんげ」「らいはい」と読む．仏教において，「懺悔」は「我昔所造諸悪業，皆由無始貪瞋痴，従身語意之所生，一切我今皆懺悔」などの懺悔文をもって自らの罪を悔い改め，「礼拝」は合掌や五体投地をもって仏や菩薩を敬礼することである．なお礼拝では同時に「南無阿弥陀仏」や「南無大慈大悲観世音菩薩」などの仏名を唱えることが多い．

[長尾光恵]

☞「魔」p.237

156　じょうぶつ

成仏　じょうぶつ

●意味

　煩悩を断じて悟りを開くこと．仏（目覚めた者・真理を悟った者）に成ることから「成仏」と言う．「成道」「作仏」「得仏」「得道」ともいう．仏教の開祖である釈尊は，菩提樹の下で悟りを得て成仏した．上座部においては，成仏は釈尊に限定されるので最高の境地は「阿羅漢」とされるが，大乗仏教では成仏が究極的な目標である．『涅槃経』においては「一切衆生悉有仏性（すべての衆生は仏性を有している）」ことが示され，すべての衆生が仏となる可能性を有していることが説かれるが，これは大乗仏教の大きな特徴である．そのため大乗経典では「悪人成仏（往生）・女人成仏（往生）」等も説かれている．ちなみに『法華経』には，二乗・悪人・女人・畜生に対する授記〈仏が未来の成仏を保証すること〉も説かれている．

　「仏性」と同義の語としては，「仏種」「如来蔵」がある．仏性とは仏の清浄なる本性のことを言い，仏性の顕現こそが成仏ということができる．成仏を目指す衆生のことを菩薩と言う．

　古代インドでは，成仏は現世での修行のみによって実現するのではなく「歴劫修行（極めて長い時間の修行）」により成就するという考えも示された．

　私たち衆生ははるか昔より迷い苦しみの中にあり，生死輪廻を繰り返してきた．その生死輪廻の迷いの世界から解脱するための方法として「成仏」，もしくは「往生」が説かれる．

　成仏の捉え方は宗派によって異なっている．一般的には，この世において悟りを得る「此土得証・此土入聖得果」が説かれる．このほか，浄土教で説かれる浄土往生の後に悟りを得る「彼土得証」，密教で説かれるこの身このままで三密加持によって仏と一体になり悟りを得る「即身成仏」などがある．

　彼土得証であっても浄土宗では浄土往生の後に菩提心を起こして菩薩道を実践して悟りを得るとするが，浄土真宗では「往生即成仏」と捉えている．このように，成仏への道筋は異なるものの，大乗仏教においては，最終的に成仏することができるとすることを大切な論理として認める．また，悟った仏の立場から見れば，迷いも解脱も別ものではないということ

☞「往生」p.67,「極楽」p.116,「衆生」p.147,「上品・下品」p.158,「涅槃」p.207,「不退転」p.225,「菩薩・羅漢・如来」p.230,「仏」p.232

じょうぶつ　157

も知らねばならない.

　阿弥陀仏による衆生済度を説く浄土教経典の『無量寿経』や『阿弥陀経』においては，阿弥陀仏が今現在，本願を成就して成仏しているのかということが問いとして取り上げられ，十劫の昔に成仏していることが説かれている．これは，衆生済度のための本願を建立した阿弥陀仏の願が成就しているのか否かが重要な問題となり，現在仏であることを示すに至ったものと言えよう.

　なお，安らかに死ぬことや，単に死ぬことを成仏と称することがあるが，これは本来の意味とは異なる俗的な使用法である.

● 語源

　「成仏」と漢訳されているサンスクリット語は限定することはできず，さまざまな語が成仏と訳されており，逐語的に限定できる語はないと考えられている．「仏」に対応する語は，菩提と音写されるボーディ bodhi など，動詞の語根ブドゥ budh（目覚める）の派生語が多いが，「成」に対応するのはブドゥのほかに，アープ āp（獲得する），クリ kṛ（為す），イ i（行く）などがあり，「成仏」の単一の原語を特定することはできない．漢訳語としての「成仏」が中国において成語化したと考えられる.

● 用例

　『法華経』方便品には「若有聞法者，無一不成仏」（法を聞くことがある者は，一人として成仏しないということはない），「若人散乱心，入於塔廟中，一称南無仏，皆已成仏」（散乱の心のまま，南無仏と称えるだけでも成仏することができる）とある．また『法華経』化城喩品には「願以此功徳，普及於一切，我等与衆生，皆共成仏道」（私の修した善根功徳が，すべてに行きわたり，私たちと生きとし生けるものが，みな仏道を成ぜんことを願う）とあり，すべての衆生が成仏できるようにしたいという願いが示されている．このように，大乗経典においては衆生に仏性があるという教えに基づき，すべての衆生が成仏できることを明らかにしている.

　源信の『往生要集』には「共生極楽成仏道」（ともに極楽に往生して仏道を成じよう）とあり，往生後に成仏を目指すことが説かれている.

　また『無量寿経』上には「成仏已来，凡歴十劫」（成仏より已来，凡そ十劫を歴ている）とあり，『阿弥陀経』には「阿弥陀仏成仏已来於今十劫」（阿弥陀仏は成仏已来十劫である）とあり，阿弥陀仏が十劫の昔に成仏していることが示されている.

［曽根宣雄］

上品・下品　じょうぼん・げぼん／じょうひん・げひん

●意味

　上品とは，程度の最も高いことを表す．一方，下品とは，程度が最も低いことを表す．これは極楽往生する人々を生前の功徳に応じて分類する「九品」に由来する．現代においては，人の性質や態度，家柄やものの出来映えなどの良し悪しを表すとき，優れていることについては上品，劣っていることについては下品と言う．

●語源

　仏教において「品」は等級や部類を表す言葉である．浄土三部経の一つ『観無量寿経』では，阿弥陀仏の浄土，すなわち西方極楽浄土に往生する人々を，生前に積んだ功徳の違いに応じて上品上生・上品中生・上品下生・中品上生・中品中生・中品下生・下品上生・下品中生・下品下生の9位階に分類しており，これを「九品」と言う．上品とはこのうちの上位3位階，下品は下位の3位階を指す．上品とは生前に仏の教えを守り努めた信仰心の厚い人々のことであり，これが優れていることや最良のものの表現となった．下品は悪行を働く人々，仏法や僧侶を敬うことをしない人々であり，これが劣っていることを表す言葉となった．

●用例

　本来の九品往生の用例としては，「御足の跡にはいろいろの蓮開け，御位上品上生にのぼらせたまはむは知らず，（その御足跡にはいろいろの蓮華の花が開いて，上品上生の位にお上りになるだろうが）」（『栄花物語』巻二），「九品蓮台の間には，下品のいふとも足んぬべし（九品蓮台のうちでは下等の下品であっても満足である）」（『栄花物語』巻一八）などがある．どちらも極楽浄土での位階を指すものである．

　性質や態度の良し悪しを表す用例としては，「ところが狐の方は大へんに上品な風で滅多に人を怒らせたり気にさわるようなことをしなかったのです．」（宮沢賢治『土神ときつね』），「むやみに巾着切りのようにこせこせしたり物珍らしそうにじろじろ人の顔なんどを見るのは下品となっている．」（夏目漱石『倫敦消息』）などがある．　　　　　　　［田中栄実］

☞「極楽」p.116，「往生」p.156

浄瑠璃　じょうるり

●意味

　きよらか（浄）な瑠璃．「瑠璃」は宝石の一種であり，青金石やラピスラズリの名称でも知られている．深く鮮やかな青色で，神秘的な輝きを放つ瑠璃は，仏教において，七宝（七種の宝）の一つとされ，金や銀などと同列に扱われることが多い．古来，北西インド（現在のアフガニスタン周辺地域）は瑠璃の産出地として知られ，シルクロード周辺地域に現存するキジル石窟（新疆ウイグル自治区）や莫高窟（敦煌）には，瑠璃の美しい青色を顔料として用いた，色彩豊かな仏画や仏像が残されている．なお，現代の日本において「浄瑠璃」と言えば，一般的に，伝統芸能である語り物としての浄瑠璃を指すが，本来，浄瑠璃は，薬師如来の仏国土である「浄瑠璃世界」に由来する語である．源氏の御曹司である牛若丸と，三河国（愛知県）の長者の娘である浄瑠璃御前（父である長者が薬師如来に祈願して娘を授かったことにより，この名がつけられた）との恋物語（「浄瑠璃御前物語」）が，語り物として人気を博し，民衆に広く知られるようになると，同様の語り物も「浄瑠璃」と呼ばれるようになった．その後，浄瑠璃は三味線伴奏と結びついて多様化し，「人形浄瑠璃」などが生まれた．

●語源

　「瑠璃」は，サンスクリット語ヴァイドゥーリヤ vaidūrya の音写語「吠瑠璃」「毘瑠璃」に由来し，「琉璃」とも表記される．浄瑠璃は，上記のように薬師如来のいる東方の彼方の浄土「浄瑠璃世界」に由来する語であるが，この言葉が伝統芸能の語り物を指す語として定着した背景には，病気平癒などのさまざまな現世利益を与える薬師如来への人々の深い信仰があった．

●用例

　『薬師経』によれば，薬師如来の浄土である「浄瑠璃世界」は，我々のいる娑婆世界から東方はるかかなたに位置し，大地は瑠璃である．また，薬師如来は「薬師瑠璃光如来」とも呼ばれ，その身体は瑠璃のように清浄で無垢なる光明を放ち，暗闇の中でもあらゆる方向を照らして，衆生を導くと示されている．

[大塚惠俊]

☞「正念場」p.154

160　　しょせん

所詮　しょせん

●意味

　解き明かされる（詮）対象あるいは客体（所）．「詮」は真理を解き明か
すことを意味する用言．「所」は「能」と対となる概念であり，「能」が「〜
する」に当る動作の主体を表す言葉であるのに対し，「所」は「〜される」
に当り動作の向かう先の客体を表す言葉である．したがって「所詮」は
「能詮(のうせん)」と対になる概念であり，「能詮」が真理を解き明かすもの，すなわ
ち真理を表す経典およびその教え，あるいはその文句であるのに対し，「所
詮」は解き明かされるもの，解き明かして行きついた所，すなわち解き明
かされる真理そのものを指す．またそこから，究極，究極とするところ，
最終的な目的という意味でも用いられる．

●語源

　中国仏教に由来する語である．現代日本語では否定的なニュアンスを伴
い「どうせ」のような意味で用いられることも多くみられるが，これは中
世以降の日本において「解き明かして行きついた所」の意味から転じて「つ
まるところ」「結局は」などの一般的な意味をもつようになり，さらにそ
こに否定的なニュアンスが付加されたものである．

●用例

　「解き明かされる真理そのもの」の意味での用例としては，『法華義疏(ほっけぎしょ)』
方便品に「教当能詮，理為所詮」および同書「能詮所詮，必相当為起，是
理之常」がある．また，「究極・究極とするところ・最終的な目的」の意
味での用例としては『真言内証義』に「専ら精進して三摩地現前するを所
詮と為す」がある．「つまるところ・結局は」の意味での用例としては『一
言芳談』に「所詮真実に浄土を願ひ，穢土を厭ふ心候はば，散心称名をも
て，往生候ふこと疑ひなく候ふ」などがある．　　　　　　　［高田三枝子］

☞「真実」p.166

コラム：アニメキャラクター ―不動明王編―

アニメに見いだす不動明王

　アニメ作品の中にも仏教由来の表現は数多く見いだせる．ここではその名前から不動明王を元ネタにしたと考えられるキャラクターをざっと挙げてみよう．永井豪原作『デビルマン』の主人公・不動明．日野晃博／レベルファイブ原作『イナズマイレブン』の人気キャラ・不動明王．モンスターストライク原作『モンストアニメ消えゆく宇宙編』に登場する巨大モンスター・不動明王．DMM GAMES／ビジュアルワークス原案『なむあみだ仏っ！－蓮台 UTENA －』に出てくるイケメン・不動明王．

元ネタ由来の特徴

　個性豊かなキャラたちではあるが，みな共通して非常に強い．それもそのはず不動明王は真言密教の教主・大日如来の化身として，怖い顔をしながら剣や火炎で悪魔を退散させる極めて強力な尊格である．詳しい方は，非常に強いという共通点以外にも，怖い顔・剣・火炎・降魔といった元ネタ由来の特徴をキャラの中に見いだせるはず．ちなみに，ここでの悪魔は西洋的な悪魔ではなく，煩悩魔と言って人間の心の汚れを指す．すなわち，不動明王は私たちの心がけ次第で敵にも味方にもなり得るのだ．

イメージカラー

　キャラたちには共通点が見いだせる一方で，イメージカラーは統一感に欠ける．衣服やボディからは，『デビルマン』の不動は黄色や青緑，『モンスト』の不動は黒，『イナズマイレブン』の不動は深緑，『なむあみだ仏っ！』の不動は赤が浮かぶだろうか．それらの色が仏教の不動明王に由来するかはさておき，不動明王の身体の色は仏典においてすでに多様に説かれている．基本となる『底哩三昧耶王経』では「黒みがかった緑色」なのに，仏典ごとに黒，青，黄，赤などと色とりどりに描写されるのが面白い．日本では代表的なものを纏めて三大○○や五大○○と呼ぶが，不動明王の図像も三不動や五不動という形で纏められてきた．それらの中で個体を呼び分ける際には青不動や黄不動などと色彩に頼ることが多いのも，不動明王の身体の色が古来さまざまであったことに由来している．　　　［横山裕明］

自力・他力　じりき・たりき

●意味

「自力」とは，自分自身の努力や能力に基づいて物事を成し遂げることを言う．この言葉は，現代社会で高く評価されることが多く，自己完結型の問題解決や独立性を象徴する言葉として用いられる．例えば「新しいプロジェクトを自力で立ち上げた」などは肯定的な意味での使い方と言える．しかし「すべてを自力でやろうとして非効率になっている」など，否定的な意味で用いられることもある．

「他力」とは，「自力」の対義語で，他者の支援や協力を受けて物事を成し遂げることを言う．これは自分の力ではなく，他人の力に依存して問題を解決したり，目標を達成したりすることを指す言葉として用いられる．例えば「他力ばかりに頼って，自分で何もできない」など否定的な意味で用いられることが多い．また，その場合，「彼はいつも他力本願で，自分からは何もしない」など，「他力本願」という用語もよく用いられる．

●語源

「自力」の仏教語としての意味は，現代語と同様であり，自分自身の力で修行をして悟りを求めること，あるいはその能力のことを言う．一方で「他力」は現代語と仏教語とは意味が大きく異なる．現代語では他者の力をあてにする際の「他者」とは主に人間である．一方で，仏教語では「他者」とは阿弥陀仏という仏（如来）を意図して用いられており，「他力」とは阿弥陀仏の力によることを意味している．

あらゆる仏は，もともと修行者であった時代があり，その修行が完成された際に仏となる．阿弥陀仏も，修行者であった時代があり，そのときの名前を法蔵菩薩と言ったという．『無量寿経』にはこの法蔵が修行を完成させ，阿弥陀仏となるまでの物語が記されている．それによれば，もともと国王であったが，後に出家を志し，世自在王仏という仏の弟子となり，法蔵と名乗ったという．この法蔵が修行を重ねていた際に，どのような仏となりたいのかという誓いを建てた．この誓いを本願（ないしは誓願）と言い，この本願は全部で 48 あり，総じて四十八願と言う．

☞「往生」p.67，「願」p.86，「念仏」p.208

じりき・たりき　163

　この本願がすべて達成されたことから，法蔵は阿弥陀仏という仏になったのであるが，この本願のうち，第18番目の念仏往生願には，「私（法蔵）が仏となる以上，あらゆる世界の人々がまことの心をもって深く私の誓いを信じ，私の浄土へ往生しようと願って，少なくとも十遍，私の名を称えたのにもかかわらず，往生しないことがあれば，私は仏となるわけにはいかない．ただし五逆罪を犯す者と，仏教を謗る者は除く」と誓ったという．この誓い（本願）が達成されたからこそ，阿弥陀仏が存在するのであり，また存在をするからこそ，その本願の内容が実行されると考えられている．すなわちこのことを根拠に，称名念仏により確実に往生が果たされると考えられるのであり，その力を本願成就力とも言い，「他力」の具体的な内容そのものとも言える．なお，念仏往生願には「五逆罪を犯す者と，仏教を謗る者は除く」とあるが，五逆罪（犯すと最も恐ろしい地獄に落ちる仏教における最も重い罪）など，悪いことを犯させないためにあらかじめ誡めるために説かれたもの（抑止門）であり，実際には罪を犯した者であっても念仏の功徳により往生させる（摂取門）とされる．

　「他力」の内容については上述のとおりであるが，『無量寿経』等の浄土教経典には，「自力」「他力」という語は用いられておらず，浄土教典籍の中では中国の僧侶である曇鸞（467-542？年）の『往生論註（浄土論註）』が初出である．その中で難行道・易行道が説かれるが，五濁というけがれた世の中において，また仏が娑婆世界にいない世の中においては悟りを得ることが難しい（難行道の）理由を挙げる中で，ただ自力によっていて，阿弥陀仏の（本願成就力である）他力によっていないことをその理由としている．そしてその他力は，単に浄土へ往生する際に働くのみでなく，衆生が浄土へ往生して以降も，さまざまな形で働き続けるものと考えられている．

● **用例**
　法然は，曇鸞をはじめとする僧侶たちの著作を引用する形で「自力」「他力」の用語を用いるものの，その用例は必ずしも多くない．一方，親鸞は『親鸞聖人御消息』に「義と申すことは，自力のひとのはからひを申すなり．他力には，しかれば，義なきを義とすと候ふなり」と言い，凡夫がはからいなく，阿弥陀仏が衆生を救済する働きである他力にまかせることを強調している．

　　　　　　　　　　　　　　　　　　　　　　　　　［石川琢道］

真言 しんごん

●意味

　サンスクリット語マントラ mantra の訳語で，密教において，仏や菩薩などを表す秘密のことば，あるいは仏や菩薩が音声の形をとったものと考えられている．「密語」とも訳される．真言は，「唵」（サンスクリット語オーン oṃ という聖音）で始まり，「薩婆訶」（サンスクリット語スヴァーハー svāhā）などの語で終わる形をとることが多い．また，梵字（サンスクリット語のアルファベット）一文字で表される真言は種子（あるいは種字）と呼ばれる．真言に類似したもので，比較的長文なものを陀羅尼（サンスクリット語ダーラニー dhāraṇī）と言うが，密教における役割に大きな差はない．また，明呪（サンスクリット語ヴィドゥヤー vidyā）もマントラと同じ意味で用いられることがある．

●語源

　マントラの語義解釈の一つに，マントラの語をマン man とトラ tra に分け，それぞれが思念と救済を意味するとするものがある．例えばラトナーカラシャーンティという学僧（11世紀）は，「他ならない菩提心（覚りそのものである心）が，真実の意味を思念し，世の人々を救済するのでマントラなのである」と述べている．また，空海は『般若心経秘鍵』において，「真言は，本尊を観想しながら唱えることで根源的な無知を取り除く．真言の一字の中に千の理法を含む．そしてこの身のままに覚りを得る．そしてその覚りは心の中にある」ということを述べている．

　すなわち，密教の解釈によるならば，真言とは菩提心そのものであり，それは私たちの心に本来的に備わっているものである．

●用例

　「○○如来のご真言」「○○菩薩のご真言」というように，仏菩薩に対して唱える呪文的なものとして捉えられている．また，「真言宗」という仏教の宗派の一つの名称になっているものと理解されている．　　［種村隆元］

コラム 165

コラム：数の単位

日本で用いられる数の単位

　現代日本で用いられる数の単位（命数）は，江戸時代の数学者である吉田光由が著した算術書『塵劫記』に基づく．『塵劫記』ではインドから中国へ伝わった数の呼称が整理されているため，本書で扱う「阿僧祇」「刹那」をはじめとした仏教由来の単位が多く含まれる．まずは，大小それぞれの数の単位を以下に挙げてみよう．

大きい数の単位

万，億，兆，京，垓，秭，穣，溝，澗，正，載，極，恒河沙，阿僧祇，那由多，不可思議，無量大数

　これらのうち，恒河沙以上が仏教にルーツをもつ．一般的には，恒河沙は 10^{52}，阿僧祇は 10^{56}，那由多は 10^{60}，不可思議は 10^{64}，無量大数は 10^{68} に相当する．さらに『華厳経』では，不可説不可説転を最大とする，無量大数よりもさらに大きい単位が多数定義される．

小さい数の単位

分，厘，毛，糸，忽，微，繊，沙，塵，埃，渺，漠，模糊，逡巡，須臾，瞬息，弾指，刹那，六徳，虚空，清浄，阿頼耶，阿摩羅，涅槃寂静

　ここでは六徳を除く弾指以下の単位が仏教やサンスクリット語に由来する．一般的には，弾指は 10^{-17}，刹那は 10^{-18}，六徳は 10^{-19}，虚空は 10^{-20}，清浄は 10^{-21}，阿頼耶は 10^{-22}，阿摩羅は 10^{-23}，涅槃寂静は 10^{-24} に相当するとされる．「刹那」の項でも紹介したとおり，インドでは1弾指を65刹那とする説がある．

仏典上の比喩と用例

　以上の中でも，「恒河沙」は特にインドらしい数である．「恒河」はガンジス川を意味するサンスクリット語「ガンガー（gaṅgā）」を音写したものであり，元々はガンジス川の砂（沙）ほど大量の数を表す．『法華経』提婆達多品では，仏の教えを聞く衆生の数を恒河沙を用いて表現している．また数の単位にはなっていないが，冒頭に挙げた『塵劫記』の書名の由来も「塵点劫」という長い時間を指す仏教由来の言葉である．『法華経』化城喩品の比喩を読めば，私たちの一生も瞬きほどと感じるような，悠久の時間を味わうことができるかもしれない．　　　　　　　　［児玉瑛子］

☞「劫」p.100，「阿僧祇」p.37，「空」p.100，「刹那」p.177，「ゼロ（零）」p.178

166　　しんじつ

真実　しんじつ

●意味

　いつわりや装飾を離れた，ありのままの正しい本当のすがた．煩悩を離れ，二元性や誤った判断を超越したブッダのさとり，智慧を指している．同様の意味の言葉に「真如」があり，そのものの本来のあり方を意味する．現代語としては「真理」も近い意味だが，普遍的で正しい根本原理，の意味が強くなる．真実と真如は，漢訳の仏教語として仏典に頻繁に登場するが，真理の語は極めて少ない．真理の意味では「諦」の語が近く，「法」もまた普遍的な原理や規範を表す．「事実」は，理念に対して実際に起きたできごとや現実に存在する事象を表すが，「実際」もまた仏教語である．真如とほぼ同義で，存在の究極のあり方を意味する．

　密教においては『金剛頂一切如来真実大乗現証大教王経』のように「一切如来の真実」を名称に含む経典が出現する．これは，すべての如来はどのようにして悟りに到達したのか，というブッダの悟りの真の様相を明らかにすることを意図して，従来とは異なる新たな教理と実践の体系を「これこそが正しい真実の教えと実践だ」と提示したものである．

●語源

　真実の原語はタットヴァ tattva である．「それ」を意味する代名詞タト tat に抽象名詞を作る語尾トヴァ tva を付加してつくられた言葉で，字義どおりには「それであること」を意味する．あるものが他のものではなく，確実に「それ」であることが真実ということである．チベット語の訳語も「それにほかならないこと・まさしくそれであること」を意味している．認識された対象の知識が，対象そのものと齟齬しないことが真実の知識である．一方漢字の「真＝眞」は中身がいっぱいにつまっていることを表すことから，ほんものという意味となる．「実＝實」も屋内に財貨がいきわたっている意味で，やはり中身がいっぱいにみちていることである．真如の原語タタター tathatā は，「そのように」を意味するタター tathā と抽象名詞をつくる接尾辞ター tā からつくられた言葉で，「そのもののありのままであること」を意味する．我々の認識は煩悩に基づくさまざまな誤謬が

☞「諦め」p.36,「義」p.92,「実際」p.137,「所詮」p.160,「微妙」p.216

伴っているが，対象をありのままに正しく認識するとき，誤った判断や概念や先入観を離れた対象の真実のあり方が現れる．それが真如である．

しばしば真理と現代語訳されるのはサティヤ satya である．「存在する」を意味する動詞語根アス as の現在分詞形サト sat からつくられた語で，「実」「事実」と漢訳される場合もある．漢訳語である諦は「明らかにする・つまびらかにする」意味である．仏教の根本真理とされる四聖諦の諦はこのサティヤであるが，近年「真理」ではなく「事実」と訳すことも提唱されている．また先述のタットヴァを「真理」と漢訳している場合もある．法はダルマ dharma の訳語だが，ダルマとはインド思想全般においては世界を支える根本的な理法で，その意味は多岐にわたる．仏教では特にブッダの教説を言うので，仏教における真理を意味することとなる．

● **用例**

宮沢賢治の『銀河鉄道の夜』でジョバンニが言う「たったひとりのほんたうのほんたうの神さま」は，二元性を超越した真実の存在であり，ブッダと言ってもよい．

人気あるミステリー漫画では，「真実はいつもたった一つ」（青山剛昌『名探偵コナン』10，小学館，1996 年，p.93）と言われる．一方また「真実は人の数だけある」（田村由美『ミステリと言う勿れ』1，小学館，2018 年，p.44）とも言われる．どちらも主人公である，江戸川コナン（が一時的に工藤新一の姿に戻っていたとき）と久能整の，有名なセリフである．真実はたった一つしかないのか，それとも人の数だけ（つまり無数に）あるのか．前者はライバルによる誤った推理を斥けて正しい推理を述べた後の言葉，後者では「人は主観によってしかものを見られない（p.43）」ので「真実は人の数だけある」，「でも事実は一つ（p.44）」と続く．いずれも誤った認識や推論を否定して，事件の真相という正しい知識に達することを意図しているのだが，前者ではそれを真実と呼び，後者は事実と言っている．後者で言う「人の数だけある」真実とは，主観という誤った判断（虚妄分別）に基づいているので，仏教的に見ればありのままの本当のすがたとしての真実ではなく，個別の事象にすぎない．一方，真実が「たった一つ」だけであったとしても，人間の認識能力は不完全なので，それを「いつも」正しく知ることができるとは限らない．整君は「神のような第三者がいないとみきわめられない（p.43）」とも言っている．仏教では，一切智者であるブッダがその役割を担うことになる．　［野口圭也］

神通・神通力　じんずう・じんずうりき／じんつう・じんつうりき

●意味

　どんなことでも自由自在になし得る，計り知れない不思議な力やその働きのことで，通力，神力などともいう．現代では神通力（じんつうりき）と読むことが多く，何でもできる力，何でも見通せる能力などと解している．仏教語としては，仏・菩薩（ぼさつ）・諸天などが有する融通無礙（ゆうずうむげ），自由自在に何でもなしえてしまう不思議な力を指し，一般の人間の能力を超えた，自由自在で不可思議な能力のことである．仏教においては，禅定や三昧の修行により神通力を得るという．神通には五種あり，仙人や苦行者も持つ神足通（じんそくつう）（多身となり身を隠し，山や壁を通り抜け，月日に手を触れ，梵天界にも行ける身体的力），天眼通（てんげんつう）（有情の生と死を知る智），天耳通（てんじつう）（遠くを聞く千里耳），他心通（しんつう）（他人の心を知る智），宿命通（しゅくみょうつう）（自他の過去世を知る智）を五通といい，この中の神足通だけを特に，神通ということがある．また五神通に，聖者が具備する漏尽通（ろじんつう）（自己の漏・煩悩が滅し尽きたと知る智）を合わせて六神通とも言う．六神通のうち，天眼・宿命・漏尽を三明と言う．神通は五神通・六神通のほか，十種神通を立てるものもある．

●語源

　サンスクリット語リッディ ṛddhi の訳語で，すぐれた智慧の意味．神は不測，通は無礙（むげ）の意味といい，測りきれない無礙の力を神通または通力と言う．古代インドでは，苦行により宗教的に高い境地に達した修行者が超自然的な能力を現したとされるが，釈迦は，神通は悟りには関係ないものとした．後に神通は，教化のための方便（ほうべん）として活用されるようになり，神通方便などとも言うようになった．

　密教では修法（しゅほう）を成就した者には通力ができるといい，密教や天台円教は，しばしば神通に乗ずることに譬えられることから，真言密教の異名として神通乗（じんつうじょう）ということがある．神通乗の語は，インドでは使われず，中国でも強調されず，『大智度論』の説を典拠として『大日経義釈』が論じ，日本仏教の中で展開した語のようである．天台僧最澄（さいちょう）も真言僧空海も共に，自宗が神通乗であることを宣揚したが，厳密にはその解釈が異なり立場を

☞「自由」p.68，「自在」p.136，「遊戯」p.253

異にしていた．神通や神通乗の解釈をめぐっては，教義上，諸説がある．

● **用例**

　神通は諸経典で説かれ，多くの用例が見られる．『増一阿含経』では，「彼の山に依りて皆，神通得道の人あり．彼の間に居す」とし，『法華経』寿量品に「如来の秘密神通の力は，一切世間の天人及び阿修羅をして，皆今の釈迦牟尼仏は釈氏宮を出で，伽耶城を去る遠からず道場に座して，阿耨多羅三藐三菩提を得たりと謂はしむ」などとある．『法華経』には用例が多く，序品で六種震動し大光明を放つ神通を現ずることから説法が始まり，「其仏説法現於無量，神通変化不可思議」，「諸菩薩衆得大神通・四無礙智」などと記す．その他，文学作品では『日本霊異記』中巻七話に「菩薩見て，即ち神通を以て光が念ふ所を知り，咲を含みて愛しみて言はく」（行基は智光を見ると，神通力で智光の思いを知って）とあり，『今昔物語集』では，巻一第三話に「爰に浄居天，神通を以て憂陀夷の心を不覚に成して答て云しむ」や，「此く云ひ畢はりて神通を現じて虚空に昇りて去りぬ」，巻二第四〇話「仏空に其の心を知り給て，諸の御弟子等を引具して神通に乗じて来給て」などとある．『太平記』巻三六「一角仙人の事」には「修行功積もって，神通殊に新たなり」と記される．

　また神通力も神通と同意で用いられることも多い．例えば『法華経』普門品に「具足神通力，広修智方便，十方諸国土，無刹不現身，種種諸悪趣，地獄鬼畜生，生老病死苦，以漸悉令滅」や，『維摩経』に「即時天女以神通力，変舎利弗令如天女．天自化身如校舎利弗」などとあり，また『遍証大師伝』に「察知将来之事，如置目睫之間．豈神通力之所致乎」などとみえる．

　神通力で著名なのは，釈迦の十大弟子の一人である目連である．目連は六通を得て，富楼那の弁舌，舎利弗の智恵に対して，神通第一と言われた．目連の神通力は，経典をはじめとして多くの話がある．目連は神通力を用いて釈迦の説法を邪魔する鬼神や龍を降伏させたり，異端者や外道を追放したり，捉えられた際に神通力によって脱出したりした．『善光寺縁起』で釈迦の命で目連が龍王のもとに行く時にも，神通力を用いて赴くなど，目連が神通力を駆使する逸話は枚挙にいとまがない．

　その他，仏が神通力によって放つ大光明を神通光，その力を思うままに駆使する意味で神通自在，その手だてを神通方便というように，神通から派生した語は多く用いられている．　　　　　　　　［渡辺麻里子］

睡眠 すいめん／すいみん

●意味

睡眠は一般に，人間や動物の内部的な必要から発生する意識水準の一時的低下現象とされ，人が生きるために欠かせない生理現象と言われている．漢字の睡は目＋垂（花が垂れ下がる形），眠は目＋民（片目を針で刺した形）からなり，まぶたが垂れる様子と目を閉じて眠ることを表している．睡眠という語句は，日本では藤原宗忠『中右記』にみられる．ここでは，現代で言う睡眠障害を表す言葉として「睡眠病」という語句が使われており，生理現象を意味していたことが分かる．

●語源

仏典にみられる語源としてはミッダ middha の訳の睡眠が挙げられる．生理的な意味と異なり，ミッダは広義では怠惰なことを表し，善い心を妨げる五種の煩悩（五蓋）の一つとみなされ，重々しく眠気を伴う煩悩のことを指す．倶舎の五位七十五法，および唯識論書の五位百法では，心が定まらない状態として「不定法」に位置づけられている．一方，生理的な眠りを表す原語にスヴァプナ svapna もあり，主に眠ることや夢を見ることを指している．したがって，仏典では眠気を伴う怠惰に睡眠という語句をあててそれを煩悩とみなすが，眠ること自体を否定しているのではない．

●用例

煩悩の意味の睡眠を表す例に『増支部経典』「眠気」（『中阿含経』長老上尊睡眠経）がある．そこでは，世尊が居眠りをしていた目連に「睡眠を除く方法がある」と述べ，水で眼をこすり，光を見るなど，眠気を除くさまざまな方法を説く．また『倶舎論』には，煩悩としての睡眠を解説し「睡眠とは身体を支える力がなく，心が収縮することである」と記している．

一方，生理的な睡眠の例として『瑜伽師地論』には「（比丘は）僧坊に入って，眠りによって養うべき諸要素が養われるまで横になる．この養われた身体は常に善なる修行を行うのに，より適し，より従順なものとなる」と説いている．

[阿部貴子]

☞「煩悩」p.236

頭陀袋　ずだぶくろ

●意味

修行僧が三衣などの持ち物を入れ，首にかける袋．打包とも呼ばれる．葬儀の際に死者の首にかける袋でもある．頭陀とは，煩悩の垢をふるい落とし，欲望を離れ，一心に仏道に邁進する修行を意味する．頭陀の修行には，人里離れた場所で過ごすこと，常に乞食（人に食べ物を乞うこと）などの12種が挙げられる．これらの修行を行いつつ，生活の中であふれてくる煩悩の垢を振るい落としていくのである．頭陀の修行の際に，必要最小限の生活道具を入れた袋を首に提げて携行した．

●語源

頭陀とは，サンスクリット語ドゥータ dhūta（またはドゥタ dhuta）の音写で，「振る」「振るい落とす」を意味する動詞語根ドゥー dhū から派生したとされる．あるいは，「洗い落とす」を意味する動詞語根ダーヴ dhāv に基づくとも言われている．衣食住の生活に関する煩悩の垢を「振るい落とす」「洗い落とす」ことを意味する．「杜多」とも音写される．

●用例

葬儀の際，死者の首に頭陀袋がかけられ，死者が旅立つ際に必要なもの，例えば，三途の川の渡し賃である六文銭を模したものなどを入れる．本来，頭陀の修行を行う際に用いる物であったため，基本的には簡素な構造をしている．さまざまな形があるが，最も簡素なものの一つとして，一枚布で袋部分と被せ部分をつくり，袋の両端に穴を開け，紐を縛り付けているものがある．

昨今，頭陀袋は，メッセンジャーバッグやサコッシュなどといったショルダーバッグの一種として使われている．こうしたショルダーバッグは，頭陀袋と機能的には類似しているが，携行の仕方が異なる．メッセンジャーバッグなどはたすき掛けにするが，頭陀袋は基本的に身体の前に袋部分がくるように首に掛ける．工事現場などで廃材など雑多な物を入れるための汎用性の高い袋を「ずた袋」と呼ぶが，これは頭陀袋に由来する．比較的余裕のある形で許容量が多く，簡素な袋である頭陀袋が，何でも入る袋のことを指すようになったのであろう．　　　　　　［房 貞蘭］

☞「乞食」p.171

世界・世間　せかい・せけん

●意味

　一般的には世間は世の中，人の集まりを表現し，世界は地球全体あるいは人間社会を意味するとされている．一方仏教において，世界と世間という言葉を考えるとき，それは長い歴史の中で同義語の場合もあり，また異なった概念を指し示すこともある．基本的に，仏教において世界とはもろもろの生きもの，生命体が存在する場所であり，無常すなわち移りゆく存在，生成と破滅を繰り返していく存在を指し示している．しかし，大乗仏教においてはこのような世界を超越した絶対的世界をも世界と表現することになっていく．ここでは無常の存在である世界がどのようなものであるかを見ていきたい．仏教のさまざまな概念は，それが出発したインド思想を基盤としている部分があり，世界の概念も同様である．すなわち，須弥山（スメール山）を中心とした概念である．須弥山の高さは八万由旬と言って，一説には57万6千kmもあると言われている．その須弥山の山頂には，天界の神々が住んでおり，頂上は六欲天の第二天である忉利天に位置し，ここに帝釈天がおられる．世界の最下層は風輪と称される風の層があり，その上に水輪，金輪が存在し，金輪に須弥山とその周囲にある四洲（四つの大陸）の一つである閻浮洲があるとされている．この閻浮洲に我々が住しているのである．また地下には地獄が想定されている．そして，この地獄から須弥山上の神々の世界までが，我々が輪廻する範囲ともされている．以上の世界を，世界の最小単位・須弥山世界と称し，この須弥山世界が千個集まったものを小千世界と言い，その小千世界がさらに千個集まったものを中千世界，また中千世界が千個集まったものを大千世界（三千大千世界）と称すると言う．すなわち，三千大千世界とは，最小単位の須弥山世界がおおよそ10億個集まったものをいうことになる．また，この須弥山世界はありとあらゆる方向に広がっており，一つ一つに生きとし生けるものが活動をしていることになる．

　また，仏教ではすべての衆生が輪廻する世界を3種に分けて，欲界・色界・無色界と表現する．欲界は，淫欲・食欲の欲望に囚われた衆生の世界であり，地獄・餓鬼・畜生・人・天の五趣があるが，色界・無色界には天の

☞「金輪際」p.124，「娑婆」p.142，「出世」p.148，「人間」p.206

みしか存在していない．色界は，欲望を離れた衆生の世界であるが，欲望を離れることはできたものの，物質的なものに囚われている世界であり，かつまた四禅を修めた者が死後に生まれる世界とされている．色界は禅定の段階によって四禅天に大別されている．色界の色は物質のことを言い，無色界のように物質や肉体の束縛から脱却できていない世界である．無色界は，天部の最高位であり，欲望も物質的条件も超越して，ただ精神作用のみの世界，すなわち禅定の世界である．その禅定に空無辺処・識無辺処・無所有処・非想非非想処の４種があると言う．大乗仏教になると，この三界を離れ，声聞・縁覚・菩薩・仏等を加えて，十界とする場合もある．

また，仏教はこの世について世間・出世間という二分した見方をもしている．世間とは，いわば諸行無常の移ろいゆくこの世界を言い，出世間は文字どおり輪廻を繰り返す世間を越えた仏の世界を言う．さらに，三種世間という捉え方もある．すなわち，衆生世間・器世間・智正覚世間である．衆生世間とは，生きとし生けるものの世界であり，器世界は生きとし生けるものを育む場所，山河大地などを指し，智正覚世間は仏の世界を言う．前述の須弥山世界で言えば，地獄から須弥山の頂上の神々の世界まで，これが衆生世間に該当し，器世間とはこの衆生世間に風輪を加えたものとしている．

このように，世界・世間と表現されるものは，基本的に輪廻の範囲でもあり，また生成され，破滅していくことを無限に繰り返しているものとしている．

● 語源

語源はサンスクリット語のローカ・ダートゥ lokadhātu と言う．ローカは「見る」という意味の動詞から派生したもので，視覚的に認知できる領域を意味しているとされている．また，一方では「破壊する」という意味の動詞から派生して「毀壊すべきもの」の意味とする解釈も存在する．このローカにダートゥを加えて，世界と訳している．ダートゥはあるものを下支えするものの意味で，構成要素・本質・領域などを意味している．

● 用例

聖徳太子が語ったとされる「世間虚仮，唯仏是真」．『万葉集』作者不詳の「世間は常なきものと今ぞ知る　奈良の都のうつろふ見れば」．このように仏教思想に基づく世間・世界は移ろいやすきもので，無常であること，そして仏のみが真実であることを古代の人々も実感として理解していたことが読み取れる．　　　　　　　　　　　　　　　　　　　　　　[堀内規之]

説教／説経　せっきょう

●意味

　経典や教義の内容を講説し，人々を教化すること．その形式や教義内容によって，多少意味が異なるものもあるが，説法，法話，説経，唱導，法語，談義，勧化等と類似して用いられる語．また，一般的には道理を語り聞かせること，堅苦しい話という意味で使われることもある．

●語源

　仏教の教え（法）を説くことは説法と言い，経典中に頻繁に見いだされる．説教は「説教法」「説教誡（戒）」として用いられる場合が多い．

●用例

　「説法」の用例は古く，『無量寿経』上では，仏の姿として「説法獅子吼したまう（獅子が吼えるように〔雄壮に〕法を説く）」と説かれる．また，釈尊の十大弟子の一人富楼那は「説法第一」と称された．「十二部経」には，「ガーター gāthā」（伽陀）諷誦，「ニダーナ nidāna」（尼陀那）因縁，「アヴァダーナ avadāna」（阿波陀那）譬喩などの説法を構成する語句が確認できる．中国では，梁の慧皎撰『高僧伝』に，「唱導」とは法理を宣唱することによって，衆心を開導するものとし，「声・弁・才・博」を重要な要素とし，因縁や譬喩を用いたことや台本が用意されていたことなどが述べられている．

　日本では，聖徳太子が推古6（598）年に『勝鬘経』を講説した．『法華修法一百座聞書抄』など，「説経」の言説を伝える文献は多数ある．平安末期から鎌倉初期にかけて活躍した天台僧，安居院澄憲は，富楼那の再誕と称された説法の名手である．安居院は，説法詞の類聚・編纂を手掛け，それらは宗派を超えて書写され，各寺院における説法詞とともに所持されていった．説法は，次第・法則に従った法会に限らず，さまざまな階層の人を教化する講説としても行われた．その際は，法会における説法詞をより平易に解説し，文芸的要素を多分に含むものであった．「説教」の初例は『正法眼蔵』（13世紀）に「おほよそ一代の説教に，すべてみえざるところは，諸仏のあひ是非する仏語なり」とある．道理を聞かせるという意味の用例としては，「親に説教される」などがある．　　　　　　［平間尚子］

☞「講義」p.111，「講師」p.112

せっしょう　175

殺生　せっしょう

●意味

　生きものを殺すこと，生命あるものを殺すこと，衆生・有情を殺すこと．仏教の十悪（10種類の大罪）の一つ．十悪には，身体的な悪として殺生・偸盗（他人の物を盗むこと）・邪淫（淫らな行為をすること），言葉的な悪として妄語（嘘をつくこと）・悪口（悪口を言うこと）・両舌（二枚舌を使うこと）・綺語（飾り立てた言葉を使うこと），思考的な悪として貪欲（欲望に任せて貪ること）・瞋恚（怒り狂うこと）・邪見（間違った考えをすること）があり，殺生はその中でも最大の罪に当る．僧侶であろうとも，一般人であろうとも禁止されており，もし殺生の罪を犯してしまえば，三悪道（地獄・餓鬼・畜生の世界）に堕落して，永遠にも等しい苦しみを受けることになる．また殺生の中でも，自分自身の両親や師匠（僧侶）を殺すことが最も重い罪に当ると考えられている．

●語源

　サンスクリット語プラーナ・アティパータ prāṇātipāta の訳語．「生き物」を意味するプラーナと，「無視，悪しき扱い，破壊」の意味を持つアティパータの複合語で，そのまま漢訳された．

●用例

　『中阿含経』に「一曰殺生，極悪飲血，其欲傷害，不慈衆生乃至昆無虫」（十悪の第一の殺生とは，極悪であって人の血を飲むような行為であり，傷つけ害することを望み，衆生から昆虫に至るまでの生きとし生けるものに慈悲の心をもたない），『華厳経』に「殺生之罪，能令衆生堕於地獄・畜生・餓鬼」（殺生の罪は，衆生を地獄・畜生・餓鬼の三つの悪い世界に堕落させる）とあるように，あらゆる経典や論書において最悪の行為とされている．仏教において殺生の罪は，基本的に犯すべきではないものと戒められるが（例えば五戒など），時代が降るにつれて，また東アジアに伝わるにつれて，懺悔（仏に罪を告白して許しを乞うこと）や滅罪（善業を積んで罪を消すこと）が活発になっていき，殺生を犯したものでも救われる教えが注目されるようになっていった．

[長尾光恵]

☞「地獄」p.134，「衆生」p.147

絶対　ぜったい

●意味

　現在日常で用いられる「絶対」には概ね二つの意味がある．

　一つは「相対」の対義語で，比較するものや対立するものがなく，何の制限もなく，何の条件にもよらずに存在すること，あるいはそのさまのことである．「絶対君主」「絶対評価」などの用例がこれに当る．

　もう一つは，「絶対に行く」「絶対に許さない」など，副詞的に用いられる，どうしても，必ず，断じて，間違いなくといった意味である．

●語源

　仏典の表記では「絶対」ではなく，「絶待」となっている．読みも「ぜったい」ではなく，「ぜつだい」である．意味は上記の二つのうち，一つ目の意味で用いられている．対義語となる「相対」も基本的に「相待」と表記し，読みも「そうだい」である．

　例えば，天台大師智顗の『法華玄義』第二・上には「妙を明さば，一に通釈，二に別釈なり．通を又二となす．一に相待，二に絶待なり」等とある．

　ちなみに「絶待」は漢訳されたインド撰述仏典にはみられず，中国撰述仏典において用いられた語と言える（「相待」はインド撰述仏典の漢訳にもみられる）．

●用例

　明治時代の哲学者である井上哲次郎は，英語の哲学用語を和訳した辞書『哲学字彙』（1881 年）において「Absolute　絶対（按，絶対孤立自得之義，対又作待，義同，絶待之字，出于法華玄義），純全，専制（政）」とした．つまり，英語の「absolute」の訳語として，『法華玄義』の「絶待」を基に，「絶対」という語を当てたのである．

　その後，「絶対」は哲学分野のみならず多くの辞書に収録され，一般化し，今日我々が日常的に用いるところとなった．　　　　　　　　[大八木隆祥]

せつな　177

刹那　せつな

●意味

「刹那」は瞬間，一瞬などの極めて短い時間を表す語である．現代において
は，「刹那的」「刹那主義」といった，後先を考えずに今を楽しむ生き
方や考えに対してネガティブな意味で用いられる場合が多い．その一方
で，とある瞬間に起こった出来事の描写や，儚く美しいものを形容する際
の詩的な表現として，物語や歌詞の中で目にすることもある．また，日本
で用いられる数の単位としての「刹那」は，10^{-18} に相当するとされる．

●語源

「刹那」の原語はサンスクリット語クシャナ kṣaṇa である．音写語のた
め漢字と意味は対応しない．インドにおける「刹那」が具体的にどれほど
の時間を表すかは確定的でなく，1刹那を75分の1秒とする説などがある．
いずれにしても，それは人間には到底認識できないほどの非常に短い瞬間
である．仏教では，この世界のすべてのものが1刹那のあいだに生起と消
滅を繰り返しており，その刹那の連続（サンターナ saṃtāna）が精神的・
物質的存在を形成していると考えられる．この理論を「刹那滅」（クシャ
ナバンガ kṣaṇabhaṅga 等）と呼ぶ．仏教の根本的教義の一つとして「諸行
無常」はよく知られるが，無常の教えを緻密に理論化したものが刹那滅で
ある．唯識派から登場した仏教論理学派の学者たちは，刹那滅の理論を強
化することで諸行無常を論理的に証明しようとした．

●用例

『大毘婆沙論』では，刹那の長さを表すための比喩的な説明がみられる．
その比喩とは，成人男性2人がたくさんの絹糸をつかんで引っ張り，それ
を3人目の成人男性が一刀に切断すると，糸1本当たりの切断が64刹那
に相当するというものである．絹糸は非常に細く，またたく間に切断され
るはずだが，そのあいだに64もの刹那が経過するのである．また，1弾
指（アッチャター，指をパチンと弾く時間）を65刹那とする比喩もあり，
刹那がいかに短い時間であるかを窺い知ることができる．　　　[児玉瑛子]

☞「数の単位」p.165

ゼロ（零）ぜろ

●意味

一般にゼロは何もないことを意味するが，現代のゼロを表す記号 0 はインドを起源とする 10 種のアラビア数字（ほかは 1 から 9）の一つである．アラビア数字は 10 進位取り記数法として筆算とともに広まり，数学の世界のみならず，人間社会のさまざまな場面で必須のものとなっている．

●語源

インドでゼロ概念が発明されたのは 6 世紀のことと考えられ，初めゼロ記号は数字がないこと（空位）を表す「点」（ビンドゥ）だった．ビンドゥは仏教の空性のイメージを想起させる．筆算を行う際に，何も表記する必要のない位が生じ，その空欄を示すため，0 という記号が発明された（例えば，45 + 63 = 108）．その筆算法の定着とともに，ゼロ記号も他の 9 個の数字と同様に演算の対象となる．算術・天文計算の実用的必要性がゼロ概念を誕生せしめ，定着させたと言うことができる．7 世紀のブラフマグプタはゼロを対象とする体系的な演算規則を与え，ゼロによる割り算（ゼロ分母と呼んだ）以外は正しい規則を与えている．

ゼロを意味するサンスクリット語シューンヤ śūnya（空の，存在しない）がアラビアに伝えられると，意訳されてシフルと呼ばれる．後に西洋に伝えられるときに，シフルがラテン語に音訳されてゼフィルム（zephirum）になり，それがイタリア語のゼフィロ（zefiro，ヴェネチア方言 zero）を介してヨーロッパ諸語ゼロ（zero）になった．

『塵劫記』（1627 年）など江戸時代初期の和算書は中国の算書を踏襲して，中間単位の欠落を「零（令）」「欠」「下」などと表した．江戸後期には，オランダ語の教科書や西洋算術の書がゼロを含むアラビア数字を紹介しているが，それが日本人に広く普及したのは明治の新しい学校教育を通してである．

●用例

ゼロ記号は位がいっぱいになったとき，つまり 9 の後に現れる．そのためパソコンのキーボードや電話のダイヤルでは 0 が 9 の後にある．一方，電卓の 0 はゼロという数を表すから 1 の前に置かれる．　　　　［髙橋秀裕］

☞「数の単位」p.165

ぜん　179

禅　ぜん

●意味

仏教における瞑想により心を落ち着かせる修行法．真実真理を得るために行ずる．この修行が完成され，心が深く安定してまったく動揺することのない状態を「禅定」とも言い，この状態に至ることを「禅定を得る」とも言う．仏教において行ずるべき六つの事柄である「六波羅蜜」（布施・持戒・忍辱・精進・禅定・智恵）の一つとして説かれ，仏教の最終目標「悟り」を得るために必要なものとされている．これを得るためにさまざまな教義と瞑想方法が提唱されており，特に「禅宗」と呼ばれる諸宗派では，端坐して目を少し開き，呼吸を整える方法が実践され，一般的にはこの方法を「禅」「坐禅」と呼んでいる．現代では物事を成し遂げるために，自らの現状や課題などを見据え，どう行動すべきかを考える手立てとしても世に広まっている．

●語源

サンスクリット語ドゥヤーナ dhyāna，パーリ語ジャーナ jhāna の訳語で瞑想を意味する．「禅」はこれらの音写語「禅那」を省略したものとされる．『仏所行讃』などでは釈迦の瞑想の様子として用いられる．またこの禅を修し，その体得の深さによって４段階の天に生まれると言い，「初禅天」から「四禅天」という三界（欲界・色界・無色界）をランク付けした天界の名称としても用いられている．

●用例

修行方法としては「禅を修す」「禅を組む」「禅を行ずる」といった用例があり，境地としては「禅を得る」「禅定に入る」といった用例がある．『仏所行讃』には「心定安不動　五欲廓雲消　有覚亦有観　入初無漏禅」（心が安定して欲が消え，初無漏禅の境地に入る）とあり，心が動揺しない境地として用いられている．『法華経』序品では「深修禅定　得五神通」（深く禅定の行を修し，五神通を得る）とあって修行の一種として説かれる．日本における禅宗の思想は，道元『正法眼蔵』，栄西『臨済録』などで論じられている．　　　　　　　　　　　　　　　　　　　　　　　　　　［郡嶋昭示］

☞「挨拶」p.33，「勘弁」p.91，「言語道断」p.124，「三昧」p.127，「普請」p.224，「面目」p.248

善哉　ぜんざい

●意味

　相手や対象物に対する感動や賛意を表す際に用いる感動詞．相手を褒め称えたり，祝意や喜びを伝えたりする際に用いる言葉である．

　また，「善哉餅」の略称で，主に小豆を砂糖で甘く煮た食べ物のこと．白玉団子や餅，栗の甘露煮などとともに食される．関東地方では汁気のない餡を餅などにかけたものを指すが，関西地方では粒餡を用いてつくった汁物を「ぜんざい」と呼び，漉餡を用いた汁物（汁粉）と呼び分けている．一説には数々の奇抜なエピソードで知られる臨済宗の僧侶・一休宗純(1394–1481年)が最初にこの食べ物を口にしたとされ，その際に「善き哉」と美味を絶賛したことからこの食べ物の名称となったと言う．

●語源

　「善哉」は，サンスクリット語サードゥ sādhu の漢訳語で，「すばらしい」「そのとおりである」などの称賛や賛意を意味する言葉である．古代インドでは議論の際に賛意を表明するときに用いる言葉であったとされ，ブッダもまた弟子たちの議論や言動に対して賛意や賞賛の意味を表すためにしばしばこの言葉を用いている．

●用例

　『三宝絵詞』上に「善哉，善哉，まことにこれ菩薩と唱ふ」（善いなあ，善いなあ，まさにこれが菩薩である，と唱える）と見える．

　また，謡曲では例えば，「明神も御声を上げて善哉善哉と感じ給へば」（「白鬚」），「善哉なれや善哉なれと夜遊を奏して舞ひ給ふ」（「輪蔵」），「善哉善哉，孝切なる心を感ずるぞとて」（「谷行」）などの用例が散見する．

　そのほか，早世の無頼派作家・織田作之助がその名を一躍世に知らしめた作品の一つに「夫婦善哉」がある．　　　　　　　　　　　　［田中 仁］

☞「よき」p.256

僧 そう

●意味

　仏教の出家修行者（比丘，比丘尼）集団のこと．またその集団に属する修行者を指す．中国，日本では仏門に入って仏道修行する修行者個人を指す．後世，比丘（男性出家者）を「僧」，比丘尼（女性出家者）を尼と言い，僧尼と並称するが，仏に従ってその教え（法）を実践する出家者（比丘，比丘尼）および在家信者（優婆塞，優婆夷）に加え，未成年の出家者（沙弥，沙弥尼），女性の見習修行者（式叉摩那）の七衆をも指す．日本においては「僧侶」とも言い，個人としての出家者を指す．

●語源

　古代インドで政治的には「共和国」，経済的には「組合ギルド」を意味するサンスクリット語サンガ saṃgha の訳語である「僧伽」の略語．仏教はその名称を取り入れ，出家集団という意味で用いた．また「僧」という漢字は「人」＋音符「曽」の形声文字で，saṃgha を音訳するためにつくられた文字である．

●用例

　中国隋代の仏教書である『歴代三宝紀』の第三巻，承明元（476）年の条には「北台有百余寺．僧尼二千余人」と記されている．また『日本書紀』推古天皇 32（624）年九月条には「当是時有寺四十六所，僧八百十六人，尼五百六十九人幷一千三百八十五人」と記されており，中国，日本において比丘を「僧」，比丘尼を「尼」と称し，修行者個人を指す言葉として用いられていたことが分かる．

　後世には，比丘・比丘尼に限らず，沙弥・沙弥尼（未成年出家者）等も「僧」「尼」と称す．具体的には比丘等を大僧，沙弥等を小僧と呼ぶ．転じて子供を小僧と呼ぶ．

[堀田和敬]

☞「伽藍」p.85,「大衆」p.184,「長老」p.196,「寺」p.198,「日本語になった梵語④」p.263

卒塔婆（塔婆／塔） そとば・そとうば／とうば／とう

●意味

　主には故人の命日や法事などの際，追善供養のために墓の後ろや脇に建てる細長い木の板を指す．ただし，地域や宗派によってさまざまな種類があり，角材を使った角塔婆や石製の板石塔婆（板碑），木や水溶性の紙でつくって水をかけたり川に流したりする水塔婆などもある．そこに書かれる字句もさまざまであるが，梵字や経文，帰依の句（「南無〇〇」など），建立の趣旨などで構成される．特に五輪塔を模した形に沿って，空・風・火・水・地を象徴するキャ・カ・ラ・バ・アという五つの梵字が書かれることが多い．これは仏教の世界観における万物の構成要素を意味する．

●語源

　卒塔婆はサンスクリット語ストゥーパ stūpa（パーリ語トゥーパ thūpa）を音写した語で，塔婆・塔はその略語．本来は髪の束や頭頂部，山などの頂上，土を小高く盛った墓といった意味で，他所よりも盛り上がった状態にあるものを指した．仏教におけるストゥーパは，ブッダの遺骨（仏舎利）を納めたドーム状の建造物（舎利塔）を主として指す．当初は仏舎利が礼拝の対象であったが，次第に舎利塔も含めて礼拝されるようになった．すなわち，舎利塔は仏舎利と同様にブッダそのものと考えられるようになり，建てることで大きな功徳を積むものとなった．これが中国に伝わると高層化し，3階建てや5階建てといった縦に細長い建造物となった．日本では，故人の追善供養のため舎利塔に見立てた細長い木の板を建てることが風習となり，卒塔婆とは主にこの細長い木の板を指す語となった．

●用例

　現代ではそびえ立つものを何でも「塔」と呼ぶが，本来は卒塔婆ないし塔婆の略語である．そのため，五重塔などの仏塔に限らず，極端に言えばパリのエッフェル塔でも，ピサの斜塔でも，「塔」と付くものは仏教由来の表現を含む言葉と言える．もちろん，それらは英語のタワーに相当する語（フランス語 tour，イタリア語 torre）の翻訳に仏教由来の「塔」の字が当てられたものである．　　　　　　　　　　　　　　　　［横山裕明］

☞「日本語になった梵語①」p.99，「供養」p.104，「舎利」p.145，「日本語になった梵語③」p.221

退屈　たいくつ

●意味

　仏道修行の厳しさ，困難に屈し退くこと．修行中において生じる疲厭(ひえん)の心．挫折．修行は元来それを行うことが目的ではなく，修行を通して悟りに至るための手段である．しかし，その成果は形に現れるものではなく，また，自分自身がどのくらい悟りに近づいてきたのかは認識することが難しい．暗中模索しながら進んでいくようなものであり，その終わりのない修行の苦しさに疲れ，あきらめ，断念するという心が生じることを言う．転じて現代では，疲れて嫌になること，つまらないこと，暇を持て余すことなどの意味で用いられる．

●語源

　サンスクリット語ケーダ kheda は疲労・困難・苦労・倦怠(けんたい)・怠惰(たいだ)などの意味があり，ここから修行への否定的感情として用いられる．玄奘訳の『倶舎論(くしゃろん)』では「戻る」を意味する動詞ニヴリト ni-vṛt の否定形であるアニヴリト anivṛt が「無退屈」と訳されている．退屈が仏典翻訳に用いられるのは主に玄奘以降である．

●用例

　退屈は修行を疎かにする場合に用いられるが，菩薩に関しては相当しないと論じられる．『倶舎論』業品ではひとたび菩薩となれば，成仏のときまで人界・天界の貴家（婆羅門(ばらもん)や利帝利(せっていり)，長者の家など）の男子に生まれ，前世の宿命を思い出し，仏教的な善い行為に退屈することはないと，菩薩が生を越えて仏道を求め続けられるのは修行に退屈することがないからとする．仏道修行を妨げる要因としての退屈の具体的事項につき，『成唯識論(じょうゆいしきろん)』には資糧位（唯識説に説く修道五位の第一）に３種類の退屈と，それを克服する心構え（三事錬磨）を説く．第１は菩提広大屈．菩提の広大深遠さを聞き後退すること．第２は万行難修屈．多くの修行がありそれらを修行することが困難であることから生じる退屈．第３は仏転依難証屈．煩悩を転じて悟りを得ることが極めて困難であることから生じる退屈．このように果てなき修行と悟りを得ることの困難さ故に，修行の最初の段階では退屈の心が起こるとされる．　　　　　　　　　　　　　［栁澤正志］

☞「菩薩・羅漢・如来」p.230

大衆　だいしゅ／たいしゅう

●意味

　現代，大衆は「たいしゅう」と読み，社会や集団の中で構成されている不特定多数の公衆のことを指す．また，仏教用語の大衆は「だいしゅ」と読み，多くの僧侶や人間が集まっていること，すべての生物のことを指す．現在は前者の意味で扱われることが一般的となっており，特別な立場にいない労働者階級の人々のことや，彼らがデモや社会的混乱等によって多く集まった状態を言うことが多い．

●語源

　サンスクリット語マハーサンガ mahāsaṃgha（摩訶僧伽）の意訳で，多くの僧侶を意味する．マカとは大きいことや多いこと，優れていることを言い，サンガとは群れや集団，組合を意味し，具体的には「比丘」の集まりのことを言う．漢訳仏典で「僧伽」と音写され，三宝の一つ「僧」はその略称である．多くの出家修行する僧侶のことを指し，場合によっては説教を聞きに来る大勢の人々のことも言った．

　日本の平安時代以降は，得度（出家）する僧侶が増えすぎたため，延暦寺や園城寺等の天台宗の大きな寺院では，雑用や下働きをする僧侶を，貴族出身の僧侶や学僧などの僧侶と区別して「大衆」と呼んでいた．

●用例

　『三宝絵』には「大衆三十，堂にあつまりて，戒師ひとり経を誦す」とある．

　また，『西宮記』には「延暦寺三綱，大衆を率いて，修明門外に於いて賀表を上る」とあり，『扶桑略記』には「叡山大衆千軍兵を引率し，三井寺に来向す」『平家物語』巻一「清水寺炎上」には「「一院，山門の大衆に仰せて，平家を追討せらるべし」と，きこえしほどに，軍兵内裏に参じて，四方の陣頭を警固す」とあるように，平安時代以降は，大寺院が大衆を動員するようすによく用いられる．　　　　　　　　　　　　　　　［田中皓大］

☞「僧」p.181

だいじょうぶ　185

大丈夫　だいじょうぶ

●意味

偉大な人．極めて頑強で，なおかつ学識や人徳を具えた立派な男性のこと．転じて仏や菩薩を指す場合もある．元来，周代の中国では，1 丈（約1.7m）を成人男性の基準となる身体尺としていたことから，一人前の男性を「丈夫」と言った．後にシルクロードを経由して仏教が伝来し，「大」の美称が付されて仏や菩薩の呼び方の一つとなった．日本では大和言葉の「益荒男」（強くて勇ましい男子）の意味で用いられていたが，中世末頃から「しっかりしているさま・あぶなげのないさま・まちがいのないさま」を表現する形容動詞としての用法が主流となった．

●語源

サンスクリット語マハー・プルシャ mahāpuruṣa の訳語であり，マハーは「大きい・偉大な」，プルシャは「人間・男性」を意味し，補盧沙・富楼沙・浮溜沙などと音写される．インド六派哲学の一つである数論（サーンキヤ）学派では，宇宙の根源として，精神的原理の「神我」もプルシャと言う．

●用例

『大般涅槃経』には仏の異名を連ねて「亦は大丈夫と名づく」と説かれている．また『般若経』や『大智度論』をはじめ，さまざまな大乗経論に記されている仏の三十二相（仏や転輪聖王《古代インドの理想的な王》の身体に具わっている 32 種類の勝れた特徴，もしくは吉相のこと）を三十二大丈夫相，あるいは単に大丈夫相とも言う．その他，『無量寿経』では仏を讃歎する 10 種類の称号として，①如来，②応供（阿羅漢），③等正覚（正遍知），④明行足，⑤善逝，⑥世間解，⑦無上士，⑧調御丈夫，⑨天人師，⑩仏世尊という「十号」を挙げているが，このうち，⑧調御丈夫とは「人を巧みに指導する者」を意味し，御者が馬を調教するように，大慈悲をもって衆生を調伏（心身を整えて悪業や煩悩を除くこと）して成仏へと導く，まさに「大丈夫」としての仏の性格が示されている．

［杉山裕俊］

☞「菩薩・羅漢・如来」p.230，「仏」p.232

題目　だいもく

●意味
　仏教では，日蓮宗における「妙法蓮華経」の5字，またはその5字に「南無」の2字を加えて唱える「南無妙法蓮華経」の7字を指すことが多い．これは御題目，首題，玄題等と呼ばれる．日蓮宗では，この題目を唱えれば末法の衆生は成仏できると説き，また題目を唱えるだけでなく，これを本尊とし，あるいは碑に書きあるいは刻む．「妙法蓮華経」は単なる題号ではなく，この経の中に解かれた宇宙の究極の真理すなわち妙法そのものを指しており，それに帰依し，7字の題目を唱えること（唱題）は妙法の力を呼び出し，その力に帰入し，悟りの果を得ることであるとする．転じて，題目は，日蓮宗を代表とする言葉とされ，これにより『法華経』の題号すなわち「妙法蓮華経」の特称となっている．

●語源
　書物，典籍，経典，講演等の首題，表題，標題，題号，外題．研究・施作等の主題．ある事を規定したり，成立させたりする箇条，条件，問題を指す普通名詞としての「題目」が，日蓮以後，固有名詞的な「題目」として「南無妙法蓮華経」を指すようになった．

●用例
　「題目」ではなく「お題目」という形では，口先だけで実質の伴わないことを意味する「お題目を並べただけで終わる」というような用例がみられる．丹羽文雄『厭がらせの年齢』には「八十六にもなって，廃人となっても，なほ生命を大切にすることが醇厚美俗のお題目なら，あたしは宗旨変へをするわ」と見られる．

[堀田和敬]

沢庵　たくあん

●意味

　漬物の一種である沢庵漬けの略．生乾しにした大根を塩と糠で漬けた食物のこと．江戸時代の臨済宗の僧侶，沢庵宗彭（1573-1646年）が考案者とされたことによって，この名がある．

●語源

　安永4（1775）年に越谷吾山によって編纂されたさまざまな事物の方言をまとめた『物類称呼』によれば，「関東にてたくあんづけといふ．今按に武州品川東海寺開山沢庵禅師制し初給ふ．依て沢庵漬と称すといひつたふ」とあるように，沢庵漬けの考案者として沢庵宗彭の名が挙げられている．ただし沢庵漬けの名称には諸説あり，数々の漬物とその製造法を記した『四季漬物塩嘉言』には「俗にいふ　沢庵和尚の漬始めし物といひ，また禅師の墓石丸き石なれば，つけ物の押石のごとくなる故に然名つけしといふ．又，一説には蓄漬の転ぜしともいふ．何はともあれ，人間日用の経済の品にして，万戸一日も欠くべからざる香の物の第一なり」とあるように，沢庵宗彭の墓石が漬物石に似ていたとする説，また「蓄漬」が転訛した説を紹介している．

●用例

　森鷗外の小説『阿部一族』には，「この霊屋の下に，翌年の冬になって，護国山妙解寺が建立せられて，江戸品川東海寺から沢庵和尚の同門の啓室和尚が来て住持になり」とあり，また同じく鷗外の短編小説『食堂』には「犬塚は叱るように云って，特別に厚く切ってあるらしい沢庵を，白い，鋭い前歯で咬み切った」とあるように，鷗外の小説において前者は臨済宗の僧侶としての沢庵が，後者は漬物としての沢庵が登場している．

[里見奎周]

ダルマ

●意味

サンスクリット語ダルマ dharma は，インドにおいて宗教，正義，法律などさまざまな意味をもつ言葉．法や達磨と漢訳される．アルタ（財・名誉），カーマ（性愛・快楽），モークシャ（解脱・宗教的充実）とともに人生の目的とされる．この場合のダルマは正義や道徳的価値を意味する．また『バガヴァッド・ギーター』では自身の果たすべきダルマに悩む主人公アルジュナを，クリシュナ神が「クシャトリヤにとってダルマに基づく戦いよりも勝れたものはない」と諭しており，この場合のダルマは義務の意味となる．仏教ではダルマを三宝の一つとして敬うが，これは仏の教えを意味する．次にブッダのみがもつ18種類のダルマという場合は，特性を指す．また十二支縁起で示される各項目もダルマと呼ばれる．このような用例は多くあり，他にも五蘊を構成する色・受・想・行・識もそれぞれダルマと呼ばれ，これらすべての無我がまとめられ諸法無我と説かれる．加えてダルマは「存在の構成要素」を表す．これらの要素は五位七十五法という枠組みで体系化される．この枠組みは，あらゆる現象が75種類の構成要素の組合せで生まれることを示すものであり，アビダルマの代表的な思想となっている．一方で唯識や中観ではダルマの無自性を説く．

●語源

「保つ」を意味する動詞ドゥリ dhṛ から派生した言葉で，原義は「保つもの」を意味する．阿含・ニカーヤでは，仏陀が全体を色・受・想・行・識の五蘊としてとらえ，それら五つの構成要素が無我であり，無常であり，苦であることを確認していく．全体が諸構成要素からなるという考え方は，仏教が繰り返し説く無常・無我・苦を証明するために用いられている．

●用例

『ダンマパダ』では「諸もろのダルマは心を先とし，心を最上とし，心より成り立っている」と説く．『倶舎論』は「固有の特徴を保つからダルマである」と定義する．『唯識三十頌』は仏陀によって「一切のダルマが無自性であると説かれた」とする．　　　　　　　　　　　　　　［石田一裕］

☞「諦め」p36，「法」p.227，「無為」p.242

啖呵（弾呵・弾訶）　たんか（だんか）

●意味
　間違いや不心得を指摘し叱責すること．特に天台宗の教学によると，小乗の教えあるいはその教えにとどまることを咎め，叱責することを指す．仏教用語としては「弾呵」あるいは「弾訶」の表記．「弾」は「弾劾」などで用いられる場合と同じく悪く言いなすという意味を表し，「呵・訶」は「呵責」などの場合と同じく強く叱る，叱責するという意味を表す．

●語源
　天台宗の教学に由来する．『維摩経』における維摩居士が小乗の修行者を叱りつけた故事による．

　現代日本語においては「啖呵」の字を当て，「啖呵を切る」などの形で，喧嘩などにおける勢いよく言葉が飛び出す歯切れのよい言葉を指したり，また特に香具師が口上を述べることを指す職業語として用いられたりするが，この「弾呵・弾訶」から転じたとする説と，のどや胸につかえた痰が切れて胸がすっきりした状態を言う「痰火を切る」から転じたとする説がある．

●用例
　中国仏教経典に多くの用例があり，例えば『妙法蓮華経玄義』巻九下に「答今日得悟由昔弾訶．」の例，また『四教儀』巻一二に「弾呵十大弟子及五百羅漢」等の例がある．

　日本の古典作品中の用例としては『梁塵秘抄』巻二・法文歌に「大集方等は秋の山，四教の紅葉は色色に，たんかほうゑは濃く淡く，随類毎にぞ染めてける」とある．

　また「啖呵」の用例としては浮世草子『笑談医者気質』巻五・一に「色々たんくゎを云ひ，うそとつゐしゃうと結構な着物とに薬をまぜ合せて飲さねば，立身出世は出来ぬげに御坐ります」とある．　　　　　　　［髙田三枝子］

旦那　だんな

●意味

　檀那・柁那などとも書く．施し・布施のこと．また，寺や出家者に金品を施す信者（檀越・施主・檀家）のこと．中世においては社寺の参詣宿泊者をいう．先達・神官・僧侶が引導し，参拝の行路・宿泊施設などの案内をしたが，地方の武家などが大勢で一定の先達・御師を定めて代々参拝宿泊するようになると，御師を師とし参詣者を檀那とする契約関係（師檀関係）は一種の職権・財産となって売買譲与の対象となり，この職権（引檀那，檀那職）を指していうこともあった．また，家人・使用人・商人などがへりくだって相手に呼びかけるとき使用した．妻が，自分の夫を敬っていう語でもあるが，現代では敬意を伴わないで用いられる．

●語源

　サンスクリット語ダーナ dāna の音写で「施し・布施」を意味する．「檀越・施主・檀家」の語源は，サンスクリット語ダーナパティ dānapati の音写「檀那波底」である．なお，pati は「主，首長，夫」などを意味する．

●用例

　南宋の法雲編『翻訳名義集』は，「檀那．法界次第云．秦言布施．若内有信心．外有福田．有財物．三事和合．心生捨法．能破慳貪．是為檀那．布施有二種．一者財施．二者法施」とし，「檀那」は秦代に「布施」を意味し，信者から施す物質的な物と僧侶から施す精神的な救いの2種からなっていたとする．一方で「或名檀那者．要覧曰．梵語陀那鉢底．唐言施主．今称檀那．訛陀為檀．去鉢底留那也」ともし，唐代より施主を意味したとする．中国におけるこのような混用が，そのまま日本に持ち込まれたものと思われる．ただし，中世以降の文学作品をみると『宇治拾遺物語』に「仏師ども，檀那をうしなひて，空をあふぎて，手をいたづらにしてゐたり」とみえるように，「施主」の意味で用いられることが多い．近世に至っては『類聚近世風俗志』に「檀那　三都とも士民臣僚奴婢より其主人を指て旦那と云」とあるように，武家から一般庶民に至るまで広く用いられた．これは，経済的な保証をしてくれる人の意味が拡大した結果と思われる．　　　［川嶋孝幸］

断末魔　だんまつま

●意味

　人の死に際，すなわち臨終（りんじゅう）の意味や，またその際に生じる苦しみを形容する意味として用いられる．現代語では，「あの男が一人娘の断末魔を嬉しさうに眺めてゐた」（芥川龍之介『地獄変』）のように「死」「臨終」そのものを指し示す意味で用いられることは少なく，多くは「─の叫び」「─の悲鳴」「─の苦しみ」と言ったように，その状況を形容する表現として用いられる．そのほか，「私は蒼い顔をして，断末魔のような忙しない息遣いをしつゝ」（谷崎潤一郎『恐怖』）と言ったように比喩表現としても用いられることがある．また，人間だけではなく，比喩的に動物の死や事物の消滅を表すことにも用いられることがある．

●語源

　「断末摩」と表記される．末摩はサンスクリット語マルマン marman が転訛して音写されたもので，「死節」あるいは「死穴」と漢訳される．身体の中には末摩と呼ばれる特殊な急所があり，これに何かが触ると激しい痛みを伴い死に至るとされる．すなわち断末摩は，その特殊な急所である末摩に触れて，命を断絶させることである．

●用例

　『倶舎論』（くしゃろん）に「於身中有異支節触便致死．是謂末摩．若水火風随一増盛．如利刀刃触彼末摩．因此便生増上苦受．此従不久遂致命終」との例がある．これはすなわち，人の身中には支節があり，触れば死せしめる．これを末摩といい，そして水火風のいずれが増盛すれば，鋭利な刃のようにこの末摩に触れ，この上ない苦しみの中で遂には絶命してしまうということである．また『倶舎論』には「臨命終時多断末摩苦受所逼」との例もある．日本では，院政期の『宝物集』に「大毗藍風之身ノウチニフキテ断末摩之苦シノヒカタシ」の例や，江戸期の『曾根崎心中』（そねざきしんじゅう）に「二，三度ひらめく剣の刃あつとばかりに喉笛にぐつと通るが，南無阿弥陀南無阿弥陀，南無阿弥陀仏と剔り通し，剔り通す腕先も弱るを見れば，両手を伸べ断末魔の四苦八苦あはれと言ふもあまりあり」の例が認められる．　　　　　　　［中川祐治］

智恵／智慧　ちえ

●意味

　智慧，般若とも言われる．解脱（生まれる苦しみの連鎖からの脱却）と涅槃（煩悩が鎮まった境地）を獲得するために，ものごとの本質を正しく捉える認識力．学問的・論理的な知識や思考だけではなく，さとりを求める修行の中で実践的に活用することが求められる．釈尊の時代のインドでは輪廻して新たな生まれを繰り返すことは苦（ままならない）であるとされ，仏教ではその原因を無明（根本的無知）であると説くが，智恵はその対極にあるものである．そのため無明に対して「明」とも表現される．大乗仏教では慈悲と智恵に基づいて他者を利益する「利他行」を実践することが菩薩（さとりを求める者）の最も基本的な行動理念とされる．また菩薩の代表的な実践徳目である六波羅蜜では6番目が智恵波羅蜜（智恵の完成）であり，この徳目の最も重要な焦点とされる．

●語源

　パーリ語パンニャー paññā，サンスクリット語プラジュニャー prajñā の訳語．サンスクリット語プラは「前方に」あるいは「極めて」を意味する強意の接頭辞で，ジュニャーは「智」である．「判断」「了解」などを意味する語であるが，仏教では「根源的な智恵」として理解される．前述の「般若」という音写で表現されることが多い．

●用例

　『法句経（ダンマパダ）』に「一切のつくられたものは無常である（諸行無常）と明らかな智恵をもって観るときに，人は苦しみから遠ざかり離れる」と説かれているように，仏教では智恵に基づいて普遍的な本質や原理を実践的に探究し，あらゆる執着を断つことが求められた．大乗仏教が成立すると，この智恵（般若）を主題に据えた『般若経』という経典がつくられるようになった．『般若経』では智恵の完成のことを般若波羅蜜多と呼び，あらゆるものごとを空であると見抜く智恵の完成を目指すことが菩薩の最大の理想であると説く．　　　　　　　　　　　　　　　　　[安井光洋]

☞「三昧」p127,「般若」p.211,「菩薩・羅漢・如来」p.230

畜生　ちくしょう

●意味

　鳥獣虫魚など，人間以外の一切の動物を意味する．また，家畜を意味することもある．

　畜生道は六道（または五道）の一つである．輪廻の世界は大きく無色界・色界・欲界に分類され，欲界の中に地獄道・餓鬼道・畜生道・阿修羅道・人道・天道の六道（または阿修羅道を除く五道）がある．

　前世の悪しき行いによって動物に生まれ変わるとされ，その境界を畜生道という．地獄道・餓鬼道とともに三悪道（または三悪趣）と呼ばれ，その境界では互いに殺傷し合う苦を受けると説かれる．

●語源

　サンスクリット語ティリヤンチ tiryañc の訳語．畜生・傍生などと訳される．原語であるティリヤンチは，もともと水平を意味する語であり，水平に進む動物を意味するようになった．

●用例

　畜生という語について，『雑阿毘曇心論』には「身横行故説畜生」と説かれ，横行するために畜生と言うとされる．『大乗義章』ではこれを受け，「此乃弁相，非解名義，若正解釈，言畜生者従主畜養以為名也，一切世人或為噉食或為駆使畜積此生，従是義故名畜生」と説き，上記の説示は外面的特徴を示したものであり，畜生とは人によって蓄養された生の意味であるとする．

　『正法念処経』には，畜生道で受ける苦について「於畜生中相残害苦」と説かれ，互いに殺傷し合う苦を受けるとされている．また，同じく『正法念処経』には，畜生に 34 億種あると説かれ，『大智度論』には空・陸・水行や，昼・夜・昼夜行の 3 種あると説かれる．

　『倶舎論』などでは，人趣と同じく四生があるとされ，寿命について一日一夜のものや，龍王などのように極めて長いものもあるとされている．

[長尾隆寛]

☞「外道」p107，「衆生」p.147，「人間」p.206

中道　ちゅうどう

●意味

　現在では，その思想や活動が穏健であることを表現する語として使われている（「政治的中道」など）．しかし，本来は禁欲主義と快楽主義という二つの極端（二辺）を離れたさとりに至るための宗教的実践を意味する．具体的には①正しい見解（正見），②正しい思惟（正思），③正しい言葉（正語），④正しい行い（正業），⑤正しい生活（正命），⑦正しい気配り（正念），⑧正しい瞑想（正定）という八つの支分よりなる聖なる道（八聖道）のこととされる．このようなものは「不苦不楽の中道」などと呼ばれる．また中道は，禁欲主義と快楽主義のみならずあらゆる二項対立するものごと（存在と非存在，断滅と永遠，善と悪など）を超越した仏陀の境地を意味する場合もある．このようなものは「非有非無の中道」などと呼ばれる．

●語源

　中道はサンスクリット語マドゥヤマー・プラティパッド（もしくはマドゥヤマー・プラティパッティ）の訳語である．マドゥヤマーは形容詞で「中」を意味し，プラティパッド（プラティパッティ）は女性名詞で，「～に向かって」を意味する接頭辞プラティと「進む」を意味する動詞パッドよりなり，「手段」などを意味する．通常「道」と訳されるサンスクリット語はマールガ（八聖道の「道」はこの語の翻訳）であるが，プラティパッドはより実践的な意味をもち「行」とも漢訳される．

●用例

　大乗仏教には中観派と瑜伽行派（唯識派）という二大教理学派があるが，これら両者の間では「非有非無の中道」の解釈が異なっている．中観派ではあらゆるものごとが存在と非存在（非有と非無）といった固有の性質をもたないことを中道とし（『中論』），一方瑜伽行派ではあらゆるものごとが認識対象としては非存在（非有）であり，認識作用としては存在（非無）であることを中道とする（『中辺分別論』）．　　　　　　　　　［松本恒爾］

頂戴　ちょうだい

●意味

　もらうことの謙譲語．何かをもらったりするときにへりくだって「ありがたく頂戴します」などと使われる．この語から一文字ずつを取った「頂く」「戴く」も「いただく」と読み，同様に相手や物に対する感謝の気持ちを表している．食事の前の「いただきます」という挨拶も食べ物に対して敬意を表した大切な作法である．

　なお，人に食べ物をねだるときに，親しみをこめて「ひとくちちょうだい」などと言う用例は明治以降である．

●語源

　身分の高い人からもらったものや，経典など大切なものを，身体の中で最も尊い部分とされる頭部の上に捧げ持つことで敬意を示すことを「頂戴」と言った．これは「頭の上に高く持ち上げる」という意味のサンスクリット語が，頭のてっぺんを意味する「頂」，じっと頭の頂上に止めおくことを意味する「戴」を用いて漢訳されたことに由来する．この頭上にかかげるしぐさが，物をもらうときの様子に似ていることから，特に目上の人などから物や食事をもらい受ける際に「頂戴する」と言うようになった．

●用例

　経典の結びの頃に，「頂戴奉行」などと記される．これは，それまでに説かれた経典の内容に対して敬意を表し，その内容を受け保って実践することを誓っているのである．また，『秘密三昧経』に「金剛薩埵灌頂已，頂戴諸仏最勝冠」（密教の修行者である金剛薩埵は，仏の智慧の水を頭頂に注がれることで法の継承者となる．こうして仏たちの最も勝れた冠を頭頂に頂戴する）と説かれるように，金剛薩埵が仏の位に至ることを象徴して，仏の冠を頂戴するのである．このように，頭上にいただくものは極めて意義深く貴重である．また，古代インドにおける最高の敬礼として，尊者の足もとに両ひざと両ひじと頭をつけ礼拝するという作法を「頂礼」や「頂戴」と言う．「如来の足を頂戴し」などと言い，礼拝対象に対して最高の敬意を表していることを示している．　　　　　　　　　　［松本亮太］

☞「歓喜」p.87

長老　ちょうろう

●意味

年老いた人に対して尊敬を込めた呼称．特に経験が豊かで指導的立場にある者．仏教では，年齢や法臘（出家してからの年数）のみならず経験，学識といった徳行の高い僧侶のこと．また，京都五山や鎌倉五山といった禅宗寺院では寺の住持を，南都（奈良）において唐招提寺（律宗）では主管者，東大寺（華厳宗）では管長職を引退した者を言う．

●語源

サンスクリット語スタヴィラ sthavira，パーリ語テーラ thera の訳語．上座とも漢訳され，「年老いた」や「尊敬すべき」を意味する形容詞に基づく．現在，東南アジアを中心に信仰されるテーラ・ヴァーダ（上座部仏教）は，仏滅後 100 年後に教団が分裂した際，保守的な教理を主張した長老派グループの伝統を継承している．または，アーユシュマットāyuṣmat の訳語でもあり，「寿命をもてる者」の意味で相手を尊敬して呼ぶ際に用いる．これは老齢よりも「生命力にあふれた」という意味で，仏典のみならず古代インド文献において年長者のみならず若者や後輩にも用いられる．現代ヒンディー語では「様」や「氏」程度の意味で用いられることもある．

●用例

『雑阿含経』に「年少比丘供養奉事長老比丘者．時時得聞深妙之法」（年少の比丘（修行者）で年長の比丘を尊敬し仕える者は，折々に有り難い教えを聞くことができる）とある．また，『十誦律』に「爾時有下座比丘．不恭敬喚上座．上座聞已心不喜．諸比丘不知云何」（そのとき，年少の比丘が上座の比丘へ失礼な呼び方をした．上座は良い気分ではなかったが年少の比丘たちは呼び方を知らなかった）とある．それに対し釈尊は弟子たちに「仏言．従今喚長老某甲．如喚長老舎利弗．長老目犍連．長老阿難．長老難提．長老金毘羅」（今後は長老舎利弗，長老目犍連，長老阿難，長老難提，長老金毘羅のように長老○○と呼ぶように）と示したことが教団規則として残されている．　　　　　　　　　　　　　　　　[小宮俊海]

☞「寿命」p.149，「僧」p.181

提唱　ていしょう

●意味

　通常，事に先立って，主義・主張を示し，人々に説き示すことを言う．
仏教では禅宗において，師家（師僧）が弟子たちや一般大衆に対して語録
を講義したり，宗義の大要を解き明かしたりすることを言う．禅宗では本
来，不立文字，教外別伝を本義としており，覚りの本質を言語化すること
は不可能だとされているため，その道筋を唱導・提起し，覚りを誘発する
ことを目的として多くの語録や講義が残されている．

●語源

　提起唱導のことを言い，提綱，提要とも言う．禅宗における師家が聴衆
に対し，宗義の本旨の内容を提起し，聴衆にその道筋を唱導することをそ
の語源としている．漢字の「提」は「引っ下げる」や「手に下げて持つ」，
「かかげる」や「差し出す」，「率いる」といった意味がある．また，「唱」
は「人より先に言い始める」や「声に出して言う」や「歌う」といった意
味がある．このような意味から，ある主張を掲げ，事に先んじて声に出し
て申し述べる意味を有する．

●用例

　『従容庵録』に「唯挙一指，無別提唱」（ただ指を1本挙げるだけでも，
提唱と何も変わらない）と禅宗では覚りを文字で説明することは不可能と
され，公案や語録では字句の意味内容を理解させるために説明するのでは
なく，講義により宗旨の綱要を示し，その奥義を聴衆に自ら覚らせるため
に提唱が行われる．また，『古尊宿語録』に「問．仏法大意．請師提綱．
師云．拈将来．与爾提綱」（仏法の大意を問います．師に請います．提綱
して下さい．師云く，こちらに来なさい．あなたに提綱します）とあり，
仏法の大意を弟子に説き示すことを同様に提綱と言う．　　　［小宮俊海］

☞「言語道断」p.124

寺 てら

●意味

仏像を安置し，僧侶・尼が居住し，仏道修行や教法を説くなどの宗教活動をする建物のこと．

中国において，「寺」という文字は外国の使者を招く役所のことを指していた．後漢の時代，インドから中国へ仏教経典をもたらした2人の僧侶が役所である鴻臚寺に滞在したという．その後，彼らを住まわすために後漢の明帝が白馬寺を建立したことから，出家修行者の住居としての意味が含まれることになったようである．

●語源

「寺」は，現在では「寺院」と同義として使用されるが，語源とされるものは異なる．まず「寺院」はサンスクリット語ヴィハーラ vihāra が語源とされる．

一方，「寺」は現在でもその語源に関しては曖昧で，主に二つの説が挙げられる．一つ目は「長老」を意味するパーリ語テーラ thera から来ているというもの．二つ目は朝鮮語 chyol（礼拝所）または char（刹）チョルという語から転じたとされるものである．また近時では，辛島静志が論文において，「刹」という字が仏教とともに朝鮮へと入ると，古代の朝鮮語では「刹」の字をチェル tjer と発音したと論じている．その後仏教が日本へ伝わると，日本には子音で終わる言葉がないため，チェル tjer という音にａを足しチェラ tjera と発音するようになり，これが「てら」に転じたと言う．いずれにせよ，語源に関して明言することは難しいところである．

●用例

「寺」を使用した言葉は多く，寺巡り・寺子屋・寺請・寺法師など数えきれない．また，「寺」と読む場合には単に寺院名や寺院を数える際に使用され，「寺」と読む場合には地域名や場所の特性などを反映させて使用される場合が多い．飛鳥寺・清水寺・三井寺・寺町など．なお「寺」は，歴史上，比叡山延暦寺を「山」と言うのに対して，園城寺（三井寺）を指して言った．

[元山憲寿]

☞「伽藍」p.85，「僧」p.181，「道場」p.199

道場　どうじょう

●意味

「道場」と聞いて，最初に思い浮かぶのは剣道など武道の道場であろう．心身ともに鍛える場であるが，どちらかというと，精神を鍛える場の意味が強い．最近では，ビジネス，あるいは学習塾などで，「～道場」といった使われ方をしたりもする．元々は仏教語であり，「釈尊が悟りを開いた場所」を意味した．具体的には，インドのブッダガヤーにある釈尊成道の場所である菩提樹下の金剛座を指している．いわば，仏教の原点に関わる語と言える．しかし，時を経て仏教語としてより広い意味を持つようになっていく．一つは，仏教の研究，あるいは修行をする場所，つまり，仏教の拠点とも言える場所を指すようになる．具体的には，寺院，あるいは僧侶が修行をする場所である．初期浄土教では念仏者の集合する場所を指し，臨済禅では修行する場所を指した．もう一つは，具体的な場所ではなく，修行をする心や悟りを求める心のこと，あるいは，悟りへの道のことを道場と言うようになる．物理的な場所と，精神的な場所の両面をもつようになったのである．

●語源

サンスクリット語ボーディ・マンダであり，「悟りを開いた場所」を意味する．道場のほかに「菩提座，道樹下」などの漢訳語がある．

●用例

経典には多数の用例がある．釈尊の座している場所，あるいは，説法を聞くために大衆が集まる場所，という意味で使われることが多い．『法華経』序品には「仏坐道場，所得妙法為欲説此」（仏は道場において得た優れた教えを説きたいのであろうか．）とあり，原意に近い．『無量寿経』には，「不能知見，其道場樹，無量光色，高四百万里」（無量の彩りがあり高さが400万里の菩提道場の樹を知見することができなかったら）とある．一方，『維摩経』では「直心是道場無虚仮故．」（嘘がないから，真っ直ぐな心が道場である．）とあり，続けて同じ形式で，多くの語が道場の同義語として挙げられる．その中には，煩悩も挙げられている．煩悩があるから苦が生じ，苦によって悟りを求める心が生じるということである．　　　[阿部真也]

☞「寺」p.198，「曼荼羅」p.239

道楽　どうらく

●意味

　日常的には，趣味や遊興にはまり，本業を疎かにするほどそれを楽しみすぎること，あるいはその人を指す，あまり良い印象を与えない言葉として用いられている．　例えば「食道楽」や「道楽息子」などの用法がある．後者の，博打や女遊びなどの遊興にふける，怠け者のような意味の語源については，江戸時代の方言辞典『物類称呼』で，著者の越谷吾山が，「だらく変じてだうらくといひ，又だうらくと云詞ちぢみてどらとなりたる歟」と，「道楽」は「堕落」から転じたのではないか，さらには「ドラ息子」などの「どら」の語源かもしれないと考証している．

●語源

　本来の意味は，現在の日常語とはまったく異なる．「道」とは仏道，つまり悟りやそれを目指す修行のことであり，「楽」はそれを楽しむことである．　また，楽には願うという意味もあるので，仏道を求める心と解釈されることもある．　いずれの楽にも，「法悦」のような仏法を味わうことで得られる悦びや楽しみが根底にあったが，いつしかそれが世俗的な「快楽」に置き換えられて，現在のような意味で用いられるようになった．

●用例

　仏道を楽しむ，あるいはそれを悦び求める心の用例として，次のようなものがある．『法華経』薬草喩品に「この諸々の衆生は，この法を聞きおわりて，現世には安穏にして，後には善処に生じ，道をもって楽を受け」．また，その『法華経』を聖徳太子が注釈・執筆したとされる『法華義疏』方便品には，「誠に如来は神力をもって物（衆生）の楽いを生ぜしむる者なりというに，何ぞ未だ（悟りへの心を）おこさざる衆生に道の楽いを生ぜしめずして」とある．　そのほか，『阿育王経』には「舎那婆私は，今すでに道楽を得て」という用例がみられる． 　　　　　　　　　[安原眞琴]

☞「安楽」p.45，「歓喜」p.87

兎角　とかく

●意味

うさぎに生えた角のこと．しかしながら，うさぎの耳を誤って角と認識することがあったとしても，実際に角が生えたうさぎは存在しない．そこから現実にあり得ないもの，実在するはずもないことの喩えとしての意味をもつ．また仏典には，「兎角」だけでなく「兎角亀毛」あるいは「亀毛兎角」という四字熟語の表現もみられるが，これもうさぎに角はなく，亀に毛が生えていないことから「兎角」と同じくあり得ないことの意味になる．

●語源

『大般涅槃経』巻三五には「如兎角亀毛」という記述がある．漢訳仏典では，「縁起」や「空」といった仏教思想に基づき，「兎角」と「亀毛」のいずれも，実在しないのに実在すると認識してしまう愚かさや，実体はないのに実体があると錯覚してしまう迷いの世界を説明する比喩として用いられる．

●用例

地理や動植物の奇譚を集めた中国の『述異記』上巻には，大きな亀に毛が生え，うさぎに角が生じるといったあり得ないことが起こるのは武装した兵士が蜂起する戦乱の兆しだとする主意の「大亀生毛而兎生角 是甲兵将興之兆」という記述がある．また，清末期から中華民国初期に活躍した章炳麟の『国故論衡』には，現実にあり得ないという意味の四字熟語として「兎角牛翼」という語が記される．日本では，空海が著した『三教指帰』に「兎角亀毛」の語から取った兎角公と亀毛先生という登場人物が登場し，江戸時代には，戯作者である山東京伝の門人に兎角亭亀毛という浮世絵師が存在した．日本語においては，現存する日本最古の物語である『竹取物語』にもみられる「と」と「かく」という副詞を合わせた「とかく」という語の当て字として「左右」とともに「兎角」が使われている．明治20年刊行の石塚雪洲『五行九星詳解―万家重宝6 六白金星之部』には，「兎角親類又は兄弟の事につき世話苦労多し」という一文があり，近代以降の日本において，当て字としての「兎角」が広まったことをうかがわせる．　［森 覚］

どっこいしょ（ろっこんしょうじょう？）

●意味

どっこい-しょ．民俗学者柳田國男によれば，相手の狙いをそらし，防ぎとめようとする際に発する言葉（『毎日の言葉』1946 年）．例えば，山道で遭遇する送り狼という妖怪は，人の後ろに憑いて危険がないよう守ってくれるが，一転，人が躓くと襲いかかってくる．その際「どっこいしょ！」と唱える（怪異・妖怪伝承データベース）．または，身体動作に勢いをつけるため，共同作業で歩調を整えるため，民謡などで調子をとるために発せられる言葉．

●語源

一般にどっこいしょの語源が六根清浄とされたのは近年である．明治・大正・昭和の辞書にこうした意味は載っていない．平成に入ってから，玄侑宗久（臨済宗）『さすらいの仏教語』（2014 年），NHK 番組「チコちゃんに叱られる！」（2018 年）によって人口に膾炙した．これらに先行するのは，郷土史家石川一美『炉辺閑話』（1976 年），望月龍学（日蓮宗）「「本尊」の解明補遺」（1980 年），関口真大（天台宗）「禅の社長学」（1983 年），佐藤俊明（曹洞宗）「忙中法話」（1992 年）などである．ただし，民俗語彙として津軽富士岩木山のお山参詣の登拝唱文では六根をどっこいとする．これを青森県出身で戦前・戦後の国民的作家石坂洋次郎が『金魚』（1935 年），『わが日わが夢』（1949 年）で取り上げている．いずれにせよ，私たちは言葉に新たな意味が加わるという現象を目の当りにしていると言えよう．ちなみに六根とは，視覚・聴覚・嗅覚・味覚・触覚と，感覚を認識する心．これらのけがれを払い，仏に近づくのが六根清浄である．山岳修験や富士講では山懸念仏として懺悔懺悔 六根清浄と唱える．

●用例

お山参詣登拝唱文では，懺悔懺悔 六根懺悔を「サイギサイギ ドッコイサイギ」と唱える（岩木山観光協会公式サイト）．また『キューポラのある街』の早船ちよの自伝的随筆集である『ふるさと飛騨』（1970 年）には「お山は晴天！どっこいしょ」という表現が見られる． [三浦 周]

貪欲　とんよく／どんよく

●意味

　貪欲は一般に「どんよく」と読み，名声や財物などを貪るさまを表す．「貪」は呉音では「とん」と読み，漢音では「たん」，慣用音として「どん」と読む．呉音は3世紀の三国時代に通用していた音で，仏教もその読み方で日本に伝わった．日本仏教ではその後も呉音による読み方が残り，貪欲を「とんよく」と読む．また現在，貪欲という語は，知識や技能を熱心に取り入れようとするさまとして「貪欲に知識を求める」など，良い意味でも用いられるが，仏典においてこうした用例はほぼみられない．

●語源

　「貪欲」は貪りを意味するサンスクリット語ラーガ rāga に由来する．仏典には三種の煩悩すなわち三毒として，貪欲，瞋恚（ドヴェーシャ dveṣa），愚痴（モーハ moha）が説かれ，人間の根本的な煩悩としてそれらを離れることが説示されている．「貪欲」は，文脈によって「貪」と「欲」と理解されることもあるが，玄奘など著名な漢訳者がラーガを「貪欲」と訳すことから，一般に一つの概念とみなされる．またラーガは，動詞の「赤くなる」（ラジュ raj）に由来し，興奮させられ，魅惑され，心を奪われることを指す．そのため貪欲は，名声や財物のみならず，愛する人への愛着といった意味が多分に含まれている．

●用例

　『スッタニパータ』第一章「蛇の章」には，「一切を真実ではないと見て，貪欲を離れ…瞋恚を離れ…愚痴を離れた，そのような比丘は，この世とかの世を捨て去る．まるで蛇が古い皮を脱するように」と示す．ここで釈尊は，蛇が脱皮するように，世俗的なさまざまなことがらを真実ではないと見て貪欲などを離れるものは，輪廻を脱することができると説いている．また，『サムユッタニカーヤ』には「貪欲は誤った道である．愛着は正しい行いの障害である」と述べる．ここでは性的な生活を断ずる出家者の行いを説く文脈であり，欲情としての貪りが意味されている．　　　　［阿部貴子］

☞「愛」p.31，「愚痴」p.102，「煩悩」p.236

内証・内所・内緒　ないしょ／ないしょう

●意味

現代では，外部には知られないようにしている考えや意向のこと．「内緒にする」「内緒の話」というように，内々に持っている考えや，本当の気持ちを人に知らせないことを言う．また内輪の内情や，内々の様子，内々の経済状態などのことを言うこともある．内緒と表記することも多い．

●語源

もとは，サンスクリット語のプラティアートマ・アディガマナ pratyātmādhigamana の訳語で，内心のさとりを意味した．仏教語で自己の心のうちに仏教の真理をさとること，またその内心で悟った真理のこと，仏がうちにさとって優れた力を体得していることを指す．内面的に直接に知ることや，各自の理解のことも言い，宗門で内々に説く法義のことを指した．内心の悟りの智慧を内証知と言い，自ら悟った境地を内証法と言う．これらの「ないしょう」が変化し，「ないしょ」とも言うようになり，次第に広く，心の内のことを言うようになった．また仏教では，内に得た悟りの「内証」に対して，外にそのはたらきを表すことを「外用（げゆう）」と言う．

●用例

最澄『顕戒論（けんかいろん）』序に「仏日重ねて光り，内証の道興（おこ）る」とあり，『道範消息（どうはんしょうそく）』に「法身内証を覚悟し」とある．また源信『真如観（しんにょかん）』には「諸法実相（しょほうじっそう）と云ふ詞の下に，我れ則（すなは）ち真如（しんにょ）なり．我れ仏なりと悟れば，内証の仏なり」と見え，無住（むじゅう）『沙石集（しゃせきしゅう）』巻二第五話「地蔵の利益の事」には，「凡そ諸仏菩薩の内証・外用を論ずるに，内証は皆自性，法身，毘盧（びる）の全体なり」，『徒然草（つれづれぐさ）』一五七段には「外相もし背かざれば，内証必ず熟す．しひて不信を言ふべからず」などという例がある．

その他内心の悟りの真実が永遠不変であることを内証常住（ないしょうじょうじゅう）と言い，静かに自己の内心における悟りの境地を味わうことを内証三昧（ないしょうざんまい）と言う．また大日如来（だいにちにょらい）の，自らの悟りの楽しみを享受する自受法楽（じじゅほうらく）の教えを内証聖行，内に悟り得た真理が極めて深遠であることを内証甚深（ないしょうじんじん），内心に具える真理，真如のことを内証法身（ほっしんだいにちにょらい），法身大日如来の説法のことを内証法と言う．　　[渡辺麻里子]

奈落　ならく

●意味

　地獄．また，地獄に堕ちること．生前に悪業を働いた者が，死後その報いとして苦しみを受ける地下の牢獄を言う．転じて，物事の最後，どん底，これ以上ない過酷な状況などを意味する．よって，奈落の底と言った場合には，二度と脱出できない地獄の底を表すと同時に，底知れない深い場所，二度と立ち上がれないような困難な境遇を意味する．また，日本の劇場用語として，舞台や花道の床下部分を指す通称にもなっている．回り舞台やせり出しの装置があり，通路にもなる．かつて照明がなかった時代には，真っ暗で地獄の底のような空間だったことから名づけられた．

●語源

　ナラカ naraka の音訳語．那落，捺落，奈落迦，那落迦，捺落迦とも書き，「ならくか」とも読む．同義語にニラヤ niraya（泥黎耶）があり，「ないり」（泥梨，泥黎，泥犁）とも音訳される．初期の経典では，「嘘を言う人は地獄に堕ちる」（『スッタニパータ』第 661 詩），「かれら悪人は，悪いふるまいによって，悪いところ（地獄）に生れる」（『ダンマパダ』第 307 詩）など，嘘や悪口を言う者，悪行をなす者，愚者は地獄に堕ちると説かれている（いずれも中村元訳）．その後，熱火で責め苦しめられる八大（八熱）地獄，極寒の八寒地獄など様々な地獄が説かれたが，日本では平安時代，源信の『往生要集』において地獄の詳細が生々しく描かれた．その恐ろしさは，浄土信仰の隆盛とともに物語や絵解きをとおして人々に広く浸透していった．

●用例

　『往生要集』では，八大地獄の近くの付随的な地獄について「かの一切のもろもろの大那落迦には，皆，四方に四の岸と四の門ありて，鉄墻囲ひ遶る」と述べられている．底知れない深く暗い場所という意味では，例えば，林芙美子『浮雲』（1951）に，「遠い旅に出たせゐか，妙に人肌恋しくて，奈落に沈んでゆくやうな寂しさになる」という表現がある．他方，川端康成による少女向け小説『歌劇学校』（1950）には，舞台装置の隙間から「すとうんと奈落まで落ちましたの」という台詞もある．［大場あや］

☞「閻魔（焰摩／夜摩）」p.66，「地獄」p.134

人間 にんげん／じんかん

●意味

　人の住む世界，世の中，世間などの意味．現代では神や動物など，他の生命体と区別される人類，人，人々を指す言葉として使用されているが，元来，仏教では五趣（地獄・餓鬼・畜生・人・天）や六道（五趣に阿修羅を加えたもの），あるいは十界（六道と声聞・縁覚・菩薩・仏を合したもの）の一つとされ，人趣・人道・人界とも言う．あらゆる衆生（生きとし生けるもの）は，生前の行為の善悪によって，人間を含むこれらの迷いの世界を輪廻転生すると考えられている．

●語源

　サンスクリット語マヌシャ・ローカ manuṣyaloka の訳語．マヌシャは「考えるもの」を意味し，西洋哲学ではホモ・サピエンス homo sapiens に相当する．ローカは「世界・世間・場所・領域」などの原語である．また，インド後期の仏教では，人間に対して「生存するもの」を意味するサンスクリット語サットヴァ sattva が用いられるようになり，これが「執着するもの」とも解釈され，中国では衆生（旧訳）や有情（新訳）と漢訳された．

●用例

　仏教の世界観では，私たち人間は世界の中心にそびえる須弥山の周囲にある東勝身州・南贍部州・西牛貨州・北倶盧州という四つの大陸（四大洲），とりわけ，南贍部州（閻浮提とも言う．インド亜大陸の形に相似しており，後に人間界全体を指すようになった）に住んでいるとされる．戦国武将の織田信長が「人間五十年，下天の内をくらぶれば，夢幻のごとくなり」という幸若舞「敦盛」の一節を吟じながら舞い，桶狭間の戦いに出陣したことは有名なエピソードであるが，その典拠と思われる『倶舎論』には，「人間五十年，下天一昼夜」と説かれている．下天とは須弥山中腹にある天上界の中でも最も劣っている四王天を指す．つまり「人間五十年」とは，単に当時の平均寿命が 50 歳であることを表明したものではなく，人間界の 50 年は天上界のわずか 1 日にしかすぎない儚いものであるという意味になる．

［杉山裕俊］

☞「金輪際」p.126，「娑婆」p.142，「衆生」p.147，「世界・世間」p.172，「畜生」p.193

涅槃　ねはん

●意味

　仏教の修行における究極目標であり，苦しみが消滅した状態のこと．涅槃寂静として，仏教の旗印とされる三法印（ほかは諸行無常と諸法無我）の一つに数えられる重要な教え．肉身が残された状態で涅槃の境地に入ることを有余涅槃といい，死によって心身の苦から完全に脱することを無余涅槃という．大乗仏教では無住処涅槃といって，悟りの境地を体得しつつも，あえてそこにとどまらず，迷い多き人々を救うために娑婆世界での修行を続ける生き方を理想とする．さらには，悟った仏の立場から見たならば，輪廻を繰り返す生死の世界が実のところ涅槃の境地そのものであると達観する「生死即涅槃」の教えが説かれるようになる．中国仏教では涅槃を般若（悟りの智慧），法身（永遠の理法としての仏），真如（真理のありのままのすがた），仏性（仏の本質）などの重要語句と関連づけて涅槃の分類を行うなど，さまざまな学説が打ち出されていった．

●語源

　涅槃（泥洹とも）の語源はサンスクリット語ニルヴァーナ nirvāṇa およびその俗語形の音写で，燃え盛る煩悩の火を吹き消した状態を意味し，欲望を離れた絶対的に平安な境地（寂静）にあることをいう．漢訳では滅度，寂滅，円寂などの語があてられる．生命の火が吹き消されたという意味から，僧侶が死去することを入滅や入寂と呼称するようになり，特に釈尊の入滅を大般涅槃という．

●用例

　『雑阿含経』には根本的な煩悩とされる貪欲（むさぼり）・瞋恚（いかり）・愚痴（おろかさ）およびすべての煩悩を断じ尽くし，悟りを完成した境地こそが涅槃であると説示されている．『スッタニパータ』には涅槃を体得することこそ無上の幸福であり，『倶舎論』にも涅槃が仏法の中で最もすぐれた教えであると強調されている．このように涅槃は仏道修行者が目指すべき到達点である．『小品般若経』などでは，菩薩たるもの無余涅槃に安住してはならないと戒められ，生死にも涅槃にもとどまらない無住処涅槃が主張された．

[工藤量導]

☞「成仏」p.156，「無事」p.220，「菩薩・羅漢・如来」p.230，「仏」p.232

念仏　ねんぶつ

●意味

　仏教における行の一つで，仏を念じること（想い描くこと），あるいは，仏の名号を念じること（口に出して称えること）．「念」には，憶念・観念などの心的働きの意味のほか，称念といった口に出して称えるという身的働きの意味もある．「仏」には，仏身・仏名の意味がある．仏を仏身として捉えた場合，仏の全身の姿，仏の勝れた姿の一部，仏の具える功徳，仏の本質としての真理（法身）などを対象とするので，念には憶念・観念の意味が強くなる（観想念仏）．一方，仏を仏名として捉えた場合，念には称念の意味が強くなる（称名念仏）．

　日本では，法然が阿弥陀仏の名号を称える称名念仏に絶対的価値を見いだして浄土宗を立教開宗したことを契機に，それを継承し独自に展開した親鸞の浄土真宗，一遍の時宗といった教団が広く民衆に普及した結果，一般的に念仏と言えば，「南無阿弥陀仏」と声に出して称える称名念仏を指すことが多い．なお，「南無釈迦牟尼仏」「南無遍照金剛」「南無観世音菩薩」など，広く仏・菩薩の名号を称える行も称名念仏である．

●語源

　初期の仏教では，三念や六念（六随念）などの筆頭に念仏があり，仏に対して想いを留めて心を乱さないことをいった．大乗仏教において多仏思想が成立し，仏の概念が複雑化すると念仏の理解も多様化した．『般舟三昧経』では，仏を目の当りに見ること（見仏）を目的とする念仏三昧（般舟三昧）が説かれ，『観仏三昧海経』では，仏身の観想，仏心の念想などを目指す観仏三昧が説かれる．また「浄土三部経」（『無量寿経』『観無量寿経』『阿弥陀経』）においては，観想念仏と称名念仏の両者が説かれ，それらの実践によって極楽浄土に往生できるとされた．

　浄土経典が伝えられた中国では，観想念仏が主流であった．そうした中，曇鸞や道綽の思想を継承した善導は，『観経疏』において，釈尊が観想念仏ではなく，阿弥陀仏の本願（菩薩時代の誓願）に基づいた称名念仏を勧めていると解釈した．

☞「往生」p.67,「自力・他力」p.162

日本においても，観想念仏が主流であった．『往生要集』において源信は，観想念仏と称名念仏の両者に言及するものの観想念仏は功徳が優れ称名念仏は功徳が劣ると解釈し，観想念仏を重んじた．そうした中，『選択本願念仏集』において法然は，「浄土三部経」と善導の著作に基づきつつ，阿弥陀仏が，あらゆる仏道修行の中から，選択（取捨）を経て，浄土往生の行として本願に定めた称名念仏を「選択本願念仏」と名付け，釈尊や諸仏も阿弥陀仏に同調していると位置づけた．そして，阿弥陀仏の本願力が加わる称名念仏は，観想念仏を含む一切の行の中で最も功徳が優れ，最も実践が容易な行である（勝易念仏）と規定し，もっぱら念仏一行を修めること（専修念仏）を宣揚し，浄土宗を立教開宗した．こうした法然の主張に対して，明恵や道元，日蓮などは強く批判する一方，聖光（浄土宗鎮西派祖），証空（浄土宗西山派祖），親鸞（浄土真宗祖），一遍（時宗祖）は，法然の教説を踏まえつつ，自身の論を加えて展開した結果，これらの浄土教団は全国に広まり，念仏と言えば称名念仏として受けとめられるようになる．

　なお，空也や一遍の実践を通じて広められた，踊り手が鉦を打ち，念仏や和讃を称えながら行う宗教儀礼を「踊り念仏」という．

● **用例**

　『一枚起請文』において法然は，「智者の振舞いをせずして，ただ一向に念仏すべし（決して智恵ある者のようなふりをせず，ただひたすら念仏を称えなさい）」と，浄土往生を目指す念仏行者の心構えと実践の肝要を簡潔に説いている．

　「念仏」を含む諺も多い．「馬の耳に念仏」とは，ありがたい念仏を称えて聞かせてみても，馬はそのありがたさを理解できないことから，忠告や助言をいくら説いてみても，ただ聞き流すだけでまったく通じないさまをいう．「豚に念仏，猫に経」も「馬の耳に念仏」と同様の意味で用いられる．「鬼の空念仏」とは，信仰もなく表面だけ念仏を称えている者のように，冷酷で残忍な者が，情け深そうなことを言ったり，慈悲深く取り繕ったりするさまをいう．「狸の念仏」とは，狸は人を化かす動物とされることから，念仏などの実践が長続きせず，途中で立ち消えになるさまをいう．

［林田康順］

馬鹿　ばか

●意味

知能が劣り愚かなこと，物の道理が分からないこと，またその人や物の様子も言う．

●語源

語源とされるサンスクリット語モーハ moha は「事理に暗いこと」「暗愚」も意味し，そこから転じて「愚かなこと」「愚かな人」を指すようになった．諸説あるが，最も有力とされているのはサンスクリット語バカ baka（詐欺師）またはモーハ moha（無知・迷い）の音写（言葉の音だけを取って漢字にすること）であること．もとは「慕何」「莫訶」「莫迦」「婆伽」などと書かれる．「馬鹿」と書くのは当て字で，俗に馬と鹿の見分けさえできないような「愚かな人」という意味になった．

その他，サンスクリット語マハッラカ mahallaka 摩訶羅（無知）が転じて，僧侶が隠語として用いたことによるともあるが，マハッラカは「老人」「老いぼれ」を意味する語で「無知」という意味はないとするものもある．また，「ばか」は漢字で「破家」（家財を破る）と表記するから，家財を破るほどの愚かなことの転義とも考えられている．

●用例

『太平記』巻二三「土岐頼遠御幸に参り合ふ事」に「この比洛中にて頼遠などを下すべき物は覚ぬ者を，謂ふは如何なるばか物ぞ．一々にしやつ原に引目負ほせてくれよ」（ここ最近京で頼遠を（馬から）降ろせるようなやつはいないものを，どのような馬鹿（狼藉者）が言っているのか．野郎に目にものみせてくれよう）とあるが，この「狼藉」は「無知」と置き換えることも可能である．これが記録に残る「馬鹿」の初出であり，鎌倉時代末をさかのぼるものは見当たらない．江戸時代成立とされる『蕉窓夜話』には「人多くして好き僧侶も馬嫁も多かったと云ふぞ」とあり，江戸期になると本格的に愚かの意味で使われ，現在に至っている．

[草木美智子]

般若　はんにゃ

●意味

　一切のものごとや道理を明白に捉える智慧．仏教の無常（むじょう）の道理を洞察し認識する強靭な力をいう．

●語源

　サンスクリット語プラジュニャー prajñā の俗語形パンニャー paññā の音写．「慧・智慧」と訳される．般若は原始仏教以来，三学（さんがく）（仏道を修行する者が必ず修めるべき三つの基本）の一つとして重視されてきた．智慧は真理を悟り悪を断ち，生活を正し，結果として仏道を完成させる．よって大乗仏教では，六波羅蜜（ろくはらみつ）（彼岸に至るために菩薩に課せられた6種の修行徳目）の最後に般若波羅蜜（にゃはらみつ）を置いて，〈般若＝智慧〉を悟りを完成させる最も肝要（はん）なものとする．

●用例

　「般若の舟」とは，般若（智慧）が凡夫を煩悩の此岸（しがん）から悟りの彼岸（ひがん）に渡すことを船にみたてた語．『俊頼髄脳（としよりずいのう）』に「般若はよろづをむなしと説くなり，その般若の舟に乗りて苦海を渡れば，神仏のよろこばせ給へば（この世は諸行無常，般若の舟に乗って煩悩の激流を渡り涅槃の境地に達するのは，神仏の喜ぶところである）」とある．また「般若湯（はんにゃとう）」は僧家の隠語で酒をいう．僧侶の戒律に不飲酒戒があり，世間をはばかってつくられた．

　般若は日本では『般若経（摩訶般若波羅蜜経）』の略語として用いられることも多い．智徳に満ちた仏の声や，般若経を読誦する声を「般若声」と称するのはこのためである．また釈尊一生の説法を五つの時期に分けて体系づける考え方に「五時教」があるが，「般若時」はその一つである．

　般若と聞いて一番に脳裏に浮かぶのは，角があり，女性の嫉妬や怒りを表した鬼女の面，いわゆる「はんにゃの面」ではないだろうか．これは本来の仏教語を由縁とするものではなく，奈良の僧侶で面打ち「般若坊」の始めた能面の型を起源として派生したものである．

　また般若寺（奈良市にある真言律宗の寺）は般若とも呼ばれる．『太平記』巻五「大塔宮熊野落事」の，護良親王（もりよししんのう）が『大般若経』の経櫃に隠れて般若寺から死地を脱出したエピソードで知られる古刹である．　　［坂巻理恵子］

☞「智恵」p.192，「彼岸・此岸」p.214

悲願　ひがん

●意味

　実現したり達成したりするのが難しいことをぜひとも成しとげようという心の底からの願い．世間一般の悲願とは，現実世界（現世）での成功（利益）を目的として，学業・芸能・スポーツ等の分野で，所期の理想・目標・夢をかなえようと熱望することをいうが，仏教では，あらゆる生きものを救済しようという慈悲に基づく願いをいう．仏・菩薩が大慈悲心によって起こす誓願が，転じて物事を成就したいという悲壮な願いを意味するようになった．

●語源

　「悲願」のサンスクリット語はプラニダーナ praṇidhāna であり，元は「前に置く」という意味であるが，通例は「誓願」と訳される．誓願という語は特に大乗仏教で重視され，例えば『阿弥陀経』のように，あらゆる生きものを苦しみから救おうという阿弥陀仏の誓願・本願を意味する．現実世界を苦しみの世界とみなし，すべての存在が苦しみの中に没入している「一切皆苦」という仏教の世界観を前提としている．苦しみからすでに解脱した仏・菩薩は，苦しみのない世界である浄土・仏国土に本来住んでいるとされるが，まだ苦しみの中にある人々を憐れんで，人々を苦から解放し救済しようと願って，あえて自ら進んでこの世（輪廻）に生まれるものと考えられた．

●用例

　『華厳経』入法界品では「一切衆生受無量苦．発大悲願而摂取之」と説かれる．すなわち，あらゆる生きものが無量の苦しみを受けているのを見て，彼らを救おうと立ち上がる原動力こそが悲願である．たとえ苦しい状況にあっても，あえて苦しみの中に飛び込んで，高い理想を掲げて決してあきらめることなく，理想の実現に向けて一歩でも進んでいくという点に，仏教上の意味と世間一般の意味との共通性がある．　　　　［山本匠一郎］

☞「願」p.86，「菩薩・羅漢・如来」p.230，「本懐」p.235

コラム：乳製品

醍醐味

「旅行先での新たな出会いが旅の醍醐味だよね」といった具合に，本当の楽しさを意味する「醍醐味」という言葉がよく聞かれる．

この醍醐は，もともと五味（乳・酪・生酥・熟酥・醍醐）の一つで，『大般涅槃経』の「牛より乳を出し，乳より酪を出し，酪より生酥を出し，生酥より熟酥を出し，熟酥より醍醐を出す，醍醐が最上なり」という，仏の教えこそが最上の味であることを述べる成句などに由来する．

五味

五味は数多く存在する乳製品の一部にすぎないが，それを中心にインドにおけるいくつかの乳製品を紹介したい．

「乳」は文字どおり生乳（パヤス／クシーラ）を指す．ちなみに，パヤスの派生語であるパーヤスヤ（乳粥）は，釈尊が6年間の苦行の末に口にした食物として有名である．

「酪」は酸乳（ダディ）のことで，生乳を乳酸発酵させたものである．また，生乳を加熱したものがシュリタと呼ばれるが，それに凝固促進剤（アータンチャナ）を加えて酸乳に加工する方法もある．

次に，酸乳を撹拌するとナーヴァニータという固形物（バター）と，タクラという水分（バターミルク）に分離する．このナーヴァニータを「生酥」という．

そして，「熟酥」はナーヴァニータから精製されるサルピス（バターオイル）を指す．このバターオイルは状況によってはグリタやアージヤとも呼ばれる．余談であるが，「カラダにピース」のキャッチコピーで知られる「カルピス」の名称は，このサルピスとカルシウムに由来する．

最後の「醍醐」はサルピスをより精製したサルピルマンダに当たる．実は，サルピスとサルピルマンダの加工法は経典では明確に記述されていない．しかし，バターからはバターオイルしかつくられないため，サルピルマンダは低級脂肪酸と不飽和脂肪酸とをより多く含有する，液状化しやすいバターオイルであると推定されている． 　　　　　　　　　　［田中純也］

☞「一味」p.52

彼岸・此岸　ひがん・しがん

●意味

　悟りの境地を彼岸，迷いの世界を此岸という．煩悩を川に喩え，我々がいる「こちらの岸」（此岸）から，煩悩を滅した「向こうの岸」（彼岸）へ渡ることが仏教の理想であり，それは涅槃とも称される．現世の煩悩を解脱し，悟りの境地に達することが「彼岸」の第一義であるが，彼岸には多様な意味が付加されるとともに，「彼岸会」という重要な仏教行事となって展開していった．

　日本では太陽が真東から昇り真西に沈む日，すなわち昼夜の長さが同じになる日（春分の日・秋分の日）を彼岸の中日という．中日の前後3日を含む1週間が「彼岸会─お彼岸」であり，年に春秋2度ある．このとき太陽が真西に沈むことから，西方極楽浄土におわす阿弥陀如来を最も輝かせる瞬間であると解釈され，さかんに信仰が広まっていった．現在も，全国的に法要・墓参などの仏事が広く行われている．

　善導（613-681年）の『観経疏』定善義に「阿弥陀仏の仏国である極楽浄土は太陽の沈むところにあたり，真西に十方億の仏土を超えたところにある」と説かれる．このように，浄土を観想し往生を願ったことから，『観経疏』が念仏系の彼岸会の起源とも考えられている．一方，「太陽信仰」を元に「日の願」から「日願」になったという説もあり，太陽に向かって礼拝・祈願する民俗習慣と合一した彼岸行事も各地にみられた．

　彼岸会の濫觴は，聖徳太子にまで遡るともいい，また大同元（806）年諸国の国分寺僧に，「春秋二季『金剛般若経』を転読させたこと」（『日本後紀』）から始まったとも言われる．

　このように彼岸会の典拠には諸説あるが，インドや中国に由来するものではなく，実に日本において始められたことに留意すべきである．

●語源

　悟りの境地である「彼岸」に至ることを，「到彼岸」「度彼岸」（「度」は「渡」の意味）と呼ぶ．その原語はサンスクリット語パーラミターpāramitā であり，これは「波羅蜜」「波羅蜜多」と音写される．「到彼岸」

☞「往生」p.67，「般若」p.211

のための修行が「六波羅蜜（布施・持戒・忍辱・精進・禅定・智慧）」とされ，これらは大乗仏教の実践倫理の基本となる．pāramitā は pāram（向こう側に）＋ itā（至った）と分解されることがあるが，これは文法上は不正確である．正しくは pārami（最高・至高）＋ tā（であること）すなわち「至高性・完成」が適切である．ただしチベット語訳は「到彼岸」として解釈している．単に「彼岸」といった場合には，上述したような「彼岸会」を指す場合が多い．また，浄土教においては，彼岸は極楽浄土を意味する場合がある．

● **用例**

　最古の仏教経典とされる『スッタニパータ』には，「わが筏はすでに組まれて，よくつくられていたが，激流を克服して，すでに渡り終わり，彼岸に到着している」と説かれる．仏教の教え＝「筏」に乗って，煩悩が渦巻く「激流」を克服し，やがては，悟りの境界である「彼岸」に至るという．

　このように，彼岸は仏教の最初期から頻繁に用いられてきた比喩表現で，真理を見通すものが到達する境地とされた．それに対して，此方の岸にさまよっているのが，我々人間である．昼夜の長さが同じになる日を中日といったのは，気候・寒暑の中間にあって，仏事にとっても好時期であったことが関係していよう．また，ちょうど昼夜が半分であることは，仏の世界（彼岸）と人間の世界（此岸）が一体となることを意味し，仏法の「中道」を彷彿させる．中道とは，対立する二つの見解を離れた，不偏中正な道をいう．そこから「先入観にとらわれることなく，厳しく正しく現実を見きわめ，正しい判断をし，正しく行動すること」が求められた（「八正道」）．

　「暑さ寒さも彼岸まで」ということわざからも知られるように，秋の彼岸を過ぎれば残暑もやわらぎ，余寒のきびしさも春の彼岸頃には薄らいでいく．要は「暑い」と言ったり「寒い」と言ったりしても，彼岸までの時期だということである．そこから転じて，人生に困難な時期があったとしても，時間が過ぎれば良くなっていくという，前向きな意味をも含むようになったらしい．

　このことわざは，江戸時代にはすでに人々の間で使われていたという．気候だけでなく，人生についての意味を包含していることに，今日まで生き続ける「彼岸」「此岸」という，仏教用語の深奥さを感じる．［粕谷隆宣］

微妙　びみょう／みみょう

●意味

　現代においてよくある使われ方は，「ビミョー」と書いたりするもので，マイナスの意味が多い．「〜の味がビミョー」などと使われるように，どちらかというと良くない意味で使われる．しかし，元々は，味わい深くなんとも言えない美しさや趣があることを表わす語であり，否定の意味はまったくない．そこから，細かいさま，どちらとも言えないこと，などの意味で使われるようになり，さらに，言葉ではっきりと「良い，悪い」と言いにくいときに使ったりするようになる．この語は仏教語に由来する．仏教語としては「びみょう」ではなく「みみょう」と読む．仏法や悟られた真理を形容するときに，この語を使うことが多い．初期の仏典から頻出する語である．仏典中では，通常の知識では理解しがたく，言葉で言い表すことが難しい不可思議で奥深いことを表すために用いられる．

●原語

　サンスクリット語カルヤーナ kalyāṇa（優れた・善き．他に，善・妙善等の漢訳語がある）が微妙と漢訳される．また，微には「細かい・うかがう」等の意味があり，妙には「言い表しようのないほど優れている・優れて美しい」等の意味がある．

●用例

　『法華経』には序品「演説経典微妙第一」（経典が奥深く優れていることを説かれた）や方便品「無漏不思議，甚深微妙法，我今已具得」（清らかで不思議な深遠でこの上なく素晴らしい法を私は得ている）とある．また，『無量寿経』には「得微妙法，成最正覚」（深遠なる法を得て，最も優れた悟りを成す）や，「彼仏国土，清浄安穏，微妙快楽」（あの仏の世界は，清らかであり安らかでもあり，なんとも言えぬ美しさがあり，快い）などとある．法（真理）や仏の世界など，この上なく素晴らしいものを形容するときに使われることが多い．「妙」一文字で微妙と同じ意味で使われることもしばしばある．

[阿部真也]

☞「真実」p.166,「不思議」p.222,「未曾有」p.241

ひゆ　217

比喩　ひゆ

●意味

　類似した事柄をもって物事を説明すること．喩えること．喩え．韻文・散文を問わず修辞として広く用いられ，具体的なイメージを伴うため生き生きと描き表現に趣きを加える効果をもつ．喩える事柄と喩えられる事柄を言語化する程度によって，直喩・隠喩・諷喩に区別される．

●語源

　サンスクリット語ウパマー upamā（たとえ話・実例・直喩），アウパミヤ aupamya（例話として教えを説く物語），また，形式・用法をいうドゥリシュターンタ dṛṣṭānta（アウパミヤ説話を教訓の実例として援用したもの．例証・例喩），アヴァダーナ avadāna（因縁譚．十二分経中の一分としての譬喩経類の一群をもいう）の4種の語の訳語である．

●用例

　『大智度論』に「譬喩有二種．一者仮以為喩．二者実事為喩」（比喩に2種類ある．一は仮をもって喩えとし，二は実事を喩えとする）とあるが，前者の「仮の話で喩える」のがアウパミヤ，後者の「実事を喩えとする」のがウパマーに相当する．また，法華七喩と通称される『法華経』の7種の喩え話は上記のアウパミヤの例である．親鸞の『高僧和讃』に「貪瞋二河の比喩を説き　弘願の信心守護せしむ」（貪欲と怒りを二つの河に喩えた比喩を説いて，阿弥陀仏の誓願を信じる衆生を守らせた）とある．これは貪欲を水の河，瞋恚を火の河に喩え，往生を願う信心を中間の白い道に喩えた善導『観経疏』散善義の教説を詠んだものである．経論・仏書にはこのような比喩譚が多出する．比喩が説教にしばしば用いられる点は近代以降も変わらず，例えば島崎藤村の『破戒』に「聖経の中にある有名な文句，比喩なぞが，普通の人の会話に交るのは珍しくも無い」とあるのはその一端を描いている．また『万葉集』の歌の分類に「譬喩歌」があり，心情を表に出さずものごとに喩えて詠んだものをいうが，これは仏教語ではなく『詩経』の影響下にある．「比喩」の語は，今日では日常語としてより，詩歌を中心とした文学的文章の解説・批評などに多用される．　　　［鈴木治子］

☞「方便」p.228，「無尽蔵」p.245

平等　びょうどう

●意味

かたより，差別のない状態．万物が等しいさま．釈尊はインドにおける階級制度に基づく差別を否定し，人は生まれによってではなく，行いにより人となりが決まると説いた．大乗仏教の経論によっては，さまざまなものごと（諸法）には本質的に差別がないと説き平等とするものもあり，悟りによってこうしたものの見方を備え，差別の見解を起こさない仏の心を平等心と言う．

●語源

サンスクリット語サーマーニャ sāmānya に由来する．『涅槃経』には「憂畢又者，名曰平等，亦名不淨，又名不観，亦名不行，是名為捨」とあるように，心の平静を表す「捨」ウペークシャーと同義とする記述もみられる．

●用例

平等の用例は仏典に数多く見いだせるがその一例として『瑜伽師地論』には，「又諸菩薩由五種相．当知普於一切有情其心平等．何等為五．一者菩薩最初発心願大菩提．如是亦為利益一切諸有情故．起平等心．二者菩薩於諸有情．住哀愍倶平等之心（後略）」とあるように，菩薩は始めに悟りを目指す心を起こすと同時にすべての生きとし生けるものを救うために「平等心」を起こし，慈しみ差別なき心を備えることが説かれている．また『大乗起信論』には，「平等縁者，一切諸仏菩薩，皆願度脱一切衆生，自然薫習恒常不捨．以同体智力故，随応見聞而現作業」とあり，すべての仏と菩薩は生きとし生ける者を教え導くために，同様の姿形を用いて働きかけることを「平等縁」として説明している．いずれの場合も，他者のために差別なく接する仏と菩薩のあり様が見て取れ，現代日本において用いられる「平等」の意味と近似する．また有島武郎の『小作人への告別』には，「なおこの土地に住んでいる人の中にも，永く住んでいる人，きわめて短い人，勤勉であった人，勤勉であることのできなかった人等の差別があるわけですが，（中略）ともに平等の立場に立つのだということを覚悟してもらわねばなりません」とあるように，人それぞれ事情は異なりつつも，権利や義務は万人等しく備わっていることが示されている．　　　［里見奎周］

☞「阿弥陀籤」p.41，「捨」p.141，「差別」p.143

不覚　ふかく

●意味

物事をよく理解（覚）していない（不）状態．ひいては，不注意である様子，意図しない事柄，悪評がつく有様をも意味する．不覚を用いた言い回しとしては，しくじったり，失敗したりしたことを表す「不覚をとった」「一生の不覚」などがある．そして，自然と涙が出てくることを指す「不覚の涙」といったものもある．また，不名誉を得ることを示す「不覚の名をとる」という慣用句もある．

●語源

一般的に，不覚の語源は中国語の「不覚」（「さとり」に至っていない状況）であるとされる．ただし，「覚」はサンスクリット語ボーディ bodhi（「菩提」と訳される場合もある），あるいは，ブッダ buddha（「仏陀」と訳される場合もある）の訳語に相当する．そのため，「覚」を含む「不覚」がサンスクリット語に由来するという解釈も成り立ち得る．

●用例

『大乗起信論』では「所言覚義者，謂心体離念，離念相者，等虚空界，無所不遍，法界一相，即是如来平等法身，依此法身説名本覚，何以故，本覚義者，対始覚説，以始覚者即同本覚，始覚義者，依本覚故，而有不覚，依不覚故，説有始覚……所言不覚義者謂，不如実知真如法一故，不覚心起，而有其念，念無自相，不離本覚」と「覚」やそれと関連のある「本覚」（本来的に衆生は「覚」の資質を備えているということ），あるいは「始覚」（はじめて修行により衆生が「覚」の状態へ達していくということ）と対比しつつ，不覚が示されている．更に，同じく『大乗起信論』においては「依不覚故，生三種相，与彼不覚，相応不離，云何為三，一者無明業相……二者能見相……三者境界相」と三種類の相（「三細」），および「復生六種相，云何為六，一者智相……二者相続相……三者執取相……四者計名字相……五者起業相……六者業繋苦相……当知，無明能生一切染法，以一切染法皆是不覚相故」と六種類の相（「六麤」）の「三細六麤」によって不覚が多面的に説明されてもいる．　　　　　　　　　　　　　　　　　　［春本龍彬］

☞「菩薩・羅漢・如来」p.230，「菩提」p.231，「迷惑」p.247

無事　ぶじ

●意味

特別変わったことのないさま，問題，被害がないこと，平和，平穏なこと，すべきことがなく暇なさま，有事の対義語．現代語では無事には「平穏」「暇」のように肯定的・否定的な意味合いが含まれるが，仏教語としては煩わしさとしての「有」に対する概念として良い意味で用いられる．

●語源

仏教ではまだなすべき余地がある状態を「有」の字をもって表す場合がある．例えば煩悩を滅し尽くしても，肉体がまだ残っている状態を「有余涅槃」と言い，一方で煩悩も肉体もすべて滅した状態を「無余涅槃」という．このことから無事は「事がない」，すなわち特段なすべきことがもはやない状態を意味するものである．特に禅宗では，なすべきことは何もなく，人為的なはからいのない寂静なあり方の意味で用いる場合が多い．例えば臨済義玄の語録である『臨済録』には，「無事是貴人」とあり，殊更に何かすべきものがない（無事）人を理想的な人物像として貴人と評している．

●用例

ナーガールジュナ（龍樹）『十住毘婆沙論』には「在家懐結恨，出家離結恨，在家随官法，出家随仏法，在家有事故，出家無事故，在家有苦果，出家有樂果」とあるように，在家信者と出家者の対比で，在家信者とは異なり出家者は恨みを抱くこともなく，仏法に従うため世俗の法律に縛られないとされ，そしてやるべき煩わしいこともないため楽果（良い結果・果報）を迎えられるという一節がある．また宮沢賢治『銀河鉄道の夜』には「ところが，つかまえられる鳥よりは，つかまえられないで無事に天の川の砂の上に降りるものの方が多かったのです」と，鳥が捕まることなく安全にやり過ごせた様子を描写するのに用いられている．現代の用法では「無事に帰る」「どうかご無事で」など，何も問題のないことを表し，先にあげた『銀河鉄道の夜』の一節と同様の用いられ方をすることがほとんどである．

[里見奎周]

☞「涅槃」p.207

コラム　221

コラム：日本語になった梵語③ —仏事編—

閼伽（あか）

　歓待や表敬のもてなしを意味するサンスクリット語アルガ argha やアルグヤ arghya の音写．インドでは来客にまず洗足や漱口用の水を差し出す習慣があり，閼伽は特に表敬対象に捧げる水を指す．仏教寺院では井戸を閼伽井（あかい），桶を閼伽桶（あかおけ），閼伽桶などを置く棚および水屋を閼伽棚（あかだな）とも呼ぶ．

瓦（かわら）・甍（いらか）

　瓦は煉瓦や陶器の断片を意味するサンスクリット語カパーラ kapāla の漢訳であり，寺院などの屋根を葺く日本の瓦の語源になったとされる．なお，瓦葺き屋根およびその瓦を甍というが，甍もまたサンスクリット語イシュタカー iṣṭakā を語源とする説がある．

庫裏（くり）／庫裡（くり）

　寺院の中で住職や寺族の住む場所や台所にあたる建物を指す語．小屋や房舎（ぼうしゃ）を意味するサンスクリット語クティ kuṭi を語源とする説がある．ṭ の音は舌を反転して発音するため r に近く，kuṭi はクリに近い音である．

護摩（ごま）

　火中に供物などをくべて祈願する密教修法（しゅほう）を指す語．サンスクリット語ホーマ homa の音写語である．護摩を修する建物を護摩堂（ごまどう），修する壇を護摩壇（ごまだん），くべる木を護摩木（ごまぎ），祈願の趣旨を書いた紙や板を護摩札（ごまふだ）と呼ぶ．

修多羅（しゅたら）

　経や袈裟（けさ）を留める紐（ひも）を意味するサンスクリット語スートラ sūtra の音写．経そのものも指す．紐がなくて経や袈裟が整っていない様子から〈修多羅がない→しだらがない→だらしない〉という変化をしたという説がある．

荼毘（だび）

　火葬を指す語．サンスクリット語の動詞語根クシャイ kṣai が燃やすという意味であり，その使役形の過去分詞の俗語形ジャーピタ jhāpita の音写とされる．

南無（なむ）

　敬礼を意味するサンスクリット語ナモー namo の音写．原形はナマス namas であり，そこに二人称代名詞の格変化形テー te を付けると挨拶のナマステー namas te（あなたに敬礼しますの意）になる．　　　［横山裕明］

不思議　ふしぎ

●意味

「不可思議」の略．原意は文字どおり「思議すべからざること」，つまり我々の思いの及ばないことをいう．人知の及ばない「霊妙なこと」「神秘的なこと」「説明のつかないこと」「理性や常識では原因や理由が分からないこと」の意味で用いられる一方，今日では「非常識なこと」「とっぴなこと」「不審なこと」「奇怪なこと」など否定的な意味ももち，文章語としても会話語としても多岐にわたって使用される．また，「～しても不思議（で）はない」等の形で，「そのことが当然のこととして起こる」という意味を表す．さらに「大きい」という意味の「摩訶」を冠して「摩訶不思議」とも用い，極めて不思議なことを表す．インドの数学では，「不思議」の語源のアチンティヤを考えられないほど大きな数字という意味で使う．さらに日本でも「不可思議」を極めて大きな数の単位として用い，「一不可思議」は 10 の 47 乗，10 の 64 乗，10 の 80 乗などの諸説がある．

●語源

サンスクリット語アチンティヤ acintya の訳語．否定の意味の接頭辞アア と「考えらるべき」という意味のチンティヤ cintya からなる．「思慮が及ばない」「考えが及ばない」の意味．本来，仏・菩薩の悟りの境地は，迷いの境涯にいる愚かな人（凡夫）の思慮を超えているため，思い計ることも言葉で言い表すこともできないことを意味する．

●用例

『華厳経』（六十華厳）には「如来法身不思議　無色無相無倫匹」（仏の身は計り知れないもので，姿もなく比べるものない）と説かれる．修行の足りない凡夫には仏の姿は計り知れず見ることもできないという意味である．また，『法華経』普門品には「弘誓深如海　歴劫不思議」（観音菩薩の広く大きな誓いは海のように深く，長い時を経たとしても思い計ることはできない）とあり，両者とも凡夫には思い至らない仏菩薩の超越性を表している．『往生論註』には「此云何不思議」（これがなぜ不思議なのか）の語が反復されているが，煩悩を断ぜずして浄土に生まれるから「不思議」

☞「言語道断」p.124，「微妙」p.216，「未曾有」p.241

であると説く．それは阿弥陀仏の超越した力による故で，さらにその力を
人知では及ばないものとして称賛している．『梁塵秘抄』の「娑婆に不思議
の薬有り，法華経なりとぞ説い給ふ」（人間世界には霊妙な薬がある．それ
が『法華経』だと説いておられる）という今様は，「法華経を聞く人は病が
たちまちに消え不老不死の力を得る」という『法華経』の文言に基づき，『法
華経』を優れた薬に喩えその功徳をうたっている．また，親鸞の著作には「不
思議」の語が多出するが，特に『正像末和讃』には「仏智不思議」を説く
連作が収められている．同じく親鸞の著作「浄土往生三経文類」の「仏智
不思議智」の句に「ココロモコトバモオヨバズ」と左注が付されていること
から，「仏智不思議」とは凡夫の思慮を超えた阿弥陀仏の誓願の智恵（はた
らき）をいうことが分かる．以上，経典・仏書あるいは経文に基づく作品の
用例では，いずれも仏やその教えの超越性を「不思議」と表現し称賛してい
る．それに対し外典では，『うつほ物語』「うれたき人かな．わが請ひしに
は『子出で来なば取らせむ』といひしを，さにこそありけれ．不思議なるこ
とかな」（憎らしい人だな．私が（その石帯を）譲ってくれといったときに
は「子ができたらあげましょう」と言ったのに売るつもりであったのか．納
得いかないことだ）とあるように，「理解の及ばないほど腹立たしい」とい
う意味で使っている．『平家物語』巻一一「重衡被斬」でも，「もし不思議
にて，今一度変らぬ姿を見もし見えもやすると思ひてこそ」（もしや思いが
けずもう一度変わらぬお姿を見もし，見られもするかと思って）のように人
知の及ばない対象を称賛する意味とは異なり，ただ「人の思いの外」の意
味で使っている．同じく『平家物語』巻一二「六代被斬」の「されば承久
に御謀反起こさせ給ひて，国こそ多けれ，隠岐国へ移され給ひけるこそ不
思議なれ」（後鳥羽院が承久にご謀反を起こされて，国も多いのに隠岐国に
移されなさったのは不審であった）では，「納得できない」の意味で用いられ，
否定的な意味がさらに強い．また近代作品では，『人間失格』「どこかけが
らわしく，へんにひとをムカムカさせる表情の写真であった．私はこれまで，
こんな不思議な表情の子供を見た事が，いちども無かった」のように，「今
までの経験を超えた」という意味の中に「不気味」「不快」の意味を含む，
極めて否定的な用例がある．仏書では「不思議」に比して「不可思議」の
用例が多く，外典では逆に「不思議」が多く用いられる．また，その意味
は時代が下るにつれ多様化する傾向が見える．　　　　　　　［鈴木治子］

普請 ふしん

●意味

あまねく（普）請う（請）こと．その字が示すとおり，原義は「多くの人々に対し，力を合わせ労役（ろうえき）に従事するよう願い出ること」または「請を受けた人々が力を合わせて労役に従事すること」であり，古くは中国の禅宗寺院で用いられる用語であった．それが日本に流入して以降，元来の意味が転じ，寺社仏閣をはじめとする建物の造営や道路・河川の整備など，多くの労働力を必要とする建築作業・土木作業一般を，ひいては単に家屋の建築をも意味するようになった．仏教，特に禅宗においてはそのような意味とは異なり，寺院内の修行者が一斉に作務（さむ）に従事することを意味する（普請作務（ふしんさむ））．

●語源

普請とは本来，禅宗寺院（禅林（ぜんりん））における生活規範として定められた規則（清規（しんぎ））の一つを指す語である．中国において，元の時代に編纂された『勅修百丈清規（ちょくしゅひゃくじょうしんぎ）』という書物によれば，すべての禅林修行者は，守寮（修行者不在の際，寮の監視を務める者）・直堂（修行者の衣鉢を管理する者）・老病の者を除き，定められた時刻に定められた場所で，身分の上下にかかわらず，みな一斉にそれぞれの作務に従事することが強く義務づけられている．また，江戸時代に著された『僧堂清規（そうどうしんぎ）』には普請の具体的な業務内容が示されており，そこでは降誕会（ごうたんえ）に用いる花の採取や年の暮れの煤払い，茶摘みや山内の掃き掃除などが挙げられている．

●用例

現代では，「（家の）離れを普請する（修理する）」「道普請（道路を修繕，開設する）」などの表現にみられるように，建築・土木工事一般を意味する熟語として用いられることがほとんどである．あるいは，「安普請（安い費用で家屋を建てること，または建てた家そのもの）」「にわか普請（家屋を急造すること）」「普請道楽（家の建築に大金を掛けること）」など，普請の語が本来もつ，「皆が一致団結して事に当たる」というニュアンスが薄れた表現が残るのみである．その意味では，現在でも禅宗で用いられている「普請」の用法は，この語の元々の意味合いを色濃く残すものと言える．　　［磯 親徳］

☞「禅」p.179

不退転　ふたいてん

●意味

日常の中で不退転というときは，困難に際しひるんだり，くじけたりしないことを意味する．

仏教用語としては，修行が進んで仏になることが定まり，再び悪趣や二乗（声聞・縁覚）や凡夫の位に退堕したり，さとったところの菩薩の地位や法を失わないこと，またその位をいう．

●語源

不退転は，サンスクリット語アヴァイヴァルティカ（avaivartika）あるいはアヴィニヴァルタニーヤ（avinivartanīya）の訳．どちらも元は「退かない」の意味である．

漢訳仏典では「不退転」や「不退」「無退」のほか，上記のサンスクリット語の音写である「阿毘跋致」や「阿惟越致」という形で記されることも多い．

●用例

『増一阿含経』声聞品に「三結使を尽くして須陀洹となる．不退転の法にして必ず涅槃に至る」とある．三結使（有身見・疑・戒禁取の三つの煩悩）を断ずることで得られる須陀洹（声聞が得る4段階のさとりの最初．預流果ともいう）は不退転であり，必ず涅槃に至るとする．

また大乗仏教でも『大般若経』転不転品に「是の如き不退転の菩薩摩訶薩は，定んで声聞・独覚等の地においてまた退堕せず，必ず無上正等菩提を得ん．この因縁によって不退転と名づく」等と説かれている．

ただし，不退転は初期仏教から大乗仏教まで広く用いられた言葉であるため，時代が下ると例えば嘉祥大師吉蔵の三不退説や，慈恩大師基の四不退説などのように，十信・十心・十行・十回向・十地等の菩薩の修行階位のいずれの位地を不退転とするか，さまざまな解釈が登場し，その定義は複雑化していった．

[大八木隆祥]

☞「成仏」p.156，「菩薩・羅漢・如来」p.230，「唯我独尊」p.251

分別　ふんべつ／ぶんべつ

●意味

　ものごとの道理，善し悪しをわきまえることや常識的な判断をすること，あるいはその能力を指して「分別（ふんべつ）」と言う．反対に，そのような能力を欠いていたり，思慮がなく軽率なことは「無分別（むふんべつ）」と言われる．また，身近なところでは「ゴミの分別（ぶんべつ）」という言葉もある．この二つの「分別」はまったく別もののようにもみえるが，何かを区別して分析，判断するという点では共通した意味が見いだせる．

●語源

　「分別（ふんべつ）」の原語はサンスクリット語ヴィカルパ vikalpa である．広くは分岐や選択肢を表す語として用いられるが，仏教では主に，対象を概念（言葉）によって理解する心の働き，思惟一般を指す．ただし，現代語での「分別」が良いこととして捉えられるのとは違い，特に大乗仏教における「分別」は凡夫（ぼんぷ）の誤った認識を指すこともある．さまざまな欲や執着を捨てられない私たちは，自分の主観でものごとを判断し，ありのままの事実とは異なるものとして理解してしまう．例えば，本来ないはずのものをあると考えたり（増益，サマーローパ samāropa），本来あるはずのものをないと考えたりすること（損減，アパヴァーダ apavāda）も仏教における「分別」の一種である．

●用例

　中観派の祖である龍樹（りゅうじゅ）（ナーガールジュナ Nāgārjuna）は，『中論（ちゅうろん）』の中で次のように説く．「業（ごう）と煩悩（ぼんのう）が滅することによって解脱がある．業と煩悩は分別から生じる．分別は言語的細分化によって生じる．しかし，言語的細分化は空性において消滅する」．人間を輪廻という苦しみにとどめる原因である業と煩悩は概念的思惟である分別を原因とし，分別はさらに言語的細分化（戯論（けろん），プラパンチャ prapañca）を原因とする．有と無や善と悪などといった対概念によっては真実は捉えられない．しかし，「言語的細分化」という心の働きはそれに執われてしまう．空性を説くことによって言語的細分化が静められ，そこから生じる分別も消滅，その結果である煩悩もまた滅することで，解脱は達成される．　　　　　[児玉瑛子]

☞「空」p.100，「煩悩」p.236，「迷惑」p.247，「融通」p.252

ほう　227

法　ほう

●意味

　教え，法律，存在の構成要素などを表す言葉．三宝の第二として仏陀の教えを法と呼ぶ．この教えは八万四千の法門と呼ばれ，多くの種類がある．阿含・ニカーヤでは五蘊について説かれるときに「色は無常であり，苦であり，この変化する法に我を見てはならない」と説かれており，五蘊のそれぞれが法と捉えられている．諸法無我はそれを総じて表す．仏典にさまざまに説かれる法は一切法と総称され，『倶舎論』はそれらをまず有漏法と無漏法に分け，さらに有為法と無為法に分類する．さらにこれらは四諦とともに理解される．すなわち有漏であり，有為であるのが苦諦と集諦，無漏であり有為であるのが道諦，無漏であり無為であるのが滅諦となる．このような法の分類は広く学ばれ，大乗を含めた仏教教理理解の土台となっている．

一切法	有漏	有為	苦諦
			集諦
	無漏		道諦
		無為	滅諦

●語源

　サンスクリット語のダルマ dharma の訳語として用いられるが，諸法実相という場合はダルマターの訳語となる場合もある．法には「能持自性（あるいは任持自性）」と「軌生勝解（あるいは軌生物解）」の二つの定義がある．前者はよく固有の性質を保つということ，後者は認識を生み出す規範となるものという意味である．

●用例

　『倶舎論記』（倶舎論の注釈書）では法とは「あらゆる法はそれぞれ固有の性質を保持する．例えば色・形の性質は常に変えることができないようなものである」と説き，また「規範となって認識を生み出す．例えば『無常』という言葉が人に『無常』を理解させるようなものである」と説く．

［石田一裕］

☞「諦め」p.36，「以心伝心」p.49，「過去・現在・未来」p.81，「義」p.92，「実際」p.137，「ダルマ」p.188，「無為」p.242，「融通」p.252，「流通」p.259

方便　ほうべん

●意味

　「嘘も方便」という諺から，広く日本人に知られた用語である．方便とは，目的を達成するための仮の方法，便宜的な手段を意味する．釈尊は人々を教化するときに，さとりに根差しながらも難解な表現を避け，相手の能力・素質や立場に応じて平易に教えを説いた．そして相手の理解度が深まるのに応じて，次第に高次の教えを示し，さとりに導いたとされる．

　方便とは，このような教化方法・態度に由来するものであるが，導き手には智慧とともに，相手の利益を重んじる慈悲が根底になければ成立しない．大乗経典では，仏・菩薩たちが方便をめぐらし，人々を救い導く様子がさまざまに描かれている．

●語源

　「手段・方法」「接近・到着」を意味するサンスクリット語ウパーヤ upāya の訳語．「行く・到達する」を意味する動詞イ i に，接頭辞ウパ upa が付いて，「目的に到達するための方法・手段」を意味する．特に巧妙な方便は，ウパーヤ・カウシャルヤ upāyakauśalya と言い，「善巧方便」と漢訳された．チベット語の訳語は，「方法・機会」を意味している．

●用例

　方便を説く経典として特に『法華経』が有名であり，巧妙なたとえ話（譬喩）を用いて，方便の効能が明かされている．方便品では，仏によって三乗（声聞・縁覚・菩薩）の教えは，真実の教えである一仏乗（法華）に導くための方便であると明かされている（三乗方便 一乗真実）．以降の品では，方便品で明かされた真相をうけ，七種のたとえ話（法華七喩）をもって三乗と一乗の関係性が示される．

　譬喩品では，最初のたとえ話として「三車火宅の喩」が説かれる．ある時に長者の邸宅が大火に見舞われた．長者は我が子らを救うために，邸宅から逃避するように呼び掛けたが，子らは遊びに夢中になって，いつまでも逃げなかった．そこで長者は一計を案じ，子らが欲しがっていた羊車・鹿車・牛車の三車を外に用意して誘い，ようやく子らを燃え盛る邸宅から

☞「一大事」p.51，「一味」p.52，「比喩」p.217

逃がすことに成功した．子らが外に出ると，そこにあったのは三車ではなく，大白牛車が用意されていたのであった．ここでの火宅とは，欲望うずまく迷いの世界を象徴し，子らは，そこで迷い苦しむ凡夫をたとえている．長者にたとえられる仏は，声聞の教え（羊車），縁覚の教え（鹿車），菩薩の教え（牛車）という方便を駆使して，最終的に一仏乗（大白牛車＝法華）によって人々を救うことを表している．

　化城喩品では，第四のたとえ話「化城宝処の喩」が説かれる．ある一行が珍しい宝がある場所（宝処）を目指して，五百由旬という大変長い道のりを旅していた．しかし，その道のりはあまりに険しく困難であったため，三百由旬を過ぎた辺りで疲労困憊し，これ以上動けなくなってしまった．一行の指導者は，方便の力をめぐらして大きな仮の都城（化城）をつくり出して休息させ，みなが十分に回復したのを見計らって都城を消し，目的地に向けて鼓舞したのであった．長く苦しい道とは煩悩にあふれた世界を，疲労する一行とは凡夫をたとえている．指導者にたとえられる仏は，「化城」に象徴される方便の教えをもって凡夫たちを時々に励まし，長き生死の世界より一仏乗へと導くのである．

　『維摩経』もまた方便の経典として有名である．主人公の維摩居士は，裕福な長者であったが，仏教に精通することは出家者以上であった．賭博場や酒場，異教徒が集う場所などに出入りすることもあったが，それはひとえに人々を救う方便としてであった．ある時に維摩は，方便として病気と偽り，病人のふりをし，見舞いに訪れた国王や大臣，長者・居士らに対し法を説いた．維摩の病を察知した釈尊も，弟子らに見舞いに行くように命じたが，みな維摩に論難された過去をもつことから，ことごとく辞退し，最終的に文殊師利が多くの菩薩や神々を引き連れて見舞うこととなった．到着するや維摩との間で論戦が始まり，激しい舌戦がくり広げられ，最後に不二法門に関する文殊師利の質問に対して維摩は沈黙をもって答えた．これを「維摩の一黙，雷の如し」と言い，さとりは言葉を超えていることを表している．文殊師利は，維摩の沈黙を称え，論戦を見守っていた者すべてが，仏の深い境地を理解することとなった．

　いずれの話でも導き手が，時に事実に反しながらも，方便をめぐらして最終的に相手を苦境から救い，さとりへと導く構図は共通している．

[佐々木大樹]

菩薩・羅漢・如来　ぼさつ・らかん・にょらい

●意味

菩薩は悟りを求める修行者，羅漢は原始仏教・部派仏教の修行において最高位に辿り着いた者，如来は修行が完成し悟りを開いた者をいう．

慈悲を象徴する観音菩薩（観世音菩薩）の影響からか慈悲深くやさしい人に対して菩薩と形容することがある．

●語源

菩薩はサンスクリット語ボーディサットヴァ bodhisattva の音写語「菩提薩埵」の略語であり，特に大乗仏教の修行者を指す．羅漢はサンスクリット語アルハン arhan の音写語「阿羅漢」の略語で，特に原始仏教・部派仏教の修行において最高位に辿り着いた者をいう．如来はサンスクリット語タターガタ tathāgata の訳語で「真理（如）から来た者」という意味であり，修行が完成し悟りを開いた者，つまり仏のことをいう．

●用例

菩薩・如来は固有の名前をもって経典に多く登場する．

菩薩には，さまざまな姿で人々を救う観世音菩薩，智慧をつかさどる文殊菩薩，56 億 7 千万年後に仏となってこの世に出現し，人々を救うとされる弥勒菩薩などがいる．

如来には，この世界に仏教を開いた釈迦牟尼如来，宇宙の根源と位置づけられる大日如来，西方に極楽浄土を構え，念仏を唱えた者を救う阿弥陀如来，人々を病から救う薬師如来などがいる．

阿羅漢はもともと仏の別名であったが，後世には仏と区別されて仏弟子を指すようになった．仏教を守護する代表的な 16 人の仏弟子を十六羅漢，釈尊が亡くなった後，教えを確認する結集に集まった 500 人の弟子を五百羅漢という．

［大橋雄人］

☞「願」p.86，「成仏」p.152，「大丈夫」p.185，「智恵／智慧」p.192，「涅槃」p.207，「仏」p.232，「悲願」p.212，「菩提」p.231，「遊戯」p.253

ぼだい　231

菩提　ぼだい

●意味

　さとり．仏の正覚の智慧．煩悩を断ち切った迷いのない境地．また，日本においては死後の冥福をも意味し，死者の冥福を祈ることを「菩提を弔う」と言う．日本人は，死者を「仏」と称し，死ぬことを「成仏」と呼ぶように，死を「さとり」と捉える感覚をもつ．仏教本来の「さとり（さとりの智慧）」の意味に，死者儀礼が結びつくのは日本仏教の特色であり，ここから，先祖の墓があり，先祖の葬儀や法事を営む寺院を「菩提を弔う寺院」の意味で「菩提寺」と称する．

●語源

　サンスクリット語ボーディ bodhi の音写語で，覚，智，道などと訳される．ボーディは，「目覚める」を意味する動詞ブドゥ budh の派生語で，迷いをなくし，真実に目覚めた状態を表す言葉である．真実に目覚めた人のことをサンスクリット語ブッダ buddha（漢字では仏陀と記す）と言うが，ボーディもブッダも，ともにブドゥを語源とする．すなわち，菩提を得ることが仏陀になるということである．釈尊は，神々の住処とされるアシュヴァッタ樹の下で深い瞑想に入って真実に目覚めたが，釈尊が菩提を得た場所にちなんで，この樹を菩提樹と呼んだ．

●用例

　大乗仏教の教えを信じて実践する人を「菩薩」と言うが，菩薩とは「菩提薩埵」の略であり，菩提は「さとり（さとりの智慧）」の意味，薩埵は衆生を表すサンスクリット語サットヴァ sattva の音写語で「生命あるもの・心あるもの」の意味．すなわち，菩薩とは，「さとりを目指すもの」といった意味になる．「上求菩提下化衆生」と言うように，大乗仏教の菩薩は，自ら菩提を求めるとともに，他を救い導こうと願う心を具える．

　さとりを求める心を起こすことを「発菩提心（発心）」と言い，『大智度論』に「菩薩初めて発心し，無上道を縁じて我れ作仏すべし，是れを菩提心と名づく」と説かれるように，発菩提心することは仏道修行の出発点として重要視されるのである．　　　　　　　　　　　　[鈴木雄太]

☞「不覚」p.219,「菩薩・羅漢・如来」p.230

232   ほとけ

仏　ほとけ

●意味

　漢字表記あるいは「ぶつ」と音読みした場合と「ほとけ」と訓読みした場合で意味合いが多少異なる．どちらも通常は悟りを開いた人，真理に目覚めた人，覚者のこと．古代インドでは一般に真理を悟った聖者を仏と尊称した．この意味では仏は普通名詞である．仏教では狭義には固有名詞的に仏教の創始者である釈尊（釈迦牟尼仏）を指すが，唯一絶対神を認めず誰もが悟ることができるという仏教の根本教理から言えば，仏とは修行者の最終目標でもあると言える．いわゆる仏十号と称して，如来・応供・正遍知・明行足・善逝・世間解・無上士・調御丈夫・天人師・仏陀・世尊などとも表記される．一方で人間を超越した仏も信仰され，大乗仏教になると阿弥陀・薬師・盧遮那・大日など多くの仏が十方三世の諸仏として登場してくる．

　日本語として「ほとけ」と表現した場合，上記の意味のほか仏像および仏画，仏法そのものや仏教信仰者，仏事を営むこと，慈悲深い人，お人よしなど幅広い意味で使われるが，ことに死者や死者の霊魂さらに祖先をも指すことは特徴的であり現代でも一般に使われている．これは死が極楽往生あるいは成仏につながるとされたことによるとも言えようが，古代日本人が神と仏を同一視し，さらに死者が先祖神になると思っていたところからきていると考えられる．すなわち日本人にとっては死後早い段階の死霊はけがれであり具体的存在であるが，やがて清浄となり抽象的な祖霊に昇華していくものと考えられていたのである．そしてこの死霊をほとけと呼び仏教がこれに応じて，その一環として回忌法要などが成立したのであろう．神仏習合の一つのあり方であり日本独特の意味づけである．そのため宗教学や民俗学の分野では「カミとホトケ」というようにカタカナ表記する場合が多い．仏の意味についてはその語源にも関係している．

●語源

　「仏」についてはサンスクリット語ブッダ buddha に対応する中国語の音写で，仏陀とも表記された．訓読みの「ほとけ」の語源については諸説

☞「有り難う（有り難い）」p.42,「学生」p.80,「願」p.86,「成仏」p.156,「大丈夫」p.185,
　「涅槃」p.207,「菩薩・羅漢・如来」p.230

がある．ブッダは仏・仏陀のほか古くは浮図・浮屠などとも音写されたが，その「ふと」に，そのような傾向・性質をもつものを意味する「家」，あるいはそのような気配・様子を表す「気」が付加したものとされる説．また仏教が日本に伝来したときに国の神が祟り熱病が流行したために，「熱気」を意味する「ほとほりけ」から発生したという説や，悟りとは煩悩からの解脱を意味するところから，「解け」と呼んだことに由来するとも言われるが，これはやや付会的であろう．一方で仏教とは直接関係なく，中世以降死者を祀る供え物を盛るために「缶」という容器が用いられたため，それが死者を呼ぶ名ともなったという柳田國男の説や，人が死ぬことから「人消え」が転訛して「ほとけ」になったという説もある．

●用例

例えば「仏に成る」とは原意は成仏する，すなわち悟ることであるが，日本では死ぬこと，死者になることの意味で用いられることが多いので，僧侶でも「今日の葬式の仏さん」などと言ってしまうことがある．上述したように仏の意味の多義性が知られる．また「仏千人神千人」という言葉もあるが，世間には悪人ばかりではなく，仏や神のような善人も多く，この世も捨てたものではないことを意味する．ただその仏のような温厚な人でも顔を三度も無礼に撫でられれば，腹が立つことを「仏の顔も三度」と言う．三度とは劉備玄徳の「三顧の礼」や『法華経』の「三止三請」と同様，度重なること．「知らぬが仏」もよく耳にする言葉である．嫌なことも知らなければ仏のように平穏でいられるという意味だが，当人だけが知らずにいることをあざけって言う場合もある．仏像や仏画を制作した場合，最後に開眼法要を行い眼（魂）を入れることで仏像が初めて信仰の対象となるが，それができないこと，ひいては物事をほぼなし遂げながら最も肝心なことができていないことを「仏作って魂を入れず」と言う．

昔の日本の習俗では正月中は仏事（仏教の儀式や法要）を慎み，小正月後の16日以降に仏壇を開いて仏を拝み供養を行うことを「仏の正月」と呼んでいた．この場合の仏とは死者や祖先のことであるが，正月というめでたい時期に仏事を避けるのは，死をけがれとみる日本人の心情が働いているのであろう．なお年内に葬式のあった家で12月の巳の日に忌明けの行事を行い，新春を迎えようとすることを仏の正月という地方もある．

［塩入法道］

法螺 ほら

●意味

　日本近海で採れる最大型の巻貝で，殻は古くから吹奏楽器として用いられる．修験道では法具（仏事に用いる器具）として山伏（仏道修行のために山野で生活する僧侶）が吹く．法螺の音は大きく威嚇的であることから，悪魔や猛獣をしりぞける呪力があるとされ，護摩祈祷（護摩壇を設け，護摩木を焚いて息災・増益・降伏・敬愛などを本尊に祈ること．仏教の流派の一つである密教で行われる）の法要（仏法の要点を述べたもの．また，仏教の儀式）の前やその最中に吹かれることが多い．商佉と音訳される．

●語源

　法螺は，サンスクリット語ダルマシャンカ dharmaśaṅkha の訳語．商佉は śaṅkha の音訳である．法螺は『法華経』序品に「今仏世尊．欲説大法．雨大法雨．吹大法螺」（仏さまが大いなる智慧の教えを説かれようとなさった際に，あらゆる生きものに慈しみを潤す雨を降らし，大法螺を吹かれた）や『無量寿経』に「扣法鼓．吹法螺」（法鼓〔仏さまの説法のたとえ〕を扣き，法螺を吹かれた）とあるように，元々仏の説法が盛んである様子をたとえたものであった．後に法螺貝の呼称となった．

●用例

　修験道の解説書『木葉衣』（行智〔1778-1842 年〕）では，法螺の解説として冒頭に「山峰経行，法会の場には法螺最も要具たり．馳走，応答，出場，入宿，法会の案内等，ひとへに此の法螺に依て徒衆を進退するが故に」と記され，山峰修行における最も大事な法具として法螺を挙げる．

　また，大袈裟なこと，でたらめなことを「法螺を吹く」と言うが，これは法螺の音が大きいことに由来すると言われている．　　　　［小崎良行］

法螺貝

☞「大袈裟」p.68

ほんかい／ほんがい　235

本懐　ほんかい／ほんがい

●意味

　古くは「ほんがい」と言った．かねてからの願い，以前からの願いのこと．念願や悲願，宿願は一心に願うという意味があるのに対し，本懐は長年願い続けてきた積年の夢という意味が強く，願いが叶うことを「本懐を遂げる」と言う．

●語源

　釈迦がこの世に生まれた本当の目的のことを「出世の本懐」といい，『法華経』方便品に「諸仏世尊はただ一大事因縁を以ての故に世に出現す」とあって，悟りを開くためにこの世に生まれたという釈迦の願いが記されている．また，法然の『津戸の三郎へつかわす御返事』で，「念仏は，弥陀にも利生の本願，釈迦にも出世の本懐」とあり，釈迦の出世の本懐が，阿弥陀如来の本願である念仏を広めることにあったと記され，これを大悲本懐と言う．このように本懐とは，釈迦や阿弥陀等の如来が悟りを開くためのかねてからの願いのことを言った．

●用例

　日本の古記録では，『政事要略』（『宇多天皇御記』逸文）に「朕の博士，月来，冤屈を蒙り，隠居して仕へず，朕，之を傷むこと，日に深し，仍りて今，書を太政大臣に賜ひ，朕の本懐を述ぶ」や『小右記』に「除目有り，右衛門督に公任〈則ち廷尉の宣旨を蒙る〉，左兵衛督に高遠〈件の両人の事，下官の本懐，感歎感歎〉」とあるように，自身の積年の夢や思いという意味で用いられる．　　　　　　　　　　　　　　　　　　　　　　　　　［田中皓大］

☞「願」p.86，「出世」p.148，「悲願」p.212

煩悩　ぼんのう

●意味

　人間の心身を悩まし，苦しみを生み出す，ありとあらゆる精神の働きの総称である．「生活の苦痛，事業に対する煩悩，性慾より起る不満足等が」（田山花袋『蒲団』），「新らしい笠をかぶるよりも一杯やりたいのが私の煩悩でもあり」（種田山頭火『其中日記』）のように，悩み，迷い，怒り，欲望などを示すことが多い．そのほか，煩悩が108あることから「百八煩悩」といった慣用的な言い回しとしても用いられる．また，必ずしも否定的な意味に限定されず，自分の子供を大変かわいがるさま，あるいはその人を指す表現として「子煩悩」も用いられる．

●語源

　「痛めつける」を意味するサンスクリット語の動詞クリシュ kliś から派生した名詞クレーシャ kleśa が原語で，苦痛・苦悩・心痛を意味する．その過去分詞形クリシュタ kliṣṭa は「染汚（ぜんま）」と漢訳され，煩悩にまみれていることを意味する．また「漏れ出るもの」を意味するアースラヴァ āsrava（パーリ語アーサヴァ āsava）の訳語である「漏（ろ）」も同様に煩悩のことである．特に貪（とん）（むさぼり）・瞋（じん）（いかり）・痴（ち）（おろかさ）は根本的な煩悩であり，三毒（さんどく）と言われる．

●用例

　日本には，平安期の『源氏物語』蛍に「菩提と煩悩との隔たりなむ，この，人のよきあしきばかりの事は変りける」とあり，菩提と対になる言葉として用いられている．また，同時代の『枕草子』には「あなわびし．煩悩苦悩かな．夜は夜になりぬらむむかし」の例があるが，これは主人の供をして待ちくたびれ従者の愚痴であることから，すでにこの時代において仏教語から一般語化している様子がうかがえる．そのほか，「オホヨソ今生ニオイテハ煩悩悪障ヲ断ゼンコトキハメテアリガタキアヒダ」（『歎異抄（たんにしょう）』），「かの極楽七宝浄土の御池かと，煩悩の眠をさまし」（『御伽草子』梵天国），「我らは，悪行煩悩にて，身をまろめたり」（『曾我物語』）などがある．また，『日葡辞書』（1603–1604）にも立項されている．　　　　　［中川祐治］

☞「縁起」p.64，「開発」p.77，「愚痴」p.102，「睡眠」p.170，「貪欲」p.203，「分別」p.226，「流転」p.260

魔 ま

●意味

人を殺したり，人心を悩ませたりする悪霊・悪魔・魔物．不思議な力を
もち悪事をなすもの．「魔が差す（悪魔が心に入り込んでふだんでは考え
られないような悪念を起こす様子）」や「好事魔多し（良いことには邪魔
が入りやすい）」など．また，「電話魔」「メモ魔」「収集魔」などある一つ
のことに熱中して異常とも思える行動をする者をさす．

●語源

サンスクリット語マーラ māra（殺す・破壊する・死）の音写語である「摩
羅・魔羅」の略．悪魔・魔王の意味．『康熙字典』によると昔は「魔」と
いう字はなく，梁武帝が改めてつくらせたと伝えるが，実際には武帝以前
につくられていた．人の生命を奪い，ブッダ・菩薩・仏弟子の修行を妨げ
ようとする存在．サンスクリット語パーピーヤス pāpīyas（悪しきもの．
「波旬」と音写）とともに「魔波旬」として並称される．ブッダ成道の際
に眷属を率いてブッダを威嚇し，魔女を遣わして誘惑し成道を妨げようと
した．また，人間の善事を妨げ，聖者の法を憎み，さまざまな手だてを
もって修行者を誘惑し堕落せしめるもの．蘊魔（陰魔．種々の苦しみを生
み出す五蘊和合の身体．身体は多く心の平和を乱す）・煩悩魔（貪欲・瞋
恚・愚痴などの煩悩）・死魔（人命を奪う）・天子魔（人の善行を妨げる欲
界の第六天の主である他化自在天の魔王，外的世界を支配する神としての
魔）の四魔．

●用例

『長阿含経』に「魔波旬復白仏言（魔王であるパーピーヤスは，復たブッ
ダに言うことには）」とある．『大智度論』に「魔有四種，一者煩悩魔，二
者五衆魔，三者死魔，四者自在天子魔（魔には四種あって，一つ目は煩悩
魔，二つ目は五《蘊でできた肉体をもつ》衆生の魔，三つ目は《修行者の
命を奪う》死魔，四つ目は《外的要因を支配する》他化自在天魔である）」
とある．　　　　　　　　　　　　　　　　　　　　　　　［木村美保］

☞「魔王・悪魔・聖人・懺悔・礼拝」p.155

まじ卍　まじまんじ

●意味

以前「すごい」「ヤバい」「信じられない」など瞬間的な感覚的な表現として，「卍」や「まじ卍」が使われた．肯定・否定どちらにも使えるが，意味や用法は定まらず，特に意味のない万能な言葉としても使われる．本来は，仏教のシンボルとしての「卍」であるが，ポーズを取っているように見える記号や，「本気」と発音が似ていることから，「すごい」「ヤバい」などのニュアンスとして使われる．主に10代・20代の若者の間で，ネットスラングとしてSNSを中心に広く使われ，「JC・JK流行語大賞2017」の「コトバ部門」にも入選した．「まじ」は，「真面目」の意味で使われた江戸言葉や噺家言葉に由来するが，1980年代になると，マンガの中で「本気」という漢字に「まじ」のルビが使われ，バラエティ番組でも「本気と書いてマジと読む」という表現が使われることで広く浸透し，現在では「真面目」「本気」の両者で使われる．「まじ卍」は，会話の中から語呂合わせとして自然発生的に生まれたようであり，「本気」の繰り返しとする説や，「ヤバい」を意味する「卍」の強調表現とする説，あるいは両者を掛け合わせた「まじ」＋「卍」など，定説となっているものはない．

●語源

「卍」は，仏教やヒンドゥー教では吉祥や幸運を表すシンボルであり，サンスクリット語ではスヴァスティカ svastika と言う．漢字の一つとして「萬」字と同義で扱われるが，文学作品でも頻繁に使われ，一般に広く愛された模様である．現代では，寺院を表す地図記号としても有名である．ヒンドゥー教ヴィシュヌ派の主神ヴィシュヌの胸の旋毛，あるいはブッダの胸や掌，足裏など身体に現れる瑞相（吉祥印）が起源と言われている．

●用例

「金剛力士像ってまじ卍」なら筋肉モリモリで強そう，「東寺の仏像展に行ってきた，まじ卍」と言えば感動や楽しかったことが伝えられる．もはや仏教の想定する用法を飛び越えた万能語とも言える．　　　　　［吉澤秀知］

まんだら　239

曼荼羅　まんだら

●意味

　マンダラ maṇḍala の音写語で，曼陀羅・漫拏羅などとも音写される．神聖な壇（場所・領域）に多くの仏・菩薩を配置した図絵で，真理を表したもの．特に密教では大日如来のさとりの境地を図画したもので，礼拝や観想（対象に心をこらしてその姿を想い描くこと）の対象とする．また儀礼にも用いられる．インドにおいては，修法のたびに土地を選定して土壇を設け，その上に粉や砂を用いて造立し，修法が終われば破壊するものであったが，密教が東アジアに伝播する中で，掛け軸に図画する形式のものが一般的となった．

●語源

　サンスクリット語マンダラは「丸いもの」を意味するが，密教では本質・中心・神髄などの意味をもつマンダ maṇḍa に，成就・所有を意味するラ la を加えた語で，「本質を有するもの」という意味で説明される．「輪円具足（あらゆる功徳を欠けることなく具えるもの）」と訳される．ここから派生して，あらゆる功徳を1か所に集めたという意味の「聚集」や，その功徳が集まった場所を示す「道場」「壇」などの意味をももつようになった．

●用例

　大日如来を中心に描いた「金剛界曼荼羅」「胎蔵（界）曼荼羅」は，空海によって日本にもたらされ，密教寺院の堂内に安置される．また，大日如来以外の尊格を中心に描いた「別尊曼荼羅」も，修法の目的が多様化する中で数多く制作されるようになった．このように元々は密教の儀礼や礼拝対象として用いられるものであったが，次第に，例えば『観無量寿経』の内容を絵画で表現した「当麻曼荼羅」のように，密教以外の諸尊の集合像をも曼荼羅と呼称するようになった．また本地垂迹思想（神の本来のあり方は仏であり，仏が人々を救うために神として姿を示したという思想）の浸透に伴い，神と仏を併置して描く「春日曼荼羅」や「熊野曼荼羅」に代表される垂迹曼荼羅も盛行した．さらに現代では「マンダラ塗り絵」や「マンダラチャート」のように，体系的・幾何学的なデザインを意味する用語としても用いられる．　　　　　　　　　　　　　　　　　[別所弘淳]

☞「日本語になった梵語②」p.133，「道場」p.199

微塵　みじん

●意味

　極微塵の略．現在では「木っ端微塵となる」「微塵切り」というように，大きなものが分割されて小さくなること，もしくはそのようになったものを意味する．

●語源

　微塵はサンスクリット語パラマーヌ・ラジャス，もしくはラジャスの訳語である場合が多く，極めて小さな塵を意味する．また極めて小さな塵は世界に数えきれないほど存在することから，「微塵数」のように無限の数を意味する場合もある．なお現在の極微の意味に「大きなものが分割されて小さくなること」が含まれているのは，仏教のあらゆるものごとを分析しようとする態度が関係しているのだろう．例えば仏教教理学の基本的典籍の一つである『倶舎論』の「世間品」では，ものの大きさを次のように規定している．極微→微→金塵（金属の粒子）→水塵（水の粒子）→兎毛塵（うさぎの毛先）→羊毛塵（羊の毛先）→牛毛塵（牛の毛先）→隙遊塵（空中を舞うほこり）→蟻（しらみの卵）→蝨（しらみ）→麦→指節．これらは７倍するごとに次の大きさとなり，微の段階から普通の人でも認識可能となる．この『倶舎論』の規定に従うのであるなら，微塵の厳密な意味は，「目に見えないほどの小さな塵」となるだろう．

●用例

　仏教では極微はものの最小の単位であり，これ以上分割することができない最小のものである．それ故，我々が眼で見，耳で聞き，鼻で嗅ぎ，舌で味わい，身体で触れるあらゆるものは極微によって構成されているとされる．これを極微説という．しかし，大乗仏教ではあらゆるものごとがあること（ものごとの存在性）が否定されるので，極微があること（極微の存在性）も否定されることとなる．このような極微説批判が行われた著作で最も有名なものは瑜伽行派の祖の一人とされる世親（ヴァスヴァンドゥ）の『唯識二十論』である．

[松本恒爾]

未曾有　みぞう

●意味

「未だ曾てない」や，「非常に珍しい」など，これまで一度たりとも起きなかったような，極めてまれな事態を意味する．未曾有という言葉自体の転訛から，本来は善悪吉凶いずれの状態にも用いられ，「未曾有の○○」という言い方で表現される．

近年では，「未曾有の事態が起こりました」という発言をテレビのニュースなどで耳にする機会が多く，その場合は，どちらかといえば，ネガティブな出来事を形容する際に用いられている印象を受ける．

●語源

未曾有は，本来は「驚異」を意味するサンスクリット語アドブタ adbhuta の訳語であるが，通俗語源解釈に基づいて「未曾有」などと漢訳された．仏典中では，「奇跡」や「いまだかつてないほど素晴らしい」といった賛嘆する意味として，良い状態を形容する際に用いられる場合が多い．日本では原語の意味よりも，未曾有という訳語そのものの理解から「未だ曾てない」という意味で解釈されている．

●用例

仏陀の教説を分類した九分教・十二分教の一つに「未曾有法アドブタダルマ adbhutadharma（奇跡の法）」がある．仏説中の，とりわけ仏陀のめずらしい特性や奇跡的な事柄を表現する際の教説を指す．

『法華経』方便品には「如来知見広大深遠．無量無礙力無所畏．禅定解脱三昧．深入無際．成就一切未曾有法」（如来の知見は広大深遠で，無量・無礙・力・無所畏・禅定・解脱・三昧に，深く無際に入り，一切の未曾有の法を成就す）と説かれ，この場合の未曾有は，「これまでにない」という意味合いで用いられているが，同じく『法華経』序品では，「是諸大衆得未曾有．歓喜合掌一心観仏」（是の諸の大衆未曾有なることを得て，歓喜し合掌して，一心に仏を観たてまつる）と説かれ，「いまだかつてないほど素晴らしい」という良い状態を形容する意味で用いられている．

［石井正稔］

☞「微妙」p.216，「不思議」p.222

無為　むい

●意味

無為とは，現代語では「何をするでもなく，あてもなく時を過ごすこと．いたずらにダラダラと日々をおくること」の意味である．しかし仏教では，かなり意味の異なる語である．

●語源

「つくる・行う」を意味するサンスクリット語の動詞クリ kr の派生語であるアサンスクリタ asaṃskṛta の漢訳語で，「つくられていないもの」を意味する．

部派仏教では，世界のすべての存在（法，ダルマ）をさまざまな要素に基づいて分類したが，その際，まず，すべての存在を［原因により］つくられた存在（有為法，サンスクリタダルマ）と，つくられることのない存在の二つに分けた．後者が無為法（アサンスクリタダルマ）であり，不生不滅の永遠の存在と捉えられた．

無為法として挙げられるものは部派により異なり，パーリ上座部では涅槃，説一切有部では択滅・非択滅・虚空である．このうち，虚空とは空間のことであり，択滅とは悟りの智慧の力（択力）によって煩悩が断ぜられ，煩悩が永久に不生となった法をいう．非択滅とは智慧の力によらずに永久に不生となった法のことである．

●用例

説一切有部の教理に基づいた論書『倶舎論』には「此虚空等三種無爲及道聖諦．名無漏法」（この，空間などの三種のつくられることのない存在と，道諦とを，煩悩を伴わない存在と名づける）と説かれている．つまり，無為法とは煩悩を伴わない存在（無漏法）の一つとして位置づけられている．このように，煩悩を伴わない存在からぶらぶらとあてもなく過ごすことまで，無為という語はかなり振れ幅のある用いられ方をしてきたと言える．

[伊久間洋光]

☞「ダルマ」p.188，「法」p.227，「無性」p.244

むがく　243

無学　むがく

●意味

　漢語に由来し、学問や知識のないことをいう．また、教養のない様子のこと．「ぶがく」とも読む．「無学で素朴な人」などのように使用される．

●語源

　修行を極め煩悩を断ち、学ぶことのない境地である阿羅漢果に達した者をいう．上座部仏教において、修行により到達する四果のうちの最高位であり、悟りの境地に達している状態である．無学位、無学果、無学道ともいう．有学（まだ煩悩を断ち切れておらず、学ぶべきことがある者）の対義語としても使用される．

●用例

　経典では、例えば『法華経』序品には「復有学無学二千人」、同経譬喩品には、「是学無学人．亦各自以離我見．及有無見等．謂得涅槃」、同経授学無学人記品には、「爾時学無学．声聞弟子．二千人．皆従座起．偏袒右肩．到於仏前」と説かれ、「有学、無学」「学、無学」などのように「仏道を志しているがまだ煩悩が残っている人も、修行が終了し煩悩を断ち切った人も」と、仏教修行に励んでいる多くの人々を指し示す際に、経典で使用されることが多い．

　また、『梁塵秘抄』巻二に「法華経八巻は一部なり　拡げてみたればあな尊　文字ごとに　序品第一より　受学無学作礼而去に至るまで　読む人聞く者みな仏」（経歌・288番歌）と、うたわれている．「受学無学作礼而去」は『法華経』最終巻の普賢菩薩勧発品末尾部分を改変した表現であり、「これからさらに学ぶべきことがある者も、悟りの境地に達し学ぶことがない者も、仏に礼をなし去った」という意味である．経典だけではなく、平安時代末期の流行歌を収集した『梁塵秘抄』の今様にも「受学無学」と歌われていることから、人々にとって馴染みのある表現だった可能性も高い．

[由井恭子]

無性 むしょう

●意味

実体としての自性がないこと（無自性）や，実在しないもの，存在しないこと，実体のないことを指す．また「空」と同義に扱われ，執着すべきものの存在しないことを意味することがある．「仏性」と関連して用いられる場合には，仏性がないことやさとりを開いて仏となることの不可能な者，またそのような有情を意味することもある．

以上のような仏教語から転じた意味として，分別のないさま．道理の分からないこと，でたらめといった用いられ方がある．またその行為・状態が前後の脈絡もなく激しく行われることやそのさまとして用いられる．

じっとして動かないことを指す意味もある．

●語源

実体としての自性がないことはサンスクリット語ニヒスヴァバーヴァ niḥsvabhāva．実在しないものなどはサンスクリット語アバーヴァ abhāva やアサドバーヴァ asadbhāva．仏性がないことなどはサンスクリット語アゴートラ agotra．じっとして動かないことなどはサンスクリット語のナースティター nāstitā．それぞれの訳語が語源として挙げられる．

●用例

仏教語の無自性の意味で，『性霊集』十・十喩詩「因縁尋覓曾無性，不生不滅無終始」や『唯識三十論頌』「故仏密意説一切法無性」がある．「空」と同義の用例として，『歩船鈔』「この一心をたづぬるに，その体無性にして，しかも染浄の体となる」がある．仏性がないことの用例として，『栂尾明恵上人遺訓』「凡夫は有性をだにも知ず，而るを仏道は無性より入なり」がある．

また分別のないさまの用例として，浮世草子『好色一代女』二・二に「同し見世の女郎ながら是にたよる男もむしゃうなる野人にはあらず」，むやみやたらの意味で，浄瑠璃『傾城反魂香』中の「めでたいめでたいとあをぎ立れば，アアむしゃうにめでたがるまい」などが挙げられる．仏教用語から転じた意味で多用されるようになった． ［平間尚子］

☞「空」p.100，「無為」p.242

無尽蔵　むじんぞう

●意味

　いくら取ってもなくならない，尽きることのないこと．特にエネルギーや資源など，本来は有限なものがいくら取ってもなくならないほど豊富にあるさまを表す語として幅広く用いる．また，民間にて金銭や物品を融通する相互扶助組織，もしくはそこから派生したグループを指して無尽講（無尽）と呼称している．

●語源

　無尽はサンスクリット語アクシャヤ akṣaya の訳語．滅亡・減少を意味する kṣaya に否定の接頭辞 a がついた語．本来は広く尽きることのない，減少することのないものを表すが，特に際限のない仏の功徳，もしくはそのような功徳を有する仏の教えそのもののことを，尽きることのない財宝を納めた蔵にたとえた語である．中国・唐代に流行した三階教の中心的寺院であった長安の化度寺では，無尽蔵院という金融機関が設けられており，これを指して無尽蔵ともいう．これは三階教の普法の教えに従って信者が寄進した金銭を積み立て，飢餓の際などにはそこから資金を貸し出し，その利息を寺院の維持費等に当てるというものである．その後，同様のシステムが他の仏教宗派にも広まり，宋代には長生庫，元代では解庫，解典庫等と呼称された．

●用例

　『華厳経』には菩薩十無尽蔵品（第一八）が説かれ，「菩薩摩訶薩有十種蔵．三世諸仏之所演説．何等為十．信蔵，戒蔵，慚蔵，愧蔵，聞蔵，施蔵，慧蔵，正念蔵，持蔵弁蔵，是爲十」とあり，菩薩には仏になるべき十の素質が備わっているとして如来蔵思想を説いている．浄影寺慧遠が著した総合的な仏教用語の解説書とも言える『大乗義章』には，この『華厳経』菩薩十無尽蔵品の解説として，「徳広難窮．名為無尽．無尽之徳苞含曰蔵」とあり，仏の徳には際限がなく，無尽の徳を収めているため蔵と説かれることが述べられている．このように，仏の大いなる功徳をたとえた無尽蔵の考えは，特に華厳教学において重要視された．　　　　　　　［安孫子稔章］

☞「比喩」p.217

夢想　むそう

●意味
夢相とも記す．夢の中で何かを考えることや，夢の中で神仏の教えや示唆を受けること，また，その教えそのもの．転じて，近代以降には起きていながらに夢のようにあてもないことを考える意味でも用いられる．

●語源
『菩提場所説一字頂輪王経』『法苑珠林』などに寝ている夢の内に現れる思いや事柄の意味で用いられる例があるが，『玉台新詠』「秦嘉妻答詩一首」に「思君兮感結，夢想兮容輝」と，妻が夢の中でも夫の姿を思い浮かべるといった例もあり，日本では漢詩文の用語としても摂取されている．

●用例
「然るに凶しき夢（の）相，復猶し重ねて現る」（『日本霊異記』中巻）は夢相で娘に良くないことが起きると知った母親が経を誦じたところ，娘が救われる話．「生まれおはしまさむとて，いとかしこき夢想見たまへしなり」（『大鏡』）など神仏の教えを受けたことを「夢想」と記す例は多い．「去寛弘元年十二月七日夜夢想，見歳四十許女人捧青色紙文，称賀茂上御社使来云，此文可奉殿者，取之開見，有和哥一首，其詞云／ゆふだすきかくる袂はわづらはしとけば豊かにならむとを知れ」（『大弐高遠集』252番歌）は賀茂明神の託宣の歌，「七日参籠のあけがたに，大臣殿の御ために夢想の告ぞありける」（『平家物語』巻八）は宇佐八幡の神告げを，それぞれ夢想と表現する．

中世には，夢で見た和歌の一句や一節を託宣と考えて，その句を起句として詠ずる法楽の連歌や俳諧を「夢想連歌」と呼び，「御むさうの御れん歌」（『御湯殿上日記』長享三年正月）などと記録される．

近代以降に，「この類の夢想を計れば枚挙に遑あらず」（福澤諭吉『学問のすゝめ』）など，根拠のない想像の意味で用いられるようになる．「今日なお夢みているものもあるか知らぬが，もはやかくの如き夢想は一擲すべき」（大隈重信『演説談話集』）が将来に希望を抱く意味の「夢」の縁で「夢想」の表現を用いるように，寝ているときに見る夢のような，実態を伴わない空想的な考えに用いられるようになっている． 　　　　　［古田正幸］

迷惑　めいわく

●意味

　他者を不快にさせる煩わしい行為や他者に不利益を生じさせること，そのような有りさま．また，現代ではあまり用いられない意味として，どうしてよいか判断に迷うことや，困惑するという意味もある．現今では，迷惑千万・迷惑行為・迷惑メールといった，前者の意味で使用される．

●語源

　迷惑という語は，迷と訳されるサンスクリット語ブラーンティ bhrānti と同じ語源の訳語で，他にも迷乱，迷妄とも漢訳される．悟りを得ている状態である，悟（さとり）の対義語でもある．

　仏教では，悟りの状態を明，悟っていない状態を無明とも表現する．無明の者は，心が煩悩に纏われて正しい判断や行動ができない．そういった迷いの世界で悟る術を知らず，困惑している状況が迷惑である．つまり，現代で主に使用される意味とは異なった意義で，仏典では使用される．

　また中国・日本の漢字文化圏では，迷と惑に分けて解釈する場合もある．すなわち，迷は仏教の道理に反すること，惑は仏法に明るくないこととする．本来，サンスクリット語の1語を漢訳したものであるので，分割して解釈することは，漢訳独自の解釈方法と言える．

●用例

　『法華経』方便品には，「無智の者は錯乱し，迷惑して教を受けず」（智慧のない者は錯乱し，正しい判断ができず仏の教えを受けない）という一文がある．

　仏教の根底にある理念は，正しい判断や行いをすることが悟りへの道であるとする．そのためには，仏の教えを受けて，智慧を獲得する必要がある．一方で無智（智慧のない者）は錯乱や迷惑（正しい判断ができない状態）をする，と『法華経』に説かれている．

　迷惑は，無智であり，無智は道理に反した正しい判断や行動ができないことになる．現代における他者を不快にさせる行動は，無智の者による正しい判断を欠いた行いと言える．　　　　　　　　　　　　　　　　［野々部利生］

☞「不覚」p.219，「分別」p.226

面目　めんもく／めんぼく

●意味

「面目」は面（顔）と目が合わさってできた単語で，元々顔貌，姿，様相の意味をもつが，顔が自分を表す大事な部分であることから，転じて，大もとになるもの，物事の趣旨や主張，対人関係における体面や名誉の意味でも使われる．読み方には，目の呉音「もく」を使った「めんもく」と目の漢音「ぼく」を使った「めんぼく」とがある．「めんぼく」と読む場合は体面や名誉の意味で使われることが多い．仏教，殊に禅宗では通常この語を「めんもく」と読み，そこに根本の性質，根本の真義，真理，本来の姿，本来の自己，自性，仏性などの意味を込めて使う．

●語源

「面目」は既に初期仏教の漢訳『長阿含経』の中に見いだされる．「身羸腹大面目黎黒（体が痩せていて腹が大きくやつれた顔つきをしている）」という句がそれで，ここでは面目は顔貌の意味に使われているにすぎない．根本の性質や真義，真理などの意味で使われるようになったのは後世の中国禅宗系統の僧侶たちによってであった．その初期のものには，中国曹洞宗の開祖として仰がれる洞山良价（807–869年）の『筠州洞山悟本禅師語録』がある．そこには「如何是本来面目（本来の面目とは何ですか）」という師僧から弟子に対する典型的な問い掛けが記されており，仏教的な意味での「面目」の語源はここに求めることができるであろう．

●用例

「面目」は禅宗系の仏教用語としては「本来の面目」という形で使われることが多く，上述の『洞山禅師語録』中の設問と同様のものも多く見かける．また，禅宗でよく耳にする公案に，「あなたの父母が生まれる以前の本来の面目とは何ですか？」というものがある．あなたを生んだ両親のさらにずっと以前の先祖の生まれる前のその本来の姿は何か，という突っ込んだ質問だが，答えはあえてここには書かない．鎌倉期に中国の南宋から日本に帰化した臨済宗の仏光国師無学祖元（1226–1286年）もその語録で，これと同じように，「如何是爾父母未生已前本来面目」と問うている．　［米川佳伸］

☞「禅」p.179

文字（不立文字）　もんじ／もじ（ふりゅうもんじ）

●意味

　言語を表記する手段として，点や線の組合せを記号化したもの．単語文字（漢字など）・音節文字（仮名など）・音素文字（アルファベットなど）がある．古くは「もんじ」と発音されていたが，撥音便によって「ん」が脱落した．

●語源

　『大宝積経』には「一切語言演説談論，皆由文字表示宣説．是中文字，阿字為初，荷字為後」とある．すべての説法や議論などは，文字に依拠することで明らかに表示することができる．文字とは阿から荷までの梵字を指し，現代語の意味と同義である．また，経典や論書などの仏典を総称して「文字」と称することもある．例えば，四巻『楞伽経』には，「真実者，離文字故」とある．真実は教説では示すことができないとの意味である．中国隋代の智顗説『摩訶止観』には「文字法師」とあり，これは経論や教理の研究のみ努力し，修行の実践を怠る僧侶を指す．智顗の説として「闇証の禅師，文字の法師」と並記されることがあるが，『摩訶止観』には「闇証禅師，誦文法師」と記されることに注意する必要がある．

　「不立文字」とは，禅の思想を表す「教外別伝　不立文字　直指人心　見性成仏」という標語に含まれる言葉である．禅は行者自身による悟りの体験を重視する．経論などの仏典は手段にすぎず，師が弟子の悟りを認める場合も，「以心伝心」，すなわち言葉に依拠せず，心で伝えるという意味である．

●用例

　記号としての用例には，空海『声字実相義』に「声之詮名，必由文字．文字之起，本之六塵」とある．声が物の名を明らかにするのは，必ず文字による．その文字は，六塵から構成されるという．また，不立文字の用例としては，中国南宋の無門慧開『無門関』「世尊拈花」に，いわゆる「拈花微笑」の因縁が，「不立文字　教外別伝」を示すものとして引用される．釈迦が一枝の花を取り，人々に見せたところ，誰もその意図を理解しない中，摩訶迦葉のみが微笑した．そこで釈迦は迦葉に仏法を伝授した，という逸話であり，偽経『大梵天問決疑経』の教説に基づく．　　　　［松本知己］

☞「以心伝心」p.49，「言語道断」p.124

問答　もんどう

●意味

　問うことと答えること．問いと答えを言い合うことや，議論し合うことにも用いる．現代では「想定問答集」など，問いと答えの組み合わせを指す言葉として一般的に用いられる．また互いに自己主張して議論が進まないことを「押問答」と言い，落語の演目から，とんちんかんな問答やまったくかみ合わない受け答えのことを「蒟蒻問答」と言う．

●語源

　弟子と師の間，あるいは修行者同士で，問いと答えを相互に繰り返すことに由来する．サンスクリット語の原語としては「問いと説示」を意味するパリプリッチャー・ニルデーシャ paripr̥cchānirdeśa の語が『十地経』に見られる．仏教で法義の意味などを論じあうことから，さらに宗論や論義などのことを指すようにもなった．また特に禅宗では修行法の一つとして，修行者が師家に疑問を質問して，師家がそれに応答することや，修行者の心境を点検するためにことさらに問いを発して答えさせ，相手の力量を点検することでもあった．これを問酬や商量とも言う．文治2年（1186）に大原勝林院で，浄土宗の開祖法然が比叡山の学僧顕真の要請で奈良や比叡山など諸宗の学僧を相手に浄土念仏の教理について論義問答したことを大原問答と称している．

●用例

　『日本紀略』弘仁5（814）年の安澄卒の伝に「問答絶倫」と称える表現，『古事談』第三第二四話「恵心僧都・檀那僧都，書写上人性空に法問の事」には，「「住果の縁覚，仏所へは至るや」と問答せられけるを」との例が見られる．また『南留別志』には「論義といふは，真言，天台のなり．問答といふは，禅のなり」とあり，『卯花園漫録』には「謡に論義にふし有て，問答はふしなし」とみえる．また「問答」と合わせた熟語も多く，例えば，質問と返答のやりとりを「問答往来」，東を聞いて西を答えるようにわざとはぐらかすことを「問東答西」，問答の形式によって法門を説くことを「問答法門」，問答によって意味を解釈していくことを「問答料簡」という．　　　　　　　　［渡辺麻里子］

☞「挨拶」p.33

唯我独尊　ゆいがどくそん

●意味

釈尊が誕生したときに発したとされる言葉「天上天下唯我独尊（パーリ語 aggo'ham asmi lokassa，私は世界で最勝のもの）」を略したもの．この世の中に自分よりも尊いものはない，という意味である．しかし，これは釈尊であるが故に尊いということではなく，この世界において「ただ一つの命であるが故に尊いものである」ということである．

●語源

釈尊は紀元前5世紀頃に現在のネパール南部のルンビニーで誕生した．釈尊の母マーヤーは出産のために故郷へ帰る途中，カピラヴァストゥ近郊のルンビニーの花園に立ち寄った．マーヤーは花園を散策中に無憂樹の花を手折ろうとしたが，そのときマーヤーの右脇下から釈尊が生まれた．釈尊はすぐに立ち上がり7歩歩いて片手で天を，もう片方の手で地を指さし，言葉を発したと伝えられる．

しかしながら，『長阿含経』巻第一大本経第一では，釈尊の前に登場した過去七仏の一人である毘婆尸仏が誕生した際に，母の右脇から生まれ出て人の助けを借りずに7歩歩き，手を挙げて「天上天下唯我爲尊，要度衆生生老病死（すべての世界において私だけが尊い者である．衆生の生老病死を救うものである）」と言ったと記されており，これが後に釈尊の言葉とされるようになったと考えられている．他の経典においても釈尊が誕生時に「この世においてただ自分のみが尊いものであり，これが最後の命である（これより先，輪廻転生することはない）」という覚悟を述べた言葉とされている．

●用例

本来の意味よりも「この世の中に自分よりも尊いものはない」という意味から転じて「自分だけが偉いとうぬぼれている，独善的である，独りよがりである」という好ましくない使われ方をすることが多い．例えば，「さすがに，この人に訪ねられたのでは，勝も無精をして，屋敷の中に唯我独尊を極めている訳にも行かない」（子母沢寛『勝海舟』）のように用いられる．

[田中栄実]

☞「我」p.74，「不退転」p.225

融通　ゆうずう

●意味

　滞りなく通ずること．融け合って妨げのないこと．妨げは「礙げ」とも書き，考え方や行動が何物にもとらわれないさまを融通無礙という．また，特に金銭の流通することを指し（金融），金銭物品などを貸借することを「融通する」（融資）という．融通することができることを「融通が利く」といい，臨機応変に滞りなく事を処理したり，金銭を融通する余裕がある人のことを「融通が利く人」という．

●語源

　仏教における「融通」も基本的には現代語と同様の語義である．元来，仏の世界や仏の教えは融通無礙，無量無辺であり，それに対し経典の差異を思案したり特定の法門を重視して宗派を立てたりするのは，人間が分別していることといえる．しかし，例えば言語がそうであるように，我々は森羅万象そのものを認識できるわけではなく，その一部分を切り取って認識する分別の世界を生きているのであり，その人間の現実と仏の世界を隔絶したものと捉えてしまっては，何のための仏教か本末転倒であろう．むしろ，分別された個別的なものの一々にも全体，一切の真理が具わっている，それこそが融通なる仏の世界ということである．

●用例

　平安時代後期の僧侶，聖応大師良忍が創始したとされる融通念仏では，一人の念仏が一切の人の功徳となり，また一切の人の念仏が一人の上に注がれ，念仏という一行が一切の行となるものとされる．これは良忍が修行中に阿弥陀如来を感得した際，「一人一切人，一切人一人，一行一切行，一切行一行，是名他力往生，十界一念，融通念佛，億百万遍，功徳円満」という言葉を授かった故事に由来する．このように，一と一切が融通している（一即一切）という思想は種々の経典に含まれているが，特に『華厳経』には，「この蓮華蔵世界海の内に於いて，一々の微塵中に一切法界を見る」とあり，蓮華蔵世界という仏の世界では大小さまざまのあらゆるものが蓮華蔵世界と同じ内容と構造（自己相似性）をもっていると説かれる．　　　　　［大嶋孝道］

☞「分別」p.226，「法」p.227

ゆげ／ゆうぎ　253

遊戯　ゆげ／ゆうぎ

●意味

　仏や菩薩が自由自在に活動すること，あらゆる事象や物質に妨げられることなく活動すること．仏や菩薩は神足通（どこにでも往来できる力）・天耳通（あらゆる世界の音すべてを聞く力）・他心通（他人の心のうちをすべて読む力）・宿命通（自分や他者の過去をすべて知る力）・天眼通（すべての衆生の輪廻転生を見通す力）・漏尽通（自身の煩悩を滅し尽くす力）などの不可思議な神通力をもつ．その神通力を使って仏国土から仏国土へ，また自分のいる世界から衆生のいる世界へ飛び回り（遊び回り），さまざまな姿を現し，さまざまな出来事を起こすことにより，衆生を教化・救済するという．大乗菩薩は悟りを求める存在であるとともに（上求菩提），衆生を教え導く存在でもあり（下化衆生），菩薩は遊戯を通して自分自身においても喜び楽しむ境地にある．なお菩薩の代表格として知られている観音菩薩（観世音菩薩とも）は様々な姿に変化して衆生を教化するが，その中の三十三観音の一つに彩雲に乗って飛び回る「遊戯観音」がいる．

●語源

　遊戯はサンスクリット語ヴィクリーディタ vikrīḍita の訳語であり，原語は「遊ぶ・奏でる」を意味する．「遊戯」のほかにも「遊戯神通」「神通」「神変」などとも訳されている．

●用例

　もちろん人間や動物が遊び戯れる様子を指すこともある．ただし，例えば『華厳経』に「一切法境界自在無障礙，身願行自在智慧亦自在，無量億自在示現於一切，具足諸自在遊戯諸通力」（仏にとって，すべての存在は自由自在であって妨げがなく，身体も智恵も思うがままに自在であり，自由自在にあらゆるものを現わし，自由自在に活動して衆生を教化する）とあるように，多くの大乗経典では仏や菩薩の活動，またそれを実行する不可思議な力を指す．

［長尾光恵］

☞「自在」p.136，「自由（自由自在）」p.146，「神通力」p.168，「菩薩・羅漢・如来」p.230

254 よが（ゆが）

ヨガ 瑜伽（ゆが）

●意味

　呼吸を整えることなどといった身体的技法を通して，精神を統一する修行方法．しばしば，ヨガと表記されるが，原語であるサンスクリット語 yoga の最初の母音 o は，長音で発音されることから，正しくはヨーガである．ヨーガを行う修行者をヨーギン yogin，女性の修行者の場合は，ヨーギニー yoginī という．ヨーガの修行を通じて，解脱へ到達することを目的とする哲学学派の名称（ヨーガ学派）としても知られる．ヨーガの修行を初めて体系的にまとめたヨーガ学派の聖典『ヨーガスートラ』では，ヨーガの修行を「ヤマ yama（不殺生など五つの道徳的に護るべき戒）」「ニヤマ niyama（自らの心を清浄に保つための五つの行動）」「アーサナ āsana（坐法）」「プラーナーヤーマ prāṇāyāma（呼吸法）」「プラティアーハーラ pratyāhāra（感覚の制御）」「ダーラナー dhāraṇā（特定の対象に心を縛り付け，動揺させない状態）」「ディヤーナ dhyāna（前段階のダーラナーで固定・集中した心を広げていく状態）」「サマーディ samādhi（特定の対象が心の中でありのままの姿でいる状態）」という八つの部門に分けている．これらを総称して，アシュターンガ・ヨーガ aṣṭāṅgayoga（八支瑜伽）という．最初の五つは外的部門であり，ヨーガの修行に耐えることのできる身心をつくり上げるために，生活習慣・行動を律することで心を浄化し，呼吸法・坐法などを習得する．そして，残り三つは内的部門とされ，順を追って，ヨーガの目的である精神の統一・制御を行うのである．これらの段階を経て完成される最終境地において，修行者はブラフマンとの一体化（梵我一如）を経験する．さらに，このヨーガの修行を通じて，さまざまな種類の超能力を使うことも可能となる．例えば，仏教で言うところの前世を知ることができる宿命通などが挙げられている．ただし，これらの超能力は副産物であって，あくまでも，ブラフマンとの一体化，すなわち解脱を目的としている．

　密教では，印を結び（身），真言を唱え（語），心に本尊を思い浮かべる（心）という三密瑜伽（三密行）という修行を通じて，本尊と合一する．

☞「三密」p.128

このようなヨーガを基底として信仰対象と合一（融合）する宗教体験を追求する実践法は，インドの宗教に共通して取り入れられている．

　インド仏教では，ヨーガの修行を通じて真理を模索したヨーガーチャーラ yogācāra（瑜伽行派）というグループが登場し，唯識思想をつくり上げた．

●語源

　このヨーガは「（馬などを）軛につなぐ」ことを意味するサンスクリット語の動詞語根ユッジュ yuj に由来する名詞である．元来，「繋がり」「結びつき」を意味する名詞が，身体と精神の活動を統一する修行を表す言葉となった．インドにおいて，およそ紀元前 800 年頃までには，こうした修行方法が知られていた．その起源は，アーリア人がインドに侵入する以前のインダス文明にあると考えられている．それは，インダス文明の出土品にヨーガの坐法を行っている行者が彫られているとされる印章があり，これをヨーガの起源とする説があることによる．

●用例

　ヨーガは，その長い歴史の中で，さまざまに展開した．『バガヴァッド・ギーター』に説かれているカルマヨーガ karmayoga（行為のヨーガ），バクティヨーガ bhaktiyoga（献身のヨーガ），ジュニャーナヨーガ jñānayoga（知のヨーガ）や，そのほかには，ハタヨーガ haṭhayoga（強制のヨーガ），クンダリニーヨーガ kuṇḍalinīyoga（チャクラを使ったヨーガ）などが挙げられる．

　とりわけ，ハタヨーガはゴーラクシャ（ゴーラクナート）によって 13 世紀に体系化された．ハタ haṭha とは，「強いる」などを意味するサンスクリット語の動詞語根ハトゥ haṭh に由来する名詞であり，「強制」「猛烈」といった意味である．こうした名称から想像できるように，それまでの精神的な実践に重きを置いたヨーガとは異なり，ハタヨーガは激しい身体的・生理的な実践をもっぱらとする．例えば，呼吸法一つをとっても，ハタヨーガではクンバカ kumbhaka（止息）と呼ばれる身体に負担のかかるほど長い間，呼吸を止めるという危険な実践を行う．ただし，最終的な目的は『ヨーガスートラ』に説かれるそれと同じく絶対的な存在との合一，すなわち解脱にある．現在，欧米を中心に世界中で行われている健康のための体操ヨーガ（ヨガ）は，ハタヨーガに説かれている呼吸法や体位を基にしているが，ただの健康法にすぎず，その成立には，伝統的なハタヨーガとの関連はないと言われている．　　　　　　　　　　　　　　　　　　　　　　［倉西憲一］

よき

●意味

　古典文法の形容詞ク活用「く・し・き・けれ」における「よし」の連体形．ここに詠嘆・感動の終助詞が付いたのが「よきかな」．「よし」には善・良・好・佳などの漢字が当てられる．優れている，美しい，正しいなど，およそ肯定的な意味となる．若者言葉「よき」も同様であるが，いいね👍に類する．これは自己および他者，またこれらに付随するモノ・コト，あるいは感情の全体的な（悪くいえば「ゆるい」）肯定・賛同である．多少なりとも方向性が限定される「かわよき」「かっこよき」といった派生語もある．ちなみに名詞の「よき」は，斧（中央方言），雪（東国方言）を意味する．

●語源

　「よき」を善哉（よきかな）の省略形とみるならば，原語はサンスクリット語サードゥ sādhu．（目的に）真っ直ぐに向かう，達成という意味のサード sādh から派生した言葉で，権威者（弟子に対する師など）による認可・承認・賛同を意味する．「そのとおり！」といった意味合いである．「善哉」の日本での初出は，おそらく聖徳太子撰述（とされる）『維摩経義疏（ゆいまきょうぎしょ）』（伝 613 年）であろうが，原本は存在しない．ただ原本の存在する『法華義疏（ほっけぎしょ）』（伝 615 年）にも「善哉」は確認できる．しかし十七条憲法制定時（604 年）には日本への伝来が確実視される漢籍『管子（かんし）』『韓詩外伝』『墨子（ぼくし）』でも「善哉」という熟語は確認できる．これら漢籍の成立年代は中国への仏教伝来以前（sādhu を善哉と翻訳する以前）である．

●用例

　タイ語ではサードゥが訛化したサートゥ sathu を用い，3 回繰り返すのを通例とする．SNS 上では，Sathu! Sathu! Sathu! 🙏🙏🙏 といったように表現される（原語に即して Sādhu の場合もある）．これは尊敬・感謝を意味し，「ありがたや」といった意味合いとなる．反復に焦点を当てれば，日本でも「よきよきのよき」などがみられるが，こうした表現は『万葉集』「よき人の よしとよく見て よしと言ひし 吉野よく見よ よき人よく見つ」という天武天皇の歌（679 年）にすでにみられる．　　　　　　　　　　［三浦 周］

☞「善哉」p.180

律儀　りつぎ／りちぎ

●意味

　一般には「りちぎ」と読まれ，現在では「律儀な人」というように，社交上の習慣や儀礼をきちんと守るさまを意味する．またそのような態度に対する揶揄や批難を含む場合もある．このような意味が一般的となったのは近世以降のようであるが，「律」を「りち」を読む例は「律の調べ」のように平安期から確認することができるようである．さらに「りち」と「ぎ」がともに呉音に基づく読みであるとすれば，「りちぎ」の方が「りつぎ」より古い読みである可能性も考えられる．

●語源

　律儀はサンスクリット語サンヴァラ saṃvara の訳語である．サンヴァラは「完全に」を意味する接頭辞サン sam と「ふさぐ」「覆う」を意味する動詞ヴリ vṛ よりなる語であり，防止や抑制を意味する．では何を防止・抑制するのかというならば，身体的行為（身業）と言語的行為（口業）における悪や過失を防止・抑制するのであり，この点からサンヴァラはシーラ（戒と訳される．原義は善い習慣）と同義であるとされる．

●用例

　『倶舎論』業品では①別解脱律儀，②静慮律儀，③無漏律儀という３種類の律儀が挙げられている．①は戒（この場合の戒とは仏陀によって制定された禁止事項である律のこと）を守ることによる防止・抑制，②は瞑想（静慮）に入ることによる防止・抑制，③は煩悩がない聖者（無漏）となることによる防止・抑制である．このうち①別解脱律儀は，『菩薩地』戒品などでは摂律儀戒（サンヴァラ・シーラ）とも呼ばれ，三つの菩薩の戒（「三聚浄戒」）の一つにも数えられる．なお残りの二つの菩薩の戒は，あらゆる善を積極的に行う摂善法戒とあらゆる生きものを利益しようとする摂衆生戒である．　　　　　　　　　　　　　　　　　　　　［松本恒爾］

利益 りやく／りえき

●意味

　仏教において「利益」は「りえき」ではなく「りやく」と読む．その意味は，仏・菩薩・諸天などが衆生（すべての生きとし生けるもの）に対して，恵みや福徳を与えることである．仏教における「利益」は，利益を得る対象によって二つに分けられる．一つは僧侶自身が修行を通じて仏の利益を得ようとする「自利」，もう一つは他者に対して利益を施そうとする「利他」である．さらに，仏・菩薩・諸天などが衆生に対して利益をなそうとすることを「利生」という．また，この世（現世）に生きながらにして受ける利益を現世利益といい，死後の世界において受ける後世利益（当益）と区別される．

　日本においては，神道の神々がなす神威のうち福徳に当たるものについても一般に「利益」と呼ばれる．人々は，自身の願望に適った霊験・功徳があるとされる寺社を参拝し，護摩（ごま）などの祈祷を受けたり，お札・お守りを授かったり，あるいは香炉の煙を浴びるなどして“ご利益”を享受しようとする．

●語源

　「有益・援助」を意味するサンスクリット語ヒタ hita，またウパカーラ upakāra の訳語．後者と同じ語源のウパカラナ upakaraṇa は「他者に対して何かを行うこと」であり，転じて仏・菩薩が衆生に与える恵みの意味となる．「自利」はアートマヒタ ātmahita（自分への利益），「利他」はパラヒタ parahita（他者への利益）である．

●用例

　『摩訶般若波羅蜜経』の往生品には「有菩薩摩訶薩住六波羅蜜，常勤精進利益衆生，不説無益之事」（六波羅蜜に住む菩薩は常に仏道に精進して衆生を利益し，無益なことは説かない）と説かれている．このように，大乗仏教では仏菩薩が衆生に対して与える福徳・恵みが利益とされる．

[髙橋秀慧]

☞「衆生」p.147

流通　りゅうつう／るづう

●意味

　現代語では「りゅうつう」と読み，物事が広く世の中に行きわたることや，貨幣などが世間で通用することを言ったり，水などが滞らずに流れる様子を表したりと，さまざまな意味をもつ言葉である．この言葉は仏教由来の言葉であると言われているが，仏教語では「るづう」と読む．仏教にて流通が示す対象は明確で，それは仏法のことである．つまり，仏の教えが世間に広く伝わること，また伝え広めることを言った．

●語源

　経典を解釈する際に，その内容を序分・正宗分・流通分の 3 部に分けて解釈する方法を三分科経と言った．古来よりこれは『仁王般若経疏』などの記述によって，道安が創作したものであるされてきたが，実際には少し時代が下った頃の成立であるとの説が有力である．なお，中国で考案された分科の形式であり，インド起源ではない．それぞれ，序分はその経が説かれた由来などを明かす部分で，正宗分は経の主要な内容を説く部分，流通分は経の結びの部分において経の功徳を明かし，その教えを普及し後世に伝えることを勧める部分である．「流」は広く行きわたらせること，「通」は塞がれることのないことを意味している．

●用例

　流通分においてよく見られる流通の手段として，弟子の中でも特に優れた者に対して，それまで経典において説かれた教えの内容を後世に伝える使命が授与される．このことを「付嘱（ふしょく／ふぞく）」という．例えば『般若経』では阿難に，『維摩経』では弥勒菩薩にその使命が与えられる．また『智光明荘厳経』の流通分に「受持此正法，広為他流通，滌除悋法垢，此所獲福蘊，功徳勝無量」（この正しい教えを受け保ち，広く人のために流通すれば，さまざまな垢が洗い除かれる．これによって得られる福徳や功徳は無限大にも勝るほどである）と説かれるように，経典の内容を流通することは，経典を聞いた者たちの使命であるとともに，それによって極めて大きな功徳を得ることができるのである．　　　　［松本亮太］

☞「法」p.227

流転　るてん

●意味

　物事や境遇などが移り変わる様子をいう．同じ状態ではないこと．「りゅうてん」とも読む．「万物は流転する」「絶え間なく流転する社会」などのように使用される．

●語源

　煩悩が捨てきれず，三界六道（迷いの世界）に生まれ変わり続けることをいう．還滅（悟りの境地に達し，迷いの世界を離れ涅槃に入ること）の対義語とされる．仏教では，煩悩を断ちきり悟りの境地に達した者は，仏となり清浄な国土である浄土に住むとされる．転生，流転輪廻，生死流転とも言う．

●用例

　経典では，例えば『十住毘婆沙論』には「流転六道」，『宗鏡録』には「流転於六道」，『出曜経』には「不住三界流転」のように，六道や三界などの迷いの世界にさまよう様子を示すものが多く見られる．

　また，『法苑珠林』や『諸経要集』に載る「流転三界中，恩愛不能脱，棄恩入無為，真実報恩者（三界の中を流転し，恩愛を脱することができなくとも，恩を捨てて無為に入ることは，真実に恩に報いることである）」は，受戒の際に剃髪の儀式において唱えられる偈文であった．

　『源氏物語』手習には，浮舟が出家する場面が描かれている．「『流転三界中』など言ふにも，断ちはててしものとを思ひ出づるも，さすがなりけり」と，剃髪の儀式において僧都が偈文を唱え，それに対して浮舟が「（すでに恩愛を）断ち切ってしまったものを」と自分の身の上を嘆く様子を描いている．『平家物語』巻十「維盛出家」においても，本偈文を3回唱え，維盛は髪を剃り落としている．

　また，『今昔物語集』巻一七第一七話「東大寺蔵満依地蔵助得活語」では，蔵満が笠置の洞窟で，念仏や地蔵菩薩の名号を唱え修行していたにもかかわらず，若くして亡くなった際に冥土に連行されそうになった．そのときに地蔵菩薩が現れ，「汝ヂ流転生死ノ業縁ノ引ク所ニ依テ，今被召タル也」と流転するという因縁により今ここに召されていると告げられている．　　　　　［由井恭子］

☞「煩悩」p.236

蓮華　れんげ

●意味

　沼沢に咲く蓮の花のこと．中国や日本では一般的に蓮根と円形の葉を持つ蓮（ハス属）を思い浮かべるが，インドでは卵形の葉を持つ睡蓮（スイレン属，ヒツジグサ）を指す場合が多く，いずれも多年生の水草である．インドでは梵天がヴィシュヌ神のヘソから蓮華を生じて万物を創造したという神話があり，古くから人々に愛好されていた．仏典においても，さまざまな教説や譬喩に用いられるほか，『妙法蓮華経』や『悲蓮華経（悲華経，大悲分陀利経）』の経題に盛り込まれるなど，清浄無垢な仏の教えを象徴する花として重要視された．蓮の花托は仏・菩薩の台座とされ，浄土教が発展すると，極楽浄土に咲く蓮華は往生した者が坐る蓮台や華座と表現されるようになった．

●語源

　仏典には①青蓮華（ウトパラ utpala），②紅蓮華（パドマ padma），③黄蓮華（クムダ kumuda），④白蓮華（プンダリーカ puṇḍarīka），⑤青蓮華（ニーロートパラ nīlotpala）などが説かれており，一般的に蓮華という場合には概ね②④のことである．④は分陀利とも音写される白花の蓮華であり，煩悩にけがされない清らかな仏や法性の喩えに用いられる．また，花だけではなく，蓮の葉も水をはじいて汚されない点が，世間のあり様に染まらない仏・菩薩のあり方に重ねられている．

●用例

　鳩摩羅什が翻訳した『維摩経』には「譬えば高原の陸地には蓮華を生ぜず．卑湿の淤泥にすなわち此の華を生ずるが如し」（例えば清らかな高原の陸地で蓮華は芽吹かないが，汚れ湿った泥の中においてこそ美しい花を咲かせる）とあるように，蓮華は煩悩の渦中にありながらも決して汚染されることのない仏法の清らかさを象徴する花とみなされた．同じく鳩摩羅什訳『阿弥陀経』には「青色青光，黄色黄光，赤色赤光，白色白光」とあって，極楽浄土に咲く蓮華には青・黄・赤・白の各色があり，それぞれの個性に応じて光り輝いているとされる．　　　　　　　［工藤量導］

☞「一蓮托生」p.53，「極楽」p.116

呂律　ろれつ／りょりつ

●意味
　口から発せられた言葉の調子を意味する．

●語源
　呂と律は，古代中国の音楽理論において音階を意味する言葉で，雅楽同様に古代中国の音楽理論の影響を受けている仏教音楽の声明でも古来より使用されている．
　声明では，中国に起源をもつ音の高さを意味する「十二律」の中のいくつかを音階名として使用している．声明で使用される音の高さを表す名称，つまり 12 の半音からなる「十二律」は，一越・断金・平調・勝絶・下無・双調・鳧鐘・黄鐘・鸞鏡・盤渉・神仙・上無である．真言声明においては一越調・双調は呂音階に，平調・盤渉調は律音階に，黄渉調は中曲に分類される．これらは五調子と呼ばれる．なお，相対的音階名として五音（宮・商・角・徴・羽）も使用している．さらに，転調，移調は変音（反音）といい，呂音階から律音階へ，またその逆の変音する曲を反音曲という．なお，変音しない呂音階，律音階の曲をそれぞれ唯呂曲，唯律曲といい，反音曲，中曲と合わせて四種曲という．

●用例
　「ろれつがまわらない」「ろれつがあやしい」のように，体調を崩すことによって，あるいは酒に酔うことによって，舌が回らなくなり，言葉が不明瞭になりはっきりしなくなった様子の時に使われる．声明などの仏教音楽において，呂や律，または中曲と言ったその曲に定められた音階から逸脱して唱えている様子が転じて，何を話しているのか不明な様子の時に使用されるようになったと考えられる．ただし，仏教儀礼の中で声明が唱えられる際に調子を外して唱えても「ろれつがまわらない」「ろれつがあやしい」と咎められることはない．
　なお，天台宗の魚山流声明の根本道場がある京都の大原には呂の川と律の川が流れている．

[新井弘賢]

コラム：日本語になった梵語④ —番外編—

尼

正式に出家した女性を指す比丘尼（ビクシュニー bhikṣuṇī の音写）の末尾の字であり，本来アマとは読まない漢字である．母を意味するアンバー ambā（パーリ語アンマー ammā）や息子の説法を聞いて出家した有名な遊女アンバパーリー ambapālī に基づいて訓読みがアマになったとされる．

痘痕

天然痘が治った後に顔に残る痕．「痘痕もえくぼ」という諺で有名であり，ニキビや腫れ物を意味するサンスクリット語アルブダ arbuda が語源とされる．また，八寒地獄の一つに同名の地獄があり，そこに堕ちると極寒のあまりに全身に腫れ物が生じるとされる．

世話

奉仕を意味するサンスクリット語セーヴァー sevā を語源とする説がある．ちなみにセーヴァーと英語の service はインドヨーロッパ祖語に共通の語源を持つ可能性が考えられる．

シマ

なわばりや勢力範囲を意味する語．境界を意味するサンスクリット語シーマー sīmā を語源とする説がある（→ p.104「結界」参照）．出家者の集団を僧伽と呼ぶが，すべての出家者を指す四方僧伽と，四人以上の出家者で構成される個別集団を指す現前僧伽に分けられる（→ p.181「僧」参照）．この現前僧伽の活動領域の境界がシーマーである．

バカ

「馬鹿」は当て字であり，詐欺師や偽善者を意味するサンスクリット語バカ baka を語源とする説がある．また，仏教語のモーハ moha が語源との説もある（→ p.102 ページ「愚痴」参照）．

夜叉・羅刹

共にインドの悪鬼．夜叉はヤクシャ yakṣa の音写，羅刹はラークシャサ rākṣasa の音写である．乱暴や凶悪のイメージでアニメなどに使用される．高橋留美子原作『犬夜叉』，板垣恵介原作『グラップラー刃牙』の夜叉猿，武論尊原作『北斗の拳』のシャチの異名（羅刹）など． ［横山裕明］

☞「愚痴」p.102，「結界」p.104，「僧」p.181

ファーザーリーディング（文献ガイド）

(文献名の五十音順・アルファベット順で掲載)

『あっと驚く仏教語』霊元丈法（著），四季社，2005．

『岩波仏教辞典 第三版』中村元・福永光司・田村芳朗・今野達・末木文美士（編），岩波書店，2023（初版1989）．

『インドにおける曼荼羅の成立と発展』田中公明（著），春秋社，2010．

『因縁・いわく・故字・隠語 仏辞苑』松本慈恵・松本慈寛（編著），国書刊行会，2021．

『エモい古語辞典』堀越英美（著），朝日出版社，2022．

『織田仏教大辞典』織田得能，大蔵出版，2005（初版1917）

『お坊さんも学ぶ仏教学の基礎①② 改訂版』大正大学仏教学部（編），大正大学出版会，2016（初版2015）．

『気になる仏教語辞典』麻田弘潤（著），誠文堂新光社，2018．

『逆引仏教語辞典』逆引仏教語辞典編纂委員会（編），柏書房，1995．

『教訓仏教語辞典』栗田順一（編），東京堂出版，1991．

『倶舎論の原典研究 随眠品』小谷信千代・本庄良文（著），大蔵出版，2007．

『暮らしに生きる仏教語辞典』山下民城（著），国書刊行会，1993

『暮らしのことば 新語源辞典』山口佳紀（編），講談社，2008．

『暮らしの中の仏教語』生駄密蔵（編著），百華苑，1979．

『暮らしのなかの仏教語』大江憲成（著），真宗文庫，2016．

『暮らしのなかの仏教語小辞典』宮坂宥勝（著），ちくま学芸文庫，1995．

『くらしの中の仏教用語事典』沖本克己（編著），淡交社，1985．

『暮らしのなかの仏法』川口義照（著），法蔵館，2000．

『くらしの仏教語豆事典 上・下』辻本敬順（著），本願寺出版社，2008．

『現代に生きる仏教用語集』関口真大（編著），大東出版社，1979．

『広説 佛教語大辞典 縮刷版』中村元（著），東京書籍，2010（原本出版1975）．

『国語のなかの仏教語辞典』森章司（編），東京堂出版，1991．

『語源500 面白すぎる謎解き日本語』日本語倶楽部（編），KAWADE夢文庫，2019．

『語源501 意外すぎる由来の日本語』日本語倶楽部（編），KAWADE夢文

ファーザーリーディング（文献ガイド）　265

　　庫，2022．

『古典にみる仏教語解説辞典』倉部豊逸（編著），国書刊行会，1994．

『ことば 仏教語のこころ 増補改訂版』藤澤量正（著），本願寺出版社，
　　2015（初版 2007）．

『さすらいの仏教語 暮らしに息づく 88 話』玄侑宗久（著），中公新書，
　　2014．

『サンスクリット入門 インドの思想を育んだ「完全な言語」』赤松明彦（著），
　　中公新書，2024．

『知ってびっくり！仏教由来の日本語 212』草木舎（編著），アーツアンド
　　クラフツ，2006．

『史上最強図解仏教入門』保坂俊司（監修），ナツメ社，2010．

『新明解 語源辞典』小松寿雄・鈴木英夫（編），三省堂，2011．

『生活に生きる佛教語』山田法胤（著），善本社，2000．

『生活のなかの仏教語』畫間玄明（著），鈴木出版，1995．

『先人の知恵を今に生かす四字熟語図鑑』カラビナ（編著），ナツメ社，2019．

『蔵英辞典 A Tibetan-English Dictionary』H. A. イェシュケ（編），臨川書店，
　　2008（原本出版 1881）．

『総合佛教大辞典』総合佛教大辞典編集委員会（編），法藏館，2005．

『蔵梵辞典 補遺 Tibetan-Sanskrit Dictionary Supplementary Volume』ロケッ
　　シュ・チャンドラ（編），臨川書店，2009（原本出版 1961）．

『大漢語林』鎌田正・米山寅太郎（著），大修館書店，1992．

『大漢和辞典』諸橋轍次（著），大修館書店，2000（原本出版 1960）．

『大言海 新編』大槻文彦（著），冨山房，1982（原本出版 1891）．

『大乗起信論新釈』吉津宜英（著），大蔵出版，2014．

『大法輪：日常会話の中の仏教語 2019 年 12 月号』大法輪閣（編），2019．

『なるほど仏教 400 語』宮元啓一（著），春秋社，2005．

『日常の中の仏教語』南谷恵敬（著），海風社，2019．

『日常語からわかる仏教入門』ひろさちや（著），講談社＋α文庫，2001．

『日常佛教語』岩本裕（著），中公新書，1972．

『日本語学研究事典』飛田良文（主幹），明治書院，2007．

『日本国語大辞典 第二版』日本国語大辞典第二版編集委員会・小学館国語
　　辞典編集部（編），小学館，2000-02（初版 1972-76）．

『日本語源広辞典』増井金典（著），ミネルヴァ書房，2010.

『日本語源大辞典』前田富祺（監修），小学館，2005.

『日本史の森をゆく 史料が語るとっておきの42話』東京大学史料編纂所（編），中公新書，2014.

『日本佛教語辞典』岩本裕（著），平凡社，1988.

『パーリ語辞典 増補改訂版』水野弘元（著），春秋社，2005（初版1968）.

『パーリ語佛教辞典』雲井照善（著），山喜房佛書林，1997.

『仏教おもしろ小百科』春秋社編集部（編），春秋社，1983-86.

『仏教が生んだ日本語』大谷大学（編），毎日新聞出版，2001.

『仏教学辞典 新版』多屋頼俊・横超慧日・舟橋一哉（編），法藏館，1995（初版1955）.

『仏教からはみだした日常語 語源探索』小林祥次郎（著），勉誠出版，2015.

『仏教がわかる四字熟語辞典』森章司・小森英明（編），東京堂出版，2008.

『仏教漢語 語義解釈 漢字で深める仏教理解』船山徹（著），臨川書店，2022.

『仏教経典散策』中村元（編著），KADOKAWA，2018（初版1979 東京書籍）.

『仏教語おもしろ雑学事典』大法輪閣編集部（編），大法輪閣，2011.

『仏教語源散策』中村元（編著），KADOKAWA，2018（原本出版1977）.

『仏教語源散策 続』中村元（編著），KADOKAWA，2018（原本出版1977）.

『仏教語源散策 新』中村元（編著），東京書籍，1986.

『仏教語源散策辞典』藤井宗哲（著），創拓社，1993.

『仏教語入門』宮坂宥勝（著），筑摩書房，1987.

『仏教語入門 新装版』橋本芳契（著），法藏館，2021（初版1983）.

『仏教語ものしり事典』斎藤昭俊（著），新人物往来社，1992.

『仏教語読み方辞典 新装版』有賀要延（編著），国書刊行会，2012（初版1991）.

『仏教事典』日本佛教学会（編），丸善出版，2021.

『仏教日常辞典 新装版』増谷文雄・金岡秀友（著），太陽出版，2005（初版1994）.

ファーザーリーディング（文献ガイド）　267

『仏教 日用小辞典』由木義文（著），大蔵出版，1989.

『仏教のことば』奈良康明（編），日本放送出版協会，1978.

『仏教用語事典』須藤隆仙（著），新人物往来社，1993.

『仏教要語の基礎知識 新版』水野弘元（著），春秋社，2006（初版 1972）.

『仏像散策』中村元（編著），東京書籍，1982.

『文芸の中に息づく仏教語』高田芳夫（著），渓声出版，2000.

『ホトケ・ディクショナリー 仏教慣用句事典』大正大学（編），大正大学
　　出版会，2024.

『翻訳名義大集 Mahāvyutpatti 梵蔵漢和四訳対校 複刊叢書』榊亮三郎（編
　　著），国書刊行会，1981（原本出版 1916）.

『梵和大辞典 漢訳対照 新装版』鈴木学術財団（編），講談社，1986（原本
　　出版 1940-43）.

『まんが仏教語辞典』ひろさちや（著），鈴木出版，1997.

『密教辞典』佐和隆研（編），法藏館，1975.

『密教大辞典 縮刷版』密教辞典編纂会（編），法藏館，2013（原本出版
　　1933）.

『望月仏教大辞典 増訂版』望月信亨（著），世界聖典刊行協会，1971（初
　　版 1954）.

『用例解釈 仏教語大観』織田得能（著），柏書房，1981.

『例文 仏教語大辞典』石田瑞麿（著），小学館，1997.

"A Comparative Dictionary of The Indo-Aryan Languages" R. L. Turner,
　　Oxford University Press, London, 1966.

"A Dictionary of The Pali Language" Robert Caesar Childers, Institute of
　　Pāli Literature, Komazawa University, 1975 (Original ed. 1875).

"A Sanskrit English Dictionary" M. Monier Williams, Oxford University
　　Press, London, 1963 (Original ed. 1851).

"Buddhist Hybrid Sanskrit Grammar and Dictionary" Franklin Edgerton,
　　Yale University Press, New Haven, 1953.

"Pali-English Dictionary" T. W. Rhys Davids and William Stede, The Pāli
　　Text Society, Bristol, 2015 (Original ed. 1921).

索　　引

※太字はその用語が項目名となっている頁を示す.

あ行

愛 ・・・・・・・・・・・・・・・・・・・・・・・・・・ **31**, 34
愛嬌 ・・・・・・・・・・・・・・・・・・・・・・・・・・ **32**
『阿育王経』 ・・・・・・・・・・・・・ 139, 200
愛語 ・・・・・・・・・・・・・・・・・・・・・・・・・・ **34**
挨拶 ・・・・・・・・・・・・・・・・・・・・・・・・・・ **33**
愛想 ・・・・・・・・・・・・・・・・・・・・・・・・・・ **34**
阿吽 ・・・・・・・・・・・・・・・・・・・・・・・・・・ **35**
閼伽 ・・・・・・・・・・・・・・・・・・・・・・・・・・ 221
諦め ・・・・・・・・・・・・・・・・・・・・・・・・・・ **36**
悪因苦果 ・・・・・・・・・・・・・・・・・・・・・・ 132
悪魔 ・・・・・・・・・・・・・・・・ **155**, 161, 237
安居院澄憲 ・・・・・・・・・・・・・・・・・・・・ 174
阿含経典（アーガマ） ・・・・・・・・・・・ 7
『阿闍世王経』 ・・・・・・・・・・・・・・・・・ 16
阿闍梨 ・・・・・・・・・・・・・・・・・・・・・・・・ 97
阿修羅（修羅） ・・・・・・・・・・・・・・・・ 150
阿僧祇 ・・・・・・・・・・・・・・ **37**, 110, 165
悪口 ・・・・・・・・・・・・・・・・・・・・・・・・・・ **38**
「敦盛」 ・・・・・・・・・・・・・・・・・・・・・・・ 206
アーガマ（阿含経典） ・・・・・・・・・・・ 7
アーナンダ（阿難） ・・・・・・・・・・ 5, 106
痘痕 ・・・・・・・・・・・・・・・・・・・・・・・・・・ 263
アバター ・・・・・・・・・・・・・・・・・・・・・・ **39**
阿鼻叫喚 ・・・・・・・・・・・・・・・・・・・・・・ **40**
アビダルマ仏教 ・・・・・・・・・・・・・・・・ 58
尼 ・・・・・・・・・・・・・・・・・・・・・・・ 181, 263
『阿弥陀経』 ・・・・・・・ 19, 44, 53, 77, 117,
　　156, 208, 261
阿弥陀籤 ・・・・・・・・・・・・・・・・・・・・・・ **41**
阿弥陀如来（阿弥陀仏） ・・・・ 41, 44, 45,
　　53, 67, 115, 116, 122, 156, 162, 208, 214,
　　222, 230
阿羅漢（羅漢） ・・・・・・・・・・ 137, 155, **230**

有り難う（有り難い） ・・・・・・・・・・・ **42**
行脚 ・・・・・・・・・・・・・・・・・・・・・・・・・・ **43**
安心 ・・・・・・・・・・・・・・・・・・・・・・・・・・ **44**
安世高 ・・・・・・・・・・・・・・・・・・・・・・・・ 17
安楽 ・・・・・・・・・・・・・・・・・・・・・・・・・・ **45**

威儀 ・・・・・・・・・・・・・・・・ **46**, 95, 96
意業 ・・・・・・・・・・・・・・・・ 38, 47, 55
意地 ・・・・・・・・・・・・・・・・・・・・・・・・・・ **47**
意識 ・・・・・・・・・・・・・・・・・・・・・・・・・・ **48**
以心伝心 ・・・・・・・・・・・・・・・・ **49**, 249
韋駄天 ・・・・・・・・・・・・・・・・・・・・・・・・ **50**
一挨一拶 ・・・・・・・・・・・・・・・・・・・・・・ 33
一乗 ・・・・・・・・・・・・・・・・・・・・・・・・・・ **51**
一大事 ・・・・・・・・・・・・・・・・・・・・・・・・ **51**
『一枚起請文』 ・・・・・・・・・・・・・・・・・ 209
一味 ・・・・・・・・・・・・・・・・・・・・・・・・・・ **52**
一蓮托生 ・・・・・・・・・・・・・・・・・・・・・・ **53**
一休宗純 ・・・・・・・・・・・・・・・・・・・・・・ 180
一切法 ・・・・・・・・・・・・・・・・・・・・・・・・ 227
一遍 ・・・・・・・・・・・・・・・・・・・・・・・・・・ 208
『一遍語録』 ・・・・・・・・・・・・・・・・・・・ 47
井上哲次郎 ・・・・・・・・・・・・・・・・・・・・ 176
命 ・・・・・・・・・・・・・・・・・・・・・・・・・・・・ 149
甍 ・・・・・・・・・・・・・・・・・・・・・・・・・・・・ 221
色 ・・・・・・・・・・・・・・・・・・・・・・・・・・・・ **129**
いろは歌 ・・・・・・・・・・・・・・・・・・・・・・ **54**
因 ・・・・・・・・・・・・・・・・・・・・・・・ **55**, 58
因果 ・・・・・・・・・・・・・・・・ **55**, 64, 83
因果応報 ・・・・・・・・・・・・・・・・・・・・・・ 83
いんげん（隠元） ・・・・・・・・・・・・・・・ **56**
『筠州洞山悟本禅師語録』 ・・・・・・・・ 248
インド ・・・・・・・・・・・・・・・・・・・・・・・・ 21
引導 ・・・・・・・・・・・・・・・・・・・・・・・・・・ **57**
因縁 ・・・・・・・・・・・・・・・・ 51, **58**, 64

有為（有為法）・・・・・・・・・・・・・227, 242
有学・・・・・・・・・・・・・・・・・・・・・・・・・・・243
『宇治拾遺物語』・・・・・・・・・・・・・・・・190
有情・・・・・・・・・・・・・・・・60, 147, 206
有相無相・・・・・・・・・・・・・・・・・・・・・・・**61**
有象無象・・・・・・・・・・・・・・・・・・・・・・・61
有頂天・・・・・・・・・・・・・・・・・・・・・・・・・**62**
『うつほ物語』・・・・・・・・・・・・・109, 222
ウパニシャッド哲学・・・・・・・・・・・・・74
『有部律破僧事』・・・・・・・・・・・・・・・・125
盂蘭盆会・・・・・・・・・・・・・・・・・・・・72, 78
有漏法・・・・・・・・・・・・・・・・・・・・・・・・227
『吽字義』・・・・・・・・・・・・・・・・・・・・・・・84
雲水・・・・・・・・・・・・・・・・・・・・・・・・・・・43

『栄花物語』・・・・・・・・・・・・・・・・・・・158
廻向・・・・・・・・・・・・・・・・・・・・・・・・・・132
会釈・・・・・・・・・・・・・・・・・・・・・・・・・・**63**
縁・・・・・・・・・・・・・・・・・・・・・・・・55, 58
縁起・・・・・・・・・55, 59, **64**, 81, 98, 100
閻魔・・・・・・・・・・・・・・・・・・**66**, 70, 132

往生・・・・・・・・・・44, 51, **67**, 119, 156,
　　158, 163, 208, 214
『往生要集』・・・・・・・66, 82, 90, 109, 117,
　　135, 157, 205, 209
『往生礼讃』・・・・・・・・・・・・・・・・44, 98
『往生論』・・・・・・・・・・・・・・・・・・・・・116
『往生論註』・・・・・・・・・・・・・・163, 222
黄檗希運・・・・・・・・・・・・・・・・・・49, 57
黄檗宗・・・・・・・・・・・・・・・・・・・・・・・・56
『大鏡』・・・・・・・・・・・・・・・・・・93, 246
大袈裟・・・・・・・・・・・・・・・・・・・・・・・・**68**
大谷光瑞・・・・・・・・・・・・・・・・・・・・・・14
『奥の細道』・・・・・・・・・・・・・・・43, 120
おしゃかになる・・・・・・・・・・・・・・・・**69**
お陀仏・・・・・・・・・・・・・・・・・・・・・・・・69
踊り念仏・・・・・・・・・・・・・・・・・・・・・209
鬼・・・・・・・・・・・・・・・・・・**70**, 78, 134
お盆・・・・・・・・・・・・・・・・・・・・・・72, 78

か行

我・・・・・・・・・・・・・・・・・**74**, 84, 127
戒・・・・・・・・・・・・・・・・・97, 107, 257
開眼・・・・・・・・・・・・・・・**75**, 114, 233
懐石・・・・・・・・・・・・・・・・・・・・・・・・・**76**
開発・・・・・・・・・・・・・・・・・・・・・・・・・**77**
戒律・・・・・4, 5, 38, 46, 96, 97, 107, 127
餓鬼・・・・・・・・・・・・・・・・・・・・・・70, **78**
格義仏教・・・・・・・・・・・・・・・・・・・・・・18
覚悟・・・・・・・・・・・・・・・・・・・・・・・・・**79**
覚者・・・・・・・・・・・・・・・・・・・・・・・・・79
学生・・・・・・・・・・・・・・・・・・・・・・・・・**80**
過去・・・・・・・・・・・・・・・・・・・・・・・・・**81**
呵責・・・・・・・・・・・・・・・・・・・・・・・・・**82**
渇愛・・・・・・・・・・・・・・・・・・・・・31, 65
果報・・・・・・・・・・・・・・・・・・・・・・・・・**83**
我慢・・・・・・・・・・・・・・・・・・・・・・・・・**84**
空・・・・・・・・・・10, **100**, 129, 226, 244
伽藍堂（伽藍）・・・・・・・・・・・・**85**, 105
カルピス・・・・・・・・・・・・・・・・・・・・・213
瓦・・・・・・・・・・・・・・・・・・・・・・・・・・221
願・・・・・・・・・・・・・・・・・・・・・・・・・・**86**
歓喜・・・・・・・・・・・・・・・・・・・・・・・・・**87**
『観経疏』・・・・・・・・・・・・・96, 214, 217
観察・・・・・・・・・・・・・・・・・・・・・・・・・**88**
観自在菩薩（観音菩薩，観世音菩薩）
　　・・・・・・・・・・・・・・・・・136, 230, 253
『管子』・・・・・・・・・・・・・・・・・・・・・・・44
観想念仏・・・・・・・・・・・・・・・・・・・・・208
堪忍・・・・・・・・・・・・・・・・・・・・・・・・・**89**
観念・・・・・・・・・・・・・・・・・・・・・・・・・**90**
『観音経』・・・・・・・・・・・・・・・・・・・・・32
観音菩薩（観自在菩薩，観世音菩薩）
　　・・・・・・・・・・・・・・・・・136, 230, 253
灌仏会（花祭）・・・・・・・・・・・・・・・・114
『観仏三昧海経』・・・・・・・・・・・・・・・209
勘弁・・・・・・・・・・・・・・・・・・・・・・・・・**91**
『観無量寿経』・・・・・・・44, 45, 115, 116,
　　158, 208, 239

義 ・・・・・・・・・・・・・・・・・・・・・・・・・・・・・・ **92**

祇園 ・・・・・・・・・・・・・・・・・・・・・・・・・・・・ **93**

機嫌 ・・・・・・・・・・・・・・・・・・・・・・・・・・・・ **94**

機根 ・・・・・・・・・・・・・・・・・・・・・・・・・・・・ 125

義浄 ・・・・・・・・・・・・・・・・・・・・・・・・・・・・ 22

『北野天神縁起絵巻』 ・・・・・・・・・・・・・・ 71

吉蔵 ・・・・・・・・・・・・・・・・・・・・・・・・・・・・ 51

経 ・・・・・・・・・・・・・・・・・・・・・・ 3, 5, 9, 113

行 ・・・・・・・・・・・・・・・・・・・・・・・・・ **95**, 194

行儀 ・・・・・・・・・・・・・・・・・・・・・・・・・・・・ **96**

教授 ・・・・・・・・・・・・・・・・・・・・・・・・・・・・ **97**

行住坐臥 ・・・・・・・・・・・・・・・・・・・・ 95, 96

共生 ・・・・・・・・・・・・・・・・・・・・・・・・・・・・ **98**

許可 ・・・・・・・・・・・・・・・・・・・・・・・・・・・・ 91

『玉台新詠』 ・・・・・・・・・・・・・・・・・・・・・・ 246

ギルギット ・・・・・・・・・・・・・・・・・・・・・・ 14

銀シャリ ・・・・・・・・・・・・・・・・・・・・・・・・ 99

苦 ・・・・・・・・・・・・・・・ 65, 130, 192, 212

空 ・・・・・・・・・・・・ 10, **100**, 129, 226, 244

空海（弘法大師）・・・・・・・ 11, 60, 65, 80,
84, 124, 128, 164, 166, 239, 249

『愚管抄』 ・・・・・・・・・・・・・・・・・・・・・・・・ 63

口業 ・・・・・・・・・・・・・・・・・・ 38, 47, 55, 257

『倶舎論』 ・・・・・・・・・・ 15, 21, 37, 62, 81,
84, 89, 125, 149, 170, 183, 191, 193,
206, 207, 226, 227, 240, 242, 257

『倶舎論記』 ・・・・・・・・・・・・・・・・・・・・・・ 227

『倶舎論頌疏』 ・・・・・・・・・・・・・・ 108, 188

苦諦 ・・・・・・・・・・・・ 36, 55, 65, 130, 227

愚痴 ・・・・・・・・・・・・・・・・・・・・・・・・・・・・ **102**

功徳 ・・・・・・・・・・・・・・・・・・・・・・・・ 9, 245

工夫 ・・・・・・・・・・・・・・・・・・・・・・・・・・・・ **103**

鳩摩羅什 ・・・・・・・・・・・・・・・・ 18, 53, 59

供養 ・・・・・・・・・・・・・・・・・・・・ **104**, 182

庫裏（庫裡） ・・・・・・・・・・・・・・・・・・・・ 221

経 ・・・・・・・・・・・・・・・・・・・・・・・・ 3, 5, 9

『傾城反魂香』 ・・・・・・・・・・・・・・・・・・・・ 244

『景徳伝灯録』 ・・・・・・・・・・・・・・・・・・・・ 43

『華厳経』 ・・・・・・・ 22, 34, 38, 57, 102, 124,

165, 175, 212, 222, 245, 252, 253

袈裟 ・・・・・・・・・・・・・・・・・・・・・・・・ 46, 68

化身 ・・・・・・・・・・・・・・・・・・・・・・・・・・・・ 39

解脱 ・・・・・・・・・・・・・・ 36, 67, 102, 226

『血脈論』 ・・・・・・・・・・・・・・・・・・・・・・・・ 49

結界 ・・・・・・・・・・・・・・・・・・・・・・・・・・・・ **105**

結集 ・・・・・・・・・・・・・・・・・・・・・・・・ 5, **106**

外道 ・・・・・・・・・・・・・・・・・・・・・・・・・・・・ **107**

下品 ・・・・・・・・・・・・・・・・・・・・・・・・・・・・ 158

外用 ・・・・・・・・・・・・・・・・・・・・・・・・・・・・ 204

戯論 ・・・・・・・・・・・・・・・・・・・・・・ 153, 226

『顕戒論』 ・・・・・・・・・・・・・・・・・・・・・・・・ 204

玄関 ・・・・・・・・・・・・・・・・・・・・・・・・・・・・ **108**

現在 ・・・・・・・・・・・・・・・・・・・・・・・・・・・・ **81**

『源氏物語』 ・・・・・・・・・ 53, 104, 236, 260

玄奘 ・・・・・・・・・・・・ 20, 21, 60, 183, 203

源信 ・・・・・・・・・・・・・・・・・・・・・・・・・・・・ 209

慳貪 ・・・・・・・・・・・・・・・・・・・・・・・・・・・・ **109**

『源平盛衰記』 ・・・・・・・・・・・・・・・・・・・・ 79

業 ・・・・・・・・・・・・・・・ 38, 55, 132, 226

劫 ・・・・・・・・・・・・・・・・・・ 37, **110**, 165

公案 ・・・・・・・・・・・・・・・・・・・・・・ 108, 197

劫火（業火） ・・・・・・・・・・・・・・・・・・・・ 110

恒河沙 ・・・・・・・・・・・・・・・・・・・・・・・・・・ 165

講義 ・・・・・・・・・・・・・・・・・・・・・・・・・・・・ **111**

高座 ・・・・・・・・・・・・・・・・・・・・・・ **112**, 113

講師 ・・・・・・・・・・・・・・・・・・・・・・ 112, **113**

『好色一代女』 ・・・・・・・・・・・・・・・・・・・・ 244

香水 ・・・・・・・・・・・・・・・・・・・・・・・・・・・・ **114**

『高僧伝』 ・・・・・・・・・・・・・・・・・・・・・・・・ 174

『高僧和讃』 ・・・・・・・・・・・・・・・・・・・・・・ 217

弘法大師（空海）・・・・ 11, 60, 65, 80, 84,
124, 128, 164, 166, 239, 249

降魔 ・・・・・・・・・・・・・・・・・・・・・・・・・・・・ 144

光明 ・・・・・・・・・・・・・・・・・・・・・・・・・・・・ **115**

広目天 ・・・・・・・・・・・・・・・・・・・・・・・・・・ 138

高野山 ・・・・・・・・・・・・・・・・・・・・・・・・・・ 105

五蘊 ・・・・・・・・ 48, 95, 129, 130, 188, 226

ゴータマ（仏陀，釈尊，釈迦，牟尼，
世尊）・・・ 5, 39, 57, 74, 77, 79, 121, 144,

155, 166, 190, 199, 218, 229, 230, 231, 232, 235, 237, 251

五果 ···························· 59

五逆 ······················ 40, 163

虚空 ··························· 242

極楽（極楽浄土）······ 45, 53, 67, 115, **116**, 119, 158, 163, 208, 214, 261

虚仮 ·························· **118**

心 ···························· 48

乞食 ······················ **120**, 171

『古事談』························ 250

後生 ·························· **119**

『古尊宿語録』···················· 197

乞食 ······················ **120**, 171

『木葉衣』······················ 234

五百羅漢 ······················ 230

『五分戒本』···················· 250

『五分律』···················· 19, 20

護摩 ··························· 221

五味 ······················ 52, 213

娯楽 ·························· **121**

権化 ······················ 39, **122**

権現 ·························· **122**

金剛 ······················ 94, **123**

金剛界曼荼羅 ···················· 239

『金剛経』························ 19

『金剛頂経』············ 4, 11, 127, 128

『金光明経』（金光明最勝王経）····· 20, 113, 122, 139

『金光明最勝王経音義』·············· 54

金剛力士像 ······················ 35

言語道断 ······················ **124**

『今昔物語集』······ 71, 93, 97, 112, 260

根性 ·························· **125**

金輪際 ·························· 126

さ行

作意 ··························· 48

『摧邪輪』······················· 63

最澄 ···················· 80, 154, 166

作意 ··························· 48

『狭衣物語』····················· 109

坐禅 ··························· 179

さとり（悟り，覚り）····· 90, 124, 144, 204, 207, 214, 222, 231, 247

差別 ·························· **143**

作務 ··························· 224

『サムユッタ・ニカーヤ』·········· 203

皿 ···························· 133

三悪趣（三悪道）········ 38, 175, 193

三学 ······················ 127, 211

懺悔 ······················ **155**, 175

『山家学生式』····················· 80

三業 ·············· 38, 47, 55, 95, 128

『三教指帰』···················· 62, 201

『三国志』························ 17

三十二相 ······················ 185

三乗 ··························· 51

三蔵 ··························· 3, 4

三毒 ······················ 47, 203, 236

三宝 ··························· 227

三法印 ························· 207

『三宝絵』······················ 184

『三宝絵詞』···················· 180

三昧 ·························· **127**

三密 ······················ **128**, 254

『三無性論』······················ 20

三論宗 ·························· 61

椎尾辨匡 ······················· 98

四威儀 ······················ 46, 95

止観 ··························· 88

此岸 ·························· **214**

色 ···························· **129**

識 ···························· 48

色即是空 ······················ 101, 129

『四教義』······················ 189

四苦八苦 ······················ **130**

自業自得 ······················ 55, **132**

地獄 ············ 40, 66, **134**, 172, 205

『地獄草紙』······················ 71

持国天 ························· 138

自在	**136**, 146	『十二部経』	174
自在天	136, 146	十六羅漢	230
自性	100	受戒	97
四正断	152	修行	183, 200
四摂法	34	熟酥	213
自然	**140**	修験道	234
四諦	36, 55, 65, 227	修二会（お水取り）	114
七覚支	141	朱士行	20
七堂伽藍	85	衆生	60, 62, **147**, 156, 206, 231
実際	**137**, 166	修多羅	221
実相	90, 100	『述異記』	201
集諦	36, 55, 65, 227	出世	**148**, 235
四天王	**50**, 138	須弥山	126, 138, 172, 206
自然	**140**	寿命	**149**
慈悲	31, 212, 228	修羅（阿修羅）	**150**
『四分律』	19	『首楞厳経』	17
シマ	263	定	127, 141
四無量心	141	『長阿含経』	8, 19, 111, 121, 135,
捨	**141**, 218		175, 237, 247, 251
寂静	207, 220	勝義	92
釈尊（釈迦牟尼，ブッダ，世尊，ゴー		『上宮聖徳法王帝説』	118
タマ）	5, 39, 57, 74, 77, 79, 121,	荘厳	**151**
	144, 155, 166, 170, 199, 218, 229, 230,	上座部仏教（南伝仏教）	7, 196,
	231, 232, 235, 237, 251		243
ジャスミンティー（茉莉花茶）	99	『声字実相義』	249
『沙石集』	125, 154, 204	精進	141, **152**
娑婆	45, 89, **142**	精進料理	76
差別	**143**	生酥	213
邪魔	**144**	『正像末和讃』	223
『沙門果経』	83, 107	『摂大乗論』	37
舎利（シャリ）	99, **145**	冗談	**153**
『舎利弗問経』	150	浄土	67, 260
自由（自由自在）	**146**	唱導	174
十悪	38, 132, 175	聖徳太子	112, 116, 118, 139,
十号	185, 232		170, 173, 174, 214
『十地経』	104, 136	浄土宗	44, 156, 209
『十住毘婆沙論』	82, 220, 260	正念	154
『十誦律』	19, 196	正念場	**154**
十善	38, 132	浄玻璃の鏡	66
十二因縁	95	成仏	60, 128, 134, **156**, 231, 232
十二支縁起	65, 188	『正法眼蔵』	43, 76, 103, 174, 179

『正法念処経』‥‥‥‥ 78, 132, 135, 193
『正法華経』‥‥‥‥‥‥‥‥‥ 146
上品‥‥‥‥‥‥‥‥‥‥‥‥‥ **158**
『小品般若経』‥‥‥‥‥‥‥‥ 207
『勝鬘経』‥‥‥‥‥‥‥ 16, 111, 152
声明‥‥‥‥‥‥‥‥‥‥‥‥‥ 262
『成唯識論』‥‥‥‥‥‥‥ 21, 183
『小右記』‥‥‥‥‥‥‥‥‥‥ 235
『従容庵録』‥‥‥‥‥‥‥‥‥ 197
『性霊集』(『遍照発揮性霊集』)‥‥‥ 90
浄瑠璃‥‥‥‥‥‥‥‥‥‥‥ **159**
諸行無常‥‥‥‥‥ 95, 177, 207
『諸経要集』‥‥‥‥‥‥‥‥‥ 260
『続日本紀』‥‥‥‥‥‥‥ 75, 113
所詮‥‥‥‥‥‥‥‥‥‥‥‥‥ **160**
初転法輪‥‥‥‥‥‥‥‥‥ 5, 36
諸法実相‥‥‥‥‥‥‥‥‥‥ 227
諸法無我‥‥‥‥‥‥ 188, 207, 227
自力‥‥‥‥‥‥‥‥‥‥‥‥‥ **162**
支婁迦讖(ローカクシェーマ)‥‥‥ 17
瞋‥‥‥‥‥‥‥‥‥‥‥‥‥‥ 47
身業‥‥‥‥‥‥‥ 38, 47, 55, 257
『塵劫記』‥‥‥‥‥‥ 37, 165, 178
真言‥‥‥‥‥‥‥‥‥‥‥‥‥ **164**
『真言内証義』‥‥‥‥‥‥‥‥ 160
真実‥‥‥‥‥‥‥ 92, **166**, 204
真諦(パラマールタ)‥‥‥‥‥ 19, 21
神通力‥‥‥‥‥‥‥‥‥ **168**, 253
真如‥‥‥‥‥‥‥ 137, 143, 166, 230
神会‥‥‥‥‥‥‥‥‥‥‥‥‥ 49
神仏習合‥‥‥‥‥‥‥‥ 122, 232
親鸞‥‥‥‥‥‥‥‥ 163, 209, 223

睡眠‥‥‥‥‥‥‥‥‥‥‥‥ **170**
数字‥‥‥‥‥‥‥‥‥‥‥‥ **165**
スコイエン・コレクション‥‥‥‥ 15
スジャータ‥‥‥‥‥‥‥‥‥ 133
スタイン‥‥‥‥‥‥‥‥‥‥ 14
頭陀袋‥‥‥‥‥‥‥‥‥‥‥ **171**
『スッタニパータ』‥‥‥‥ 55, 100, 102,
　135, 141, 203, 205, 207, 215

ストゥーパ‥‥‥‥‥‥‥‥ 145, 182

誓願‥‥‥‥‥‥‥‥‥‥‥‥‥ 86
正義‥‥‥‥‥‥‥‥‥‥‥‥‥ 92
聖人‥‥‥‥‥‥‥‥‥‥‥‥ **155**
世界‥‥‥‥‥‥‥‥‥‥‥‥ **172**
施餓鬼会‥‥‥‥‥‥‥‥‥‥ 72
世間‥‥‥‥‥‥‥‥‥‥ **172**, 242
世親(ヴァスヴァンドゥ)‥‥‥‥ 4, 11,
　116, 240
世俗‥‥‥‥‥‥‥‥‥‥‥‥‥ 92
説一切有部‥‥‥‥‥‥‥‥‥ 81
説教‥‥‥‥‥‥‥‥‥‥‥‥ **174**
殺生‥‥‥‥‥‥‥‥‥‥‥‥ **175**
絶対‥‥‥‥‥‥‥‥‥‥‥‥ **176**
刹那‥‥‥‥‥‥‥‥‥‥ 165, **177**
『説文解字』‥‥‥‥‥‥‥‥‥ 121
ゼロ(零)‥‥‥‥‥‥‥‥‥‥ **178**
世話‥‥‥‥‥‥‥‥‥‥‥‥ 263
禅‥‥‥‥‥‥‥‥‥‥‥‥ 91, **179**
善因善果‥‥‥‥‥‥‥‥ 83, 132
ぜんざい(善哉)‥‥‥‥‥‥ **180**, 256
禅宗‥‥‥‥‥ 33, 44, 49, 103, 179, 197,
　220, 224, 248, 250
専修念仏(称名念仏)‥‥‥ 86, 163, 208
禅定‥‥‥‥‥‥‥‥‥‥‥‥ 179
『選択本願念仏集』‥‥‥‥ 46, 209
善導‥‥‥‥‥‥‥‥ 44, 208, 214
千利休‥‥‥‥‥‥‥‥‥‥‥ 76

相‥‥‥‥‥‥‥‥‥‥‥‥‥‥ 61
僧‥‥‥‥‥‥‥‥‥‥‥ **181**, 184
『雑阿含経』‥‥‥‥ 8, 19, 34, 196, 207
『雑阿毘曇心論』‥‥‥‥‥‥‥ 193
『増一阿含経』‥‥‥‥‥ 8, 19, 57, 121,
　139, 225
荘子‥‥‥‥‥‥‥‥‥‥‥‥ 140
増長天‥‥‥‥‥‥‥‥‥‥‥ 138
『僧堂清規』‥‥‥‥‥‥‥‥‥ 224
草木国土悉皆成仏‥‥‥‥ 60, 147
『続高僧伝』‥‥‥‥‥‥‥‥‥ 44

即身成仏 ･･････････････････････ 156
『即身成仏義』 ･･････････････････ 128
卒塔婆（塔婆，塔）･･････････････ **182**
『曾根崎心中』 ･･････････････････ 191

た行

諦 ･･･････････････････････････ 36, 166
『大阿弥陀経』 ･･････････････････ 116
『大灌頂光真言経』 ･･････････････ 115
退屈 ･･････････････････････････ **183**
醍醐味 ･･･････････････････････ 213
帝釈天 ･･･････････････････ 138, 150
大衆 ･･････････････････････････ **184**
『大乗阿毘達磨経』 ･･･････････････ 11
『大乗義章』 ･･････････ 137, 193, 245
『大乗起信論』 ･･････ 48, 65, 94, 143,
　218, 219
「大正新修大蔵経」 ･･･････････････ 24
『大乗悲分陀利経』 ･････････････ 126
大丈夫 ･･･････････････････････ **185**
大乗仏教 ･･･････ 4, 9, 10, 59, 74, 132,
　147, 156, 211, 215, 226, 240
大千世界 ･････････････････････ 172
大蔵経（一切経）･･･････････････ 24
『大智度論』 ･･･ 19, 37, 38, 78, 124, 137,
　148, 152, 166, 168, 185, 193, 217, 231,
　237
『大唐西域記』 ･･･････････････ 22, 111
『大日経』 ･･････････････ 4, 12, 128
大日如来 ･･････ 115, 122, 161, 204, 230,
　239
『大念処経』 ･････････････････ 130
『大般涅槃経』 ･･････････ 16, 74, 94, 123,
　130, 145, 147, 185, 201, 213
『大般若経』 ･････････････ 21, 87, 225
『大般若波羅蜜多経』 ･･････････ 101
『大毘婆沙論』 ･･････････ 21, 135, 177
『太平記』 ･･････････････ 50, 61, 210
『大宝積経』 ･･････････ 45, 92, 249
当麻曼荼羅 ･･････････････････ 239
題目 ･･････････････････････････ **186**

沢庵 ･････････････････････････ **187**
『竹取物語』 ･･････････････････ 201
ダージリンティー ･･･････････････ 99
荼毘 ･････････････････････････ 221
他力 ･････････････････････････ **162**
他力本願 ･････････････････････ 162
ダルマ ･･･････ 81, 167, **188**, 227, 242
達磨 ･･････････････････････････ 49
唉呵 ･････････････････････････ **189**
旦那 ･････････････････････････ **190**
『歎異抄』 ･･････････････････････ 236
断末魔 ･･･････････････････････ **191**

痴 ･･･････････････････････････ 47
智恵（智慧）･･････ 127, 166, **192**, 211,
　222, 228, 231
智顗（天台大師）･･････････ 176, 249
畜生 ･･････････････････････ 107, **193**
『智光明荘厳経』 ･･･････････････ 259
乳 ･･･････････････････････････ 213
択滅 ･････････････････････････ 242
『中阿含経』 ･･････････ 8, 19, 92, 146, 148,
　170, 175
中央アジア ･･････････････････ 14
中国伝来 ･････････････････････ 17
中道 ･･････････････････････ **194**, 215
『中辺分別論』 ･･･････････････ 20, 194
『中右記』 ･････････････････････ 170
『中論』 ･･････････ 4, 10, 19, 92, 194, 226
チューダパンダカ ･･･････････････ 77
頂戴 ･････････････････････････ **195**
長老 ･････････････････････････ **196**
『勅修百丈清規』 ･･･････････････ 224
チョモランマ ･･････････････････ 99

追儺 ･････････････････････････ 71
鼓 ･･･････････････････････････ 133
『津戸の三郎へつかわす御返事』 ･･･ 235
『徒然草』 ･････････････････････ 88

提唱 ･････････････････････････ **197**

提要 ・・・・・・・・・・・・・・・・・・・・・・・・ 197
寺 ・・・・・・・・・・・・・・・・・・・・・・ **198**, 199
天（六道の一つとして）・・・・・・・・・ 62
転生 ・・・・・・・・・・・・・・・・・・・・・・・・・ 260
天台大師（智顗）・・・・・・・・・・ 176, 249
『転輪聖王獅子吼経』・・・・・・・・・・・ 141

道元 ・・・・・・・・・・・・・・・・・・・・・・ 43, 76
洞山良价 ・・・・・・・・・・・・・・・・・・・・ 248
道場 ・・・・・・・・・・・・・・・・・・・・ **199**, 239
『道宣律師感通録』・・・・・・・・・・・・・ 50
塔婆（塔，卒塔婆）・・・・・・・・・・・・ 182
道諦 ・・・・・・・・・・・・・ 36, 55, 65, 227
『道範消息』・・・・・・・・・・・・・・・・・・・ 204
道楽 ・・・・・・・・・・・・・・・・・・・・・・・・ **200**
兎角 ・・・・・・・・・・・・・・・・・・・・・・・・ 201
『栂尾明恵上人遺訓』・・・・・・・・・・・ 244
『俊頼髄脳』・・・・・・・・・・・・・・・・・・・ 211
どっこいしょ ・・・・・・・・・・・・・・・・・ **202**
共生 ・・・・・・・・・・・・・・・・・・・・・・・・・ **98**
ドラム ・・・・・・・・・・・・・・・・・・・・・ 133
貪 ・・・・・・・・・・・・・・・・・・・・・・・・・・・ 47
『頓悟要門』・・・・・・・・・・・・・・・・・・・ 108
貪欲 ・・・・・・・・・・・・・・・・・・・・・ 31, **203**
曇鸞 ・・・・・・・・・・・・・・・・・・・・ 163, 208

な行

ナーガールジュナ（龍樹）・・・・・ 10, 18,
　　100, 226
ないしょ（内証，内緒）・・・・・・・・・ **204**
『長町女腹切』・・・・・・・・・・・・・・・・・ 41
南無（ナマステー）・・・・・・・・・・・・・ 221
奈落 ・・・・・・・・・・・・・・・・・・・・ 135, **205**
『南海寄帰内法伝』・・・・・・・・・・・・ 22, 80
『南本涅槃経』・・・・・・・・・・・・・・・・・ 79

ニカーヤ ・・・・・・・・・・・・・・・・・・・・・・ 7
日蓮 ・・・・・・・・・・・・・・・・・・・・・・・・ 186
『日本書紀』・・・・・・・・・・・・・・・・ 75, 181
『日本霊異記』（『日本国現報善霊異記』）
　　・・・・・・・・・・・・・・・・ 109, 169, 246

乳製品 ・・・・・・・・・・・・・・・・・・・・・・ **213**
入滅 ・・・・・・・・・・・・・・・・・・・・・・・・ 207
『入楞伽経』・・・・・・・・・・・・・・・・ 19, 137
如来 ・・・・・・・・・・・・・・・・・・・・・・・・ **230**
『如来蔵経』・・・・・・・・・・・・・・・・・・・ 11
人間 ・・・・・・・・・・・・・・・・・・・・・・・・ **206**
忍辱 ・・・・・・・・・・・・・・・・・・・・・・・・・ 89
『仁王経』・・・・・・・・・・・・・・・・・・・・・ 124
『仁王般若経』・・・・・・・・・・・・・・・・・ 20

ネパール ・・・・・・・・・・・・・・・・・・・・・ 13
ネパール・ドイツ写本保存計画 ・・・・・ 14
涅槃 ・・・・・・・・ 137, **207**, 214, 220, 225
『涅槃経』・・・・・・・・・・ 11, 89, 140, 143,
　　156, 218
念仏 ・・・・・・・・・・・・・・ **208**, 235, 252

能詮 ・・・・・・・・・・・・・・・・・・・・・・・・ 160

は行

馬鹿（バカ）・・・・・・・・・・・・・ **210**, 263
『バガヴァッド・ギーター』・・・・・・・ 39,
　　188, 255
旗（幡）・・・・・・・・・・・・・・・・・・・・・ 133
八幡神（八幡大菩薩）・・・・・・・・・・・ 122
八正道（八聖道）・・・・・・・ 154, 194, 215
『八千頌般若経』・・・・・・・・・・・・・・ 9, 16
花祭（灌仏会）・・・・・・・・・・・・・・・・ 114
『般舟三昧経』・・・・・・・・・・・・・・ 17, 209
般若 ・・・・・・・・・・・・・・ 100, 192, **211**
『般若経』・・・・・・・・・ 20, 100, 185, 192,
　　211, 259
『般若心経』・・・・・・・・ 47, 48, 100, 129
『般若心経秘鍵』・・・・・・・・・・・・・・・ 164
『般若経道行品経』・・・・・・・・・・・・・・ 17

彼岸 ・・・・・・・・・・・・・・・・・・・・・・・・ **214**
悲願 ・・・・・・・・・・・・・・・・・・・・・・・・ **212**
彼岸会 ・・・・・・・・・・・・・・・・・・・・・・ 214
毘沙門天 ・・・・・・・・・・・・・・・・・・・・ 138
非情 ・・・・・・・・・・・・・・・・・・・・・ 60, 147

彼土得証 ･････････････････････････ 156
『毘奈耶破僧事』 ････････････････ 138
ヒマラヤ ･･･････････････････････････ 99
『秘密三昧経』 ･･････････････････ 195
微妙 ･････････････････････････････ **216**
比喩 ･････････････････････････････ **217**
平等 ･････････････････････････ 143, **218**
平等院 ･･････････････････････････ 117
『悲蓮華経』 ････････････････････ 261
琵琶 （琵琶湖） ･･･････････････････ 133

不悪口 ･････････････････････････････ **38**
不覚 ･････････････････････････････ **219**
不可思議 （数の単位） ･･････････････ 222
不空 ･･･････････････････････････････ 22
普賢菩薩 ･･･････････････････････ 146
無事 ･････････････････････････････ **220**
不思議 ･･･････････････････････････ **222**
普請 ･････････････････････････････ **224**
布施 ･･･････････････････････ 100, 190
不正義 ･･････････････････････････ 92
不退転 ･･･････････････････････････ **225**
ブッダ （仏） ･････ 5, 51, 102, 136, 146,
　147, 166, 185, 207, 208, 212, 225, 230,
　231, **232**, 253, 258
『仏国記』（『高僧法顕伝』）･･･････ 20
仏性 ･･･････････ 60, 147, 156, 244, 248
『仏諸行讃』 ････････････････････ 179
『仏説盂蘭盆経』 ････････････････ 72
『物類称呼』 ････････････････ 187, 200
不動明王 ･･･････････････････････ **161**
部派仏教 （アビダルマ仏教） ････ 134,
　242
不立文字 ･･･････････････ 49, 197, **249**
分別 ･････････････････････ 167, **226**
『文明本節用集』 ･･･････････････ 82

『平家物語』 ･･･････････ 67, 88, 93, 222,
　246, 260
『碧巌録』 ･･････････････ 33, 43, 103, 108

法 ･････････････････ 4, 81, 167, **227**, 242
法会 ･･･････････････････････ 111, 113
『法苑珠林』 ････････････････････ 260
法顕 ･･･････････････････････ 19, 20
法蔵菩薩 ･･･････････････････ 116, 162
法然 ･･･････････ 163, 208, 235, 250
『法然上人行状絵図』 ･･･････････ 119
方便 ･･･････････ 52, 109, 168, **228**
『墨子』 ･･･････････････････････ 118
『法華経』（妙法蓮華経）･････ 9, 19, 43,
　51, 52, 77, 104, 109, 111, 142, 143,
　145, 146, 148, 156, 165, 168, 179, 186,
　199, 200, 216, 217, 222, 228, 234, 235,
　240, 243, 247, 261
菩薩 （菩提薩埵）････ 38, 100, 110, 123,
　136, 146, 155, 156, 164, 183, 192, 207,
　212, 225, **230**, 231, 245, 253, 257, 258
ホジソン ･･･････････････････････ 13
菩提 ･･･････････････････････ 144, **231**
菩提樹 ･････････････････････････ 231
菩提流支 （ボーディルチ）･･････ 19
『法句経』（ダンマパダ）･･････ 42, 132,
　192, 205
『法華義疏』 ･･･････････ 160, 200, 256
『法華玄義』 ････････････････････ 176
『法華玄論』 ････････････････････ 51
『法華文句』 ････････････････････ 113
法性 ･･･････････････････････････ 137
発心 （発菩提心） ･･･････････････ 231
法相宗 ･･････････････････････････ 61
『法体装束抄』 ････････････････ 46
仏 （ブッダ）･････ 5, 51, 102, 136, 146,
　147, 166, 185, 207, 208, 212, 225, 230,
　231, **232**, 253, 258
法螺 ･･･････････････････ 68, 166, **234**
本懐 ･･･････････････････････ 148, **235**
本願 （阿弥陀仏の，四十八願）････ 156,
　162, 208, 212
本地垂迹 ･･･････････････ 39, 122, 239
煩悩 ･･･ 31, 102, 143, 170, 171, 199, 203,
　207, 214, 220, 226, **236**, 242, 243, 247,

索　引　277

260
凡夫・・・・・・・・・・・・・・48, 222, 226, 229
『翻訳名義集』・・・・・・・・・・・・・・・・・190

ま行

魔・・・・・・・・・・・・・・・・・・・・・・・・・**237**
マイトレーヤ（弥勒）・・・・・・・・・・・・11
魔王・・・・・・・・・・・・・・・・・・・・・・・**155**
『摩訶止観』・・・・・・・・・・・・・・・・44, 249
『摩訶僧祇律』・・・・・・・・・・・・・・19, 20
マガダ語・・・・・・・・・・・・・・・・・・・・・・6
『摩訶般若波羅蜜経』・・・・・・・・・・・258
『枕草子』・・・・・・・・・・・42, 112, 236
まじ卍・・・・・・・・・・・・・・・・・・・・・**238**
松尾芭蕉・・・・・・・・・・・・・・・・・・・・・43
茉莉花茶（ジャスミンティー）・・・・99
マハーカッサパ・・・・・・・・・・・・5, 106
慢・・・・・・・・・・・・・・・・・・・・・・・・・・84
卍（まんじ）・・・・・・・・・・・・・・・・・・84
曼荼羅（マンダラ）・・・・・・127, 133, **239**
マントラ・・・・・・・・・・・・・・・・・・・・164
『万葉集』・・・・・・・・・・・173, 217, 256

微塵・・・・・・・・・・・・・・・・・・・・・・・**240**
未曾有・・・・・・・・・・・・・・・・・・・・・**241**
密教・・・4, 11, 32, 114, 164, 166, 168, 239
明恵・・・・・・・・・・・・・・・・・・・・・・・・63
未来・・・・・・・・・・・・・・・・・・・・・・・・**81**
未来永劫・・・・・・・・・・・・・・・・・・・110
弥勒菩薩・・・・・・・・・・・・・・・・・・・230
明朝体・・・・・・・・・・・・・・・・・・・・・・56

無為（無為法）・・・・・・・・・・・227, **242**
無我・・・・・・・・・・・・・・・・・・・74, 188
無学・・・・・・・・・・・・・・・・・・・・・・・**243**
無学祖元・・・・・・・・・・・・・・・・・・・248
無性・・・・・・・・・・・・・・・・・・・・・・・**244**
無情・・・・・・・・・・・・・・・・・・・・・・・147
「無常偈」・・・・・・・・・・・・・・・・・・・・54
無尽蔵・・・・・・・・・・・・・・・・・・・・・**245**
夢想・・・・・・・・・・・・・・・・・・・・・・・**246**

無智・・・・・・・・・・・・・・・・・・・・・・・247
無明・・・・・・・・・・・65, 102, 192, 247
『無門関』・・・・・・・・・・・・・・・・・・・249
『無量寿経』・・・・31, 44, 67, 86, 116, 140,
　156, 162, 174, 185, 199, 208, 216, 234
無漏法・・・・・・・・・・・・・・・・・・・・・227

迷惑・・・・・・・・・・・・・・・・・・・・・・・**247**
滅罪・・・・・・・・・・・・・・・・・・・・・・・175
滅諦・・・・・・・・・・・・・・・・36, 55, 65, 227
面目・・・・・・・・・・・・・・・・・・・・・・・**248**

盲亀浮木・・・・・・・・・・・・・・・・・・・・42
目連・・・・・・・・・・・・・・72, 78, 169, 170
最中（モーダカ）・・・・・・・・・・・・・・99
文字・・・・・・・・・・・・・・・・・・・・・・・**249**
文殊菩薩・・・・・・・・・・・・・・・・・・・230
問答・・・・・・・・・・・・・・・・・・・・91, **250**

や行

『薬師経』・・・・・・・・・・・・・・・144, 159
薬師如来・・・・・・・・・・・・・・・・159, 230
八坂神社・・・・・・・・・・・・・・・・・・・・93
夜叉・・・・・・・・・・・・・・・70, 138, 263
ヤマ（閻魔，夜魔）・・・・・・・**66**, 70, 132

唯我独尊・・・・・・・・・・・・・・・・・・・**251**
『唯識三十頌』・・・・・・・・・・・・11, 188
『唯識二十論』・・・・・・・・・・・・・・・240
『唯識論』・・・・・・・・・・・・・・・・・・・20
『維摩経』・・・・・15, 19, 118, 166, 169,
　189, 199, 229, 259, 261
融通・・・・・・・・・・・・・・・・・・・・・・・**252**
融通念仏・・・・・・・・・・・・・・・・・・・252
『瑜伽師地論』・・・・・・・・11, 21, 47, 135,
　170, 218
遊戯・・・・・・・・・・・・・・・・・・・・・・・**253**

ヨガ（瑜伽）・・・・・・・・・・・・・・・・・**254**
『ヨーガスートラ』・・・・・・・・・・・・254
よき・・・・・・・・・・・・・・・・・・・・・・・**256**

ら行

『礼記』‥‥‥‥‥‥‥‥‥‥‥‥46
羅漢（阿羅漢）‥‥‥‥137, 155, **230**
酪‥‥‥‥‥‥‥‥‥‥‥‥‥‥213
羅刹‥‥‥‥‥‥‥‥‥‥‥‥‥263
ラーフラ・サーンクリートヤーヤナ
　‥‥‥‥‥‥‥‥‥‥‥‥‥‥15

『リグ・ヴェーダ』‥‥‥‥‥66, 123
利他‥‥‥‥‥‥‥‥‥‥‥‥‥258
律‥‥‥‥‥‥‥‥‥‥‥‥3, 257
律儀‥‥‥‥‥‥‥‥‥‥‥96, **257**
利益‥‥‥‥‥‥‥‥‥‥119, **258**
龍樹（ナーガールジュナ）‥‥‥10, 18,
　100, 226
流通‥‥‥‥‥‥‥‥‥‥‥‥**259**
『楞伽経』‥‥‥‥‥‥‥‥11, 249
『領解文』‥‥‥‥‥‥‥‥‥‥51
『梁塵秘抄』‥‥‥‥79, 189, 223, 243
良忍（聖応大師）‥‥‥‥‥‥252
臨済慧照‥‥‥‥‥‥‥‥‥‥91
『臨済録』（『鎮州臨済慧照禅師語録』）
　‥‥‥‥‥‥‥‥‥91, 179, 220
輪廻‥‥‥‥67, 102, 130, 156, 207, 260

輪廻転生‥‥‥‥‥‥67, 119, 147, 149
流転‥‥‥‥‥‥‥‥‥‥‥‥**260**
瑠璃‥‥‥‥‥‥‥‥‥‥‥‥159

礼拝‥‥‥‥‥‥‥‥‥‥‥‥**155**
蓮華‥‥‥‥‥‥‥‥‥‥‥‥**261**
蓮如‥‥‥‥‥‥‥‥‥‥‥‥51

『老子』‥‥‥‥‥‥‥‥‥108, 140
六因‥‥‥‥‥‥‥‥‥‥‥‥58
六識‥‥‥‥‥‥‥‥‥‥‥‥47
六師外道‥‥‥‥‥‥‥‥‥‥107
『六祖壇経』‥‥‥‥‥‥‥‥49
六道‥‥‥‥60, 70, 126, 150, 193, 206, 260
六波羅蜜‥‥‥‥89, 179, 192, 211, 215
呂律‥‥‥‥‥‥‥‥‥‥‥‥**262**
論‥‥‥‥‥‥‥‥‥‥‥‥3, 10
論議‥‥‥‥‥‥‥‥‥‥‥‥250

わ行

和顔愛語‥‥‥‥‥‥‥‥‥‥31
『和漢三才図絵』‥‥‥‥‥‥56
悪口‥‥‥‥‥‥‥‥‥‥‥‥**38**

仏教由来の日常語事典

令和7年2月15日　発　行

| 編　者 | 大正大学綜合佛教研究所
現代日本語における仏教語源研究会 |

発行者　　池　田　和　博

発行所　　丸善出版株式会社

〒101-0051 東京都千代田区神田神保町二丁目17番
編　集：電話 (03) 3512-3264／FAX (03) 3512-3272
営　業：電話 (03) 3512-3256／FAX (03) 3512-3270
https://www.maruzen-publishing.co.jp

© Research Group on Etymologies of Buddhist Terms in
Contemporary Japanese, The Institute for Comprehensive
Studies of Buddhism, Taisho University, 2025

組版印刷・富士美術印刷株式会社／製本・株式会社 松岳社

ISBN 978-4-621-31069-4　C 3515　　　　Printed in Japan

JCOPY　〈(一社) 出版者著作権管理機構 委託出版物〉
本書の無断複写は著作権法上での例外を除き禁じられています．複写
される場合は，そのつど事前に，(一社) 出版者著作権管理機構 (電話
03-5244-5088, FAX 03-5244-5089, e-mail：info@jcopy.or.jp) の許諾
を得てください．